谢 小 勇 —— 主 编

知识产权
前沿热点问题研究

中国知识产权研究会　组织编写

ZHISHI CHANQUAN
QIANYAN REDIAN WENTI YANJIU

知识产权出版社
全国百佳图书出版单位
—— 北京 ——

图书在版编目（CIP）数据

知识产权前沿热点问题研究/中国知识产权研究会组织编写；谢小勇主编. —北京：知识产权出版社，2024.1

ISBN 978-7-5130-9051-3

Ⅰ.①知… Ⅱ.①中… ②谢… Ⅲ.①知识产权—研究 Ⅳ.①D913.04

中国国家版本馆 CIP 数据核字（2023）第 252124 号

内容提要

本书系中国知识产权研究会系列研究成果之一。本书分为三个专题：第一，加强知识产权法律保护，围绕知识产权法律域外适用、数字经济发展的知识产权保护问题深入研究。第二，知识产权保护与国家安全，结合国内外形势，分析知识产权与国家安全的关系，提出强化知识产权安全治理的对策。第三，商标品牌培育与保护，针对加强商标品牌知识产权保护和海外布局及培育具有全球影响力品牌等问题，提出实操性较强的对策建议。

本书适合知识产权领域工作者阅读。

责任编辑：李 婧　　　　　　　　责任印制：孙婷婷

知识产权前沿热点问题研究

中国知识产权研究会　组织编写

谢小勇　主编

出版发行：知识产权出版社有限责任公司		网　　址：http://www.ipph.cn	
电　　话：010-82004826		http://www.laichushu.com	
社　　址：北京市海淀区气象路 50 号院		邮　　编：100081	
责编电话：010-82000860 转 8594		责编邮箱：laichushu@cnipr.com	
发行电话：010-82000860 转 8101		发行传真：010-82000893	
印　　刷：北京中献拓方科技发展有限公司		经　　销：新华书店、各大网上书店及相关专业书店	
开　　本：787mm×1092mm　1/16		印　　张：16.5	
版　　次：2024 年 1 月第 1 版		印　　次：2024 年 1 月第 1 次印刷	
字　　数：270 千字		定　　价：80.00 元	

ISBN 978-7-5130-9051-3

编　委　会

主　编：谢小勇

副主编：马　宁　孙　玮

编　委：(按姓氏笔画排序)

王丽丽　张　艳　武　伟　唐丹蕾

章洁桦　董喜俊

编　校：孙　玮　武　伟

2022 年 4 月，习近平总书记在中国人民大学考察时强调："加快构建中国特色哲学社会科学，归根结底是构建中国自主的知识体系。要以中国为观照、以时代为观照，立足中国实际，解决中国问题，不断推动中华优秀传统文化创造性转化、创新性发展，不断推进知识创新、理论创新、方法创新，使中国特色哲学社会科学真正屹立于世界学术之林。"这一重要论述为加快构建中国特色哲学社会科学、推动中国自主的知识体系建设，指明了发展方向，提供了根本遵循。

知识产权作为法律、经济、管理与科技深度融合的交叉性学科，是哲学社会科学中重要而特别的领域。在知识产权领域构建中国自主的知识体系的着重点和关键点，就是基于对知识产权客观规律的科学认识所提炼的学理性理论研究，以及对基于中国自身实践所概括出经验知识的凝练总结。

近年来，中国知识产权研究会按照习近平总书记重要指示和党中央、国务院决策部署，围绕知识产权领域基础理论问题、前沿热点问题和现实焦点问题，组织开展了十余项自主立项学术课题研究，形成 20 多份、100 多万字的研究报告。这些研究成果，既有立足中国实际对知识产权制度构成、发展及推行的理解和诠释，也有直面实践问题形成的经验办法和解决方案，为提升知识产权治理水平，加快推进知识产权强国建设形成了有力支撑、提供了重要参考。

为使研究成果更好地为社会各界分享，我们从上述课题中精选出部分报告的主要内容，按照加强知识产权保护、知识产权保护与国家安全、商标品牌培育和保护三个专题汇集成编，编写了本书，供各方面研究参考。各报告的观点仅代表课题组的意见，不代表编者意见，更不代表社会共识。在此，对参加中国知识产权研究会自主立项课题研究的单位和有关同志表示衷心的感谢，也请广大读者对本书的不足之处给予批评指正。

目录

CONTENTS

专题一：
加强知识产权法律保护

编者按

习近平总书记强调，创新是引领发展的第一动力，保护知识产权就是保护创新。构建知识产权法律制度，是全面依法治国的重要体现，加强知识产权保护是知识产权法律制度的核心内容。促进科技成果有效转化，推动经济高质量发展，建设创新型国家，必须依靠法治，用严格的法律制度保护知识产权，加快建立遏制侵权的长效机制，增强知识产权司法效能，提高知识产权行政执法能力，营造有利于创新的法治环境。面对新时代新形势新问题，如何进一步完善我国知识产权法律，保护创新主体合法权益，应对外部风险挑战，专家学者在本专题中围绕知识产权法律域外适用、数字经济发展中的数据知识产权保护等展开深入讨论。

知识产权域外适用制度研究[*]

一、绪论

(一) 研究意义

随着经济产业结构的转型升级,我国政府高度重视企业在出海过程中的知识产权风险防范和纠纷应对能力。从目前海外知识产权诉讼信息库的数据看,我国企业在"走出去"战略实施过程中存在诸多障碍,国内企业淡薄的知识产权自我保护意识与不完善的管理体系导致其在海外市场时常面临知识产权诉讼风险,竞争对手往往利用该诉讼阻碍我国企业进入其市场。诸如英国、美国等立法经验较成熟的发达国家试图通过制定与执行规则来扩大管辖权优势,变相扰乱了公平竞争的国际市场秩序,将司法霸权异化为竞争策略与手段。目前,国内法的域外适用并不鲜见,甚至存在与域外管辖权并行适用的情形,因此研究我国知识产权域外适用制度对于完善国际管辖权规则、建立国际知识产权保护体系具有重要意义。

(二) 研究目的

随着经济全球化、技术全球化、政治格局多元化等国际形势的巨大变化,全球治理体系的变革也在加速推进,要求各国积极介入全球事务的共同管理,

---

* 本文是 2021 年中国知识产权研究会自主立项课题成果,作者是马忠法、周灿、方昉、徐四立、王夷珠、孙玮、王施施、吴王浩、张艳、安慧中、何天阳、张小花、王晓宣。

共商共建，协调各方利益。随着中美关系进入新发展阶段，从长远角度看，我国也需要积极探索国内法域外适应新的国际关系。

就目前的实践而言，无论是《保护工业产权巴黎公约》还是《与贸易有关的知识产权协议》（以下称"TRIPs 协议"）均存在权利的"真空"地带，二者主要通过赋予成员国国民待遇的形式实现知识产权的国际保护，此类最低程度的保护并非取代知识产权的国内立法，而将是否给予保护及给予何种程度的保护留待各国自行解决。随着物联网、云计算、大数据等科学技术飞速发展，知识产权跨界活动日益频繁，使物理边界对于国家获取知识产权利益的工具性意义逐渐减弱，国民待遇原则的局限性日益显现，当管辖权与法律适用指向不同国家时，将会陷入管辖权冲突的困境。

当前，美国已在版权法和商标法领域积累了丰富经验，并逐步将专利法纳入其国内法域外适用范围中。知识产权法的"域外效力"（extraterritoriality）问题已成为我国立法、司法领域关注的重要问题。若探索出平衡各国利益的域外管辖规则可以进一步保障我国当事人在涉外经贸活动中的合法权益，也有利于增强我国制定国际社会规则的话语权，加快推进我国参与全球治理的步伐。因此，我国亟须推进知识产权域外适用的制度建设，为建立平等互惠的知识产权纠纷处理模式、构建更公平合理的国际知识产权法律制度提交中国方略。

（三）研究思路

本文从法理角度入手，分析地域性与公共政策因素、个人自由与公共利益之间的密切联系，论证地域性本身不应成为知识产权域外适用的理论障碍。通过研究目前司法实践中知识产权地域性的突破途径，探析我国知识产权域外适用的合法性与正当性基础。通过区分立法管辖、司法管辖和执法管辖的管辖方式及其内在关联性，明确知识产权域外适用的内涵和外延。

在厘清知识产权域外适用的理论基础后，本文进一步梳理我国知识产权法律域外适用的现状，并总结现有制度存在的问题及成因。借鉴《ALI 原则》等国际条约对欧盟、美国两大地区跨境知识产权诉讼所涉及的管辖权、法律适用和判决的承认与执行的规定，归纳各国知识产权域外适用的冲突解决条款与国际相关规则。在此基础上，从立法、司法、国际合作和行业组织等角度出发对完善我国知识产权保护制度提出可行建议。

二、知识产权法律域外适用的法理分析

目前，国内学者虽对我国知识产权法的域外适用提出了一些建议，但尚未对知识产权的地域性特征形成统一认识，故而在知识产权域外适用的合法性基础方面仍存争议，知识产权能否突破其地域性特征，成为知识产权域外适用理论构建的关键。本文试图在既有研究的基础上，探究知识产权域外适用的理论基础，厘清知识产权域外保护的内涵和外延。由于目前学界尚未建立系统的知识产权域外适用概念，本文主要采取我国国务院新闻办公室的广义理解，将其分为域外立法管辖、域外执法管辖和域外司法管辖三种方式，通过阐述三者之间的本质区别，探讨其可能存在的内在关联，并在此基础上探索域外管辖的体系构建。

（一）地域性基础理论

传统学说认为知识产权受严格的地域性限制，在涉知识产权方面没有现实的法律冲突。但日益密切的国际贸易往来使知识产权的地域性与技术成果的国际性间的矛盾逐渐激化，知识产权由原本的国内保护发展至国际保护，严格的地域性也因"国民待遇"原则的广泛应用而日益淡化，随之而来的是所涉有管辖权的国家因其国内不同的知识产权立法所产生的法律适用上的冲突。

1. 地域性的基本概念与表现形式

（1）地域性的再界定。

地域性是知识产权最基本的特性，也是其有别于一般民事权利的特殊所在。由于我国对知识产权的研究起步较晚，对地域性的传统理解主要来源于西方国家，主要分为四个方面：一是知识产权的效力只能通过本国法律加以规定；二是被授权的知识产权仅能在授权范围内进行活动并产生影响；三是

知识产权仅可向该国法院主张；四是知识产权只能由授予国国民主张。❶ 此种理解与知识产权的历史渊源息息相关，但过分强调知识产权"地域性"的观点已随国际实践而被抛弃。❷

不同于以郑思成先生为代表的严格地域性观点所认为的知识产权权利效力来源于国家法律的出台，故权利范围也必须限于制定国领土范围内；❸ 缓和地域性观点的支持者并不排斥法的域外适用效力，认为知识产权的地域性特征除非有国际条约、双边或多边协定的特别规定，否则知识产权的效力仅限于本国境内。❹ 目前，双边条约、国际公约对权利授予方面的地域性理解更多偏向于对知识产权主体的国籍以及行为发生所在地等因素的综合考量。故本文认为对地域性的理解，尤其是涉及跨境知识产权纠纷时不应忽略案件的国际性。

（2）地域性的表现形式。

法律层面的地域性是指国家通过制定法律对境内各类事项行使管辖权所生的特有属性，但私法领域内不同法律关系背后的利益等级不同将会直接影响地域性的严格程度，大致可分以下三个层面。❺ 一是严格的地域性，即国家对某些事项具有排他的管辖权。当某一法律关系背后的利益对国家至关重要时，对该事项的管理就会呈现出严格的地域性。譬如，知识产权注册有效性与归属等具公法性质的问题就应排除他国管辖。二是缓和的地域性，即国家原则上对某些事项具有严格的管辖权，但一定程度上给国际条约或意思自治留下空间。譬如，在知识产权临时措施、非金钱判决方面可有条件执行外国判决。三是弱地域性，即国家充分尊重当事人的意思自治，只要双方当事人就某一事项达成合意即可排除国家干预。譬如，权利人与他人达成合意便可自由转让知识产权。

2. 地域性冲突产生的成因

（1）跨国活动的日益频繁。

随着全球化程度不断加深，统计显示近年来跨国知识产权纠纷等涉外民

---

❶ CORNISH W R. Intellectual Property [M]. London: Sweet & Maxwell, 1996: 199.

❷ 王剑冰. 知识产权地域性与冲突法理论重构 [J]. 法制博览, 2019 (33): 5.

❸ 郑成思. 知识产权论 [M]. 北京: 法律出版社, 2003.

❹ 王迁. 知识产权法教程 [M]. 北京: 中国人民大学出版社, 2007.

❺ 余晖. 版权的地域性和域外效力 [D]. 重庆: 西南政法大学, 2009.

事诉讼案件数量与日俱增，但不少中国传统老字号与知名企业为维护自身利益不得已卷入陌生的涉外知识产权诉讼后，发现知识产权因其地域性特征而有别于一般私权，且不同国家对知识产权的规定大不相同甚至互相冲突，如何选择成为企业是否能得到法律支持的关键。以著作权侵权纠纷为例，大量互联网平台版权侵权的热点案例就涉及侵权行为地的认定问题，以上传与下载等方式进行的复制行为使侵权行为地与被告住所地的重合性下降，引致管辖权冲突，其根源正是知识产权的地域性所致的传统知识产权管辖规则的局限。

（2）国家主权与国家利益。

地域性原则本质是国家主权的体现。由于知识产权的效力来源于国家的制定法，故原则上仅在该国地域内产生效力。知识产权与国民经济和公共利益息息相关，突破地域性的限制意味着一国有权通过制定法律来分配他国权利，无疑对他国造成了损害。依柯里（Brainerd Currie）的"政府利益分析说"，目前各国坚持知识产权地域性特征的原因在于以公共政策因素确立国家对知识产权实施立法干预的正当性，因此不承认他国知识产权的实质是捍卫本国主权。故有学者认为，知识产权的地域性特征并非知识产权的本质属性，而是立法者为捍卫本国利益的主观添附，不同法律关系特征与公共政策共同决定了知识产权的地域性。

（3）知识产权发展水平的差异。

由于各国技术发展水平不一，对知识产权取得、行使、期限等方面的利益诉求均不相同，知识产权立法技术层面尚无法制定出符合各国实践的统一标准，直接将"地域因素"纳入域外适用制度难免会引起理论与实践的冲突。譬如，知识产权输入国为更好引进发达技术，往往倾向适用本国知识产权法律；而知识产权输出国为形成技术壁垒，则更倾向适用知识产权起源国法律。同时，相关国际条约的规定基本以原则为主，辅以权利客体、权利范围等基本概念的界定，缺乏行之有效的争议解决机制与准据条款，故一旦当事人之间产生域外知识产权纠纷，难免又会涉及地域冲突问题。

3. 地域性突破的理论障碍

（1）公共政策因素。

受制于技术发展水平、公共利益与私权平衡等因素，各国的知识产权保护水平存在明显差异。资源的不平均导致目前多数有价值的知识产权掌握在发达国家手中，发展中国家因科技发展水平较低而在国际博弈中常处劣势。发达国家出于本国经济利益的需要，会设置较高的保护门槛，使发展中国家不得不面临促进国内经济发展与提高知识产权保护水平之间的矛盾。放弃知识产权的地域性限制意味着支付高昂的许可费用，对于技术落后的国家而言无异雪上加霜。故许多发展中国家即便遵守知识产权独立保护原则，仍对缔结国际知识产权条约持抵触态度，拒绝提高国际知识产权保护的标准，背后所蕴含的正是以发达国家为代表的技术先驱与以发展中国家为代表的技术加工之间的经济博弈。❶

（2）个人自由与公共利益之间的平衡。

知识产权是一种公共利益色彩较鲜明的权利，故有些国家为鼓励发明创造、激发创作热情，会制定严格的知识产权政策来给予知识产权权利人物质利益，以便促使其更好地服务社会。物质的充分保障不仅为知识产权人提供了创造动力，也为权利人带来了垄断性利益，但过分强调知识产权权利人的个人利益则会阻碍智力成果的使用和传播。社会公众只有获得权利人许可并支付高昂代价才能使用他人的智力成果无疑加大了知识产品化的成本，与制度的设立初衷背道而驰。不同国家依自身保护水平对相同智力成果也会规定不同保护范围与程度，故许多发明人为维护自身利益，倾向于将智力成果置于知识产权保护水平较高的国家以获取更高程度的保护，并坚持在知识产权取得问题或跨境侵权纠纷中将权利来源地作为连接点，此种拒绝他国管辖的行为也为突破知识产权地域性带来了阻碍。

总而言之，从知识产权的发展方向与内在成因不难看出地域性本身不应成为知识产权域外适用的理论障碍。之所以目前存在争议，究其根本还是国内研究尚未对地域性深入论证，对知识产权的属地主义、域外效力与域外适用等相关概念仍界定不明，故应首先厘清知识产权域外适用的基本概念。

（二）知识产权域外适用的概念界析

随着技术和贸易的全球化发展，知识产权绝对地域性的缺陷愈发明显，

---

❶ 郑成思. 知识产权论 [M]. 北京：法律出版社，2001.

故有必要在特定情境下赋予知识产权一定的域外效力，容许一定程度上知识产权的地域性突破。

1. 知识产权法域外适用的渊源与法律概念

（1）知识产权地域性的历史发展。

知识产权法域外适用是国内法域外适用的子项目，后者是指本国对位于或发生在本国管辖领域之外的人、物或行为适用本国法律规则的过程。❶ 知识产权法由于其地域性，较反垄断法等其他法律在适用方面有其特殊性。

地域性也称属地性（territoriality），是指法律的效力原则上限于一国领土范围之内。❷ 相应的，知识产权的地域性是指某一国家法律产生的知识产权仅在其域内有效。❸ 随着时代发展，知识产权的地域性不断削弱，其作为私权已成广泛共识，并被明文写入 TRIPs 协议序言中。比如大部分国家都确立了著作权自动保护原则，进一步剥离国家公权力对著作权权利取得的干预。随着各国逐渐成为紧密集体，诸多相关国际条约的签订使参与国可根据国民待遇原则受知识产权法保护。❹

（2）知识产权域外适用与知识产权的地域性突破。

有学者认为，承认外国法律的域外效力意味着受案法院承认当事人依该外国法取得的某项权利在法院地国家有效❺，从而该适用违背了知识产权的地域性特征。但本文认为知识产权域外适用与地域性突破实为一体两面，知识产权域外适用是对知识产权地域性的突破，其具体内涵是在涉知识产权法律纠纷中通过援引取得国的知识产权法对他国产生约束力，即所涉具体知识产权法规范的域外适用，而不是涉案权利人在受案国家自动取得实体权利。

然而，常有理论将域外适用与域外管辖的概念混同，或将其视为手段与目的之间的关系。狭义的知识产权域外适用仅针对立法问题，而域外管辖则

---

❶ 上海市第一中级人民法院课题组. 我国法院参与中国法域外适用法律体系建设的路径与机制构建［J］. 法律适用，2021（1）：157-168.

❷ 阮开欣. 论知识产权的地域性和域外效力［J］. 河北法学，2018，36（3）：81-97.

❸ 李明德. 知识产权法［M］. 北京：法律出版社，2014：14-16.

❹ 阮开欣. 论知识产权的地域性和域外效力［J］. 河北法学，2018，36（3）：81-97.

❺ 陈锦川. 涉外知识产权民事法律关系的调整及法律适用——上篇：理论规范篇［J］. 电子知识产权，2005（2）：5.

是在既有法律基础上判断是否具有司法审判的资格。本文在广义上把握知识产权域外适用概念，既包括实体法的范畴，也将冲突法纳入考量。2018 年《关于中美经贸摩擦的事实与中方立场》中提到的美国长臂管辖，正是美国依托国内法延伸管辖触角，以期用自己的规则约束美国境外实体。

（3）知识产权域外适用的效果。

知识产权法域外适用的效果包括积极效果和消极效果，前者是指取得国知识产权法的规范管辖权超出其领土范围，将部分域外行为纳入管辖；后者则是指取得国知识产权法被外国司法或执法机构承认、适用或执行。

知识产权域外适用的积极效果主要发生于跨境侵权中。如果侵犯知识产权的行为发生或者部分发生于取得国外，但其效果对取得国产生了负面影响，则该行为仍受取得国知识产权法规制。该效力虽有利于打击侵权者的嚣张气焰，但并非所有跨境侵权行为都能受取得国法律规制，其行使仍需在一定限度之内。比如，对于定牌加工帮助侵权，如果定牌加工的侵权产品在取得国生产后出口到国外，则只涉及外国的商标权法，并不受取得国知识产权法规制。❶

相对而言，知识产权域外适用的消极效力发生于某国司法或执法机构认可外国知识产权法的场合。❷ 出于对承认与执行外国裁判是否意味着突破地域性的忧虑，加之涉及对原审法院管辖权审查等条件限制，知识产权裁判的承认与执行曾面临诸多问题。但随着知识产权跨境侵权越来越普遍，此种情形有着解决的迫切性和必要性，因此，近年来各国法院也在一定范围内承认知识产权域外适用的消极效力。❸

2. 知识产权域外适用的正当性基础

（1）法律域外适用的理论来源。

原则上，一国法律的管辖权局限于本国地域范围内❹，产生域外效力的合

---

❶ 阮开欣. 跨境侵权视角下的知识产权法域外适用问题研究 [J]. 国际经济法学刊，2018（1）：104-116.

❷ 阮开欣. 跨境侵权视角下的知识产权法域外适用问题研究 [J]. 国际经济法学刊，2018（1）：104-116.

❸ 樊婧. 跨境知识产权判决承认与执行中地域性问题辨释——以《海牙判决公约》制定过程为中心 [J]. 国际法研究，2021（1）：90-112.

❹ 阮开欣. 跨境侵权视角下的知识产权法域外适用问题研究 [J]. 国际经济法学刊，2018（1）：104-116.

法性来源于国内和国际两大方面。一方面，需要检视国内法是否存在域外效力条款；另一方面，国际法上对于一国管辖权"非域外效力推定"的正当性解释已遭质疑，故只要国际法未明文禁止，一国就有权在本国管辖范围内制定并实施具有域外适用效力的国内法❶，这从根本上为法律域外适用扫平了障碍。

国内法域外适用涉及国家间法律冲突问题，而国际礼让原则是解决该冲突的一项基本原则。其指主权国家的法律只在其地域范围内有效，但在不损及本国主权和国民利益的前提下，可在一定程度上承认其他国家法律在本国境内的效力。❷ 从世界视域来看，法律地域性的虚弱和域外适用的普遍扩张是发展主流。而在潮流之外也有不同声音，如美国法学家柯里（Brainerd Currie）从政府利益角度提出，解决真实法律冲突时需分析政府利益，即政府利益分析说（governmental interests analysis），这意味着法律域外适用时需顾及立法者本意。

（2）绝对地域性在知识产权保护方面的缺陷。

虽然知识产权的地域性并未直接涉及法律冲突问题，但作为知识产权的基本属性，地域性影响着涉外知识产权冲突的解决路径。❸ 在实践中，各国不同的认定门槛可能会导致同一知识产权在不同地域存在不同权属主体，无形中加大了进口方的审核成本，不利于技术产品的流通。另外，各国对权属初始规定、权利范围、期限、限制的差异规定会使同样进口、使用知识产品的行为可能在一国属合法行为，但在另一国家涉嫌侵犯他人知识产权。为维护交易的稳定与安全，统一知识产权适用标准的呼声也愈发高涨。随着跨境活动越发频繁，坚持知识产权只在本国发生作用将使跨境侵权活动无法得到规制，由此造成权力真空困境，使本国权利人无法得到有效保护。

详言之，在实体领域，物质资源的不均衡分布、社会生产力的差异及产业生产的分工，使跨境生产专利产品和贴牌等情况成为常态，亟须对受托人

---

❶ 上海市第一中级人民法院课题组. 我国法院参与中国法域外适用法律体系建设的路径与机制构建 [J]. 法律适用，2021（1）：157-168.

❷ 张申. 美国"长臂管辖"削弱了国际礼让原则的根基 [N]. 人民法院报，2020-05-29（008）.

❸ 志慧. 我国涉外知识产权侵权法律适用规则的检视与完善 [J]. 法商研究，2020.

的侵权行为进行规制。而在后续的销售环节，只涉及进口侵权复制件问题的
"海淘"更会使此类侵权行为无法找到对应责任人。实际上，网络通信领域的
跨境侵权更为普遍，因为互联网使电子信号的发射地和接受地有了界分，侵
权行为的实施者能"藏匿"于保护程度较低的国家以侵犯保护程度较高的国
家的知识产权。

（3）基于"效果原则"的知识产权域外适用。

知识产权域外适用根植于国际私法理论，但需注意国际礼让原则的本意
在于尊重其他国家的主权以避免法律冲突，故知识产权域外适用不能肆无忌
惮，以防戕害其他国家的主权和公共利益。实践中通常以效果原则为突破知
识产权地域性的媒介，不仅满足了知识产权交流和发展的现实需要，而且能
避免一国法律恣意扩张。我国法院在"PERETUL"案、"PEAKSEASON"案
的判决中透露出借鉴效果原则的思想，但在处理细节上欠缺对该原则的系统
思考。另外，部分国家对知识产权法的域外适用采取"行为主义"，即跨境使
用知识产品的行为需同时符合行为实施地和效果发生地的法律。在这一框架
下，知识产权域外适用的触手延伸得更为宽广。

3. 知识产权域外适用的国际实践

（1）跨境实施专利的侵权。

经济全球化使跨境专利实施行为越来越频繁，许多产品的零部件在不同
国家制造、组装，由此带来知识产权域外适用问题。对此，各国纷纷改造本
国专利法，从立法和司法方面延展专利权的域外适用触手进行应对。比如，
《美国专利法》第 271 条（f）款针对出口部件到海外组装的跨国专利间接侵
权主动地扩张域外效力，借以保护本国专利权人在海外市场的经济利益；❶ 而
《德国专利法》第 9 条、第 10 条更是明确规制专利直接侵权和专利间接侵权
等几类跨境实施专利的行为类型。

（2）涉外定牌加工问题。

在商标权领域，全球范围内的商品流通催生了跨境商标实施行为，由此
带来商标法的跨境适用问题，其中最显著的是涉外定牌加工问题。当外国委

---

❶ 张韬略. 跨境实施专利的侵权认定：以德国法为视角 [J]. 知识产权，2020（12）：80-90.

托人不享有进口国的合法商标权或许可时，定牌加工商的行为是否侵犯商标权人权利，该权利人又能否制止定牌加工行为？对此，若采取商标权绝对地域性的观点，由于该定牌加工行为未造成产品流入本国市场的后果，不会产生商标法所意欲惩治的商品混淆问题，本国知识产权法就无适用余地。但这显然有失公平。实际上，商标权地域性的突破早有先例。在1952年美国"宝路华"案中，联邦最高法院认定被告在墨西哥的销售行为侵犯了本国商标权并以本国法规制，其理由在于被告的行为对美国贸易产生了负面效果，即被告的销售行为虽发生在美国境外，但部分手表进入本国市场无可避免地对商标权人的经济利益造成了影响。由此确立的效果原则也被诸多国家参考，其核心意义在于厘定了知识产权域外适用的尺度是否对本国市场造成影响。

（三）知识产权域外适用的管辖权分配

近年来讨论颇多的美国"长臂管辖"实际上包含域外立法管辖、域外司法管辖与域外执法管辖三个方面。但我国的"管辖"一词多与审判管辖联系，对管辖权的探讨主要集中于司法机关对争议案件是否具有裁判资格，故在涉法律域外适用时多关注域外司法管辖，而忽略了国际法语境中管辖的三权分立思维。因此，有必要厘清不同管辖权的概念及异同，系统探讨知识产权法域外适用的体系构造，为后续适用实践打下坚实理论基础。

1. 域外立法管辖

立法管辖对应立法权这一国家基本权力，即国家对人、财产和行为进行立法规制的权力。[1] 国际法层面的立法管辖涉及各国主权的边界问题，原则上一国的立法管辖限于本国领土之内。美国的长臂管辖最初也并非为了规制别国主体，而是联邦政府为解决各自具有独立权力的州与州之间如何行使管辖权的问题才创设了该制度，后逐渐通过最密切联系原则拓展适用于国际案件。与执法管辖的刚性相比，立法管辖因既有国际规则的模糊性又具有延伸至境外的可能，美国也正是利用了自身的立法优势，逐步使国内秩序拥有了一定域外效力，既为本国法院处理跨国案件提供了进退自如的空间，

[1] 宋晓. 域外管辖的体系构造：立法管辖与司法管辖之界分 [J]. 法学研究，2021，43（3）：171-191.

也逐渐影响了国际规则的走向。❶ 实际上，知识产权的域外立法管辖解决的是发生纠纷时应适用何国实体法的问题，毕竟只有通过连接点确定与知识产权关联的国家法才能直面国家之间的法律冲突。美国长臂立法管辖也正是通过合理联系原则弱化了知识产权的地域性属性，为国内法的域外扩张提供可能。

与本国领域内立法管辖有着不言自明的合法性不同，域外立法管辖因涉他国主权，需证明其合法性。循历史脉络，域外立法管辖从起初被根本否定到被有条件地承认，形成了以单边主义方法和多边主义方法为基石的国际法规范。在国际私法领域，各国私法体系挣脱了属地原则、国籍原则的"镣铐"，借助法律关系这一媒介而较自由地通过国际私法规则对境外的人、行为和财物发生法律效力。在国际公法领域，各国对国家利益与基础价值的理解不同，习惯从自身利益出发将国内法推广适用于域外事项，以期将其化为国际实践并争夺规则主导权。

域外立法管辖权的单边扩张无疑会加剧国际竞争，因此必须设有一定限度。本文认为，属地管辖、属人管辖等管辖规则主要由国际公法演化而来，直接在私法领域适用此类规定可能会存在衔接障碍，故只有详细剖析国内法域外适用产生冲突的原因并深入研究各国扩张知识产权法域外适用的路径后，才能制定出符合各国利益的知识产权域外适用制度。

2. 域外执法管辖

执法管辖对应国家要求遵守其法律的强制执行权力，其属地性特征相比立法管辖、司法管辖最为浓厚。除国际合作情形外，各国的执法管辖权局限于本国主权范围内❷，故域外执法管辖需尊重主权规则。一国若要主动行使域外执法管辖权需要先获别国政府明示同意，并遵守双方法律规定；一旦滥用域外执法管辖权则可能干涉他国主权，进而引发政治协调等问题。

域外执法管辖需以立法管辖作为前提支撑，才可满足执法的正当程序和

---

❶ 曹亚伟. 国内法域外适用的冲突及应对——基于国际造法的国家本位解释 [J]. 河北法学，2020 (38)：21.

❷ 宋晓. 域外管辖的体系构造：立法管辖与司法管辖之界分 [J]. 法学研究，2021，43 (3)：171-191.

适当性原则。譬如美国商务部、安全局、专利商标局等行政部门均须依法律规定的属物或属事因素获得域外管辖的执法依据，方可对侵犯知识产权进出口贸易的行为进行处罚。无论是美国"特工案""中兴通讯案"还是"孟晚舟案"，均是美国没有法律基础、未获他国承认而肆意扩大美国域外执法管辖权的行为，本应进入司法审判程序的案件直接由执法机构作出惩罚不仅违反正当程序原则，而且变相压缩了他国主权及其公民、企业的合法权益。❶

3. 域外司法管辖

如果说域外立法管辖解决的是实质问题，那么域外司法管辖解决的则是技术问题，两者相辅相成，域外立法管辖只有借助后者的皮囊才能真正发挥作用。司法管辖是指某国司法机关对某一案件的审判权限，本质是探讨案件或被告与法院地的联系，只要联系成立，即便其他因素位于境外，法院也可行使管辖权。❷ 世界主要法系均认为通过司法途径实现知识产权的域外适用，不失为一种简单高效的方式，并对涉外民事管辖与涉外刑事管辖作出明显区分。公法领域因涉国家主权而无法摆脱属地原则限制，故域外管辖权大都由国际条约和各国国内法规定。可见域外司法管辖与域外立法管辖相比，在公私领域有明确界限，因为民事司法管辖对国家主权的影响较小，能通过制度设计在一定程度上摆脱属地原则束缚而不发生制度脱节。但是，知识产权的域外适用毕竟涉及本国法溢出问题，此种超常态的约束力应在一定限制内。国家主权原则奠定了国内法域外适用须谨慎而克制的总基调，因为一国法律原则上只在自己主权范围内发生效力。目前，部分国家在新兴的电子商务与标准必要专利等我国技术尚未成熟的领域内，以长臂管辖制度突破了属地管辖原则与知识产权的地域性限制，反映出技术强国在知识产权领域对我国司法管辖权超出合理限度的干涉。

总的来看，我国涉外民事司法管辖主要采取属地与属人管辖相结合的模式，虽与国际涉外司法管辖通例契合，但缺乏诸如不方便管辖与效果原则的可变通性。

---

❶ 肖永平. "长臂管辖权"的法理分析与对策研究 [J]. 中国法学, 2019 (6): 27.

❷ 宋晓. 域外管辖的体系构造：立法管辖与司法管辖之界分 [J]. 法学研究, 2021, 43 (3): 171-191.

三、我国知识产权法律域外适用的现状与问题

(一) 我国知识产权法律域外适用现状

从类别看，知识产权法的域外适用可分两种情形：狭义的域外适用仅涉及本国法在主权范围内对外国人的适用；广义的域外适用还包括本国法在境外的适用。[1] 承前文所述，本文主要讨论后者的现状与问题。详言之，我国知识产权域外适用包括两种情形，一种是我国专利法、商标法、著作权法及其司法解释中直接具有域外适用效力的法律规范，另一种是当事人合意选择或由冲突规范指引适用的法律规范。

根据不同种类知识产权的取得方式不同，知识产权的地域性强度呈现不同分布。总的来看，专利权的地域性最强，商标权的地域性则根据注册登记取得或使用取得而有所区别，著作权的地域性相对较弱。[2] 我国知识产权法律域外适用的现状在总体上呈现出如下特点。

1. 我国知识产权立法的适用范围较为狭窄

相比于美国等国家在知识产权法领域各个方面都呈现出愈演愈烈的域外扩张之势，我国知识产权立法的适用范围主要在境内，显得较为狭窄。比如，我国知识产权立法中相对缺乏对境外侵权行为的规定。在过去较长时间里，我国理论界及实务界通常认为我国专利法不具有域外效力，因此尽管《关于审理侵犯专利权纠纷案件应用法律若干问题的解释（二）》第21条对间接侵权的规定在解释上似具有一定域外效力，但在我国专利法不具有域外效力的前提下，该规定能否适用于出口发明专利的零部件至境外进行组装行为尚不明确。[3] 此外，在涉外知识产权侵权中，当侵害我国知识产权的部分侵权行为

---

❶ 马忠法，龚文娜. 法律域外适用的国际法依据及中国实践 [J]. 武陵学刊，2020，45 (5)：76-83.

❷ 李凤琴. 商标权地域性原则的突破——美国实践与中国路径 [J]. 嘉兴学院学报，2021，33 (5)：108-115.

❸ 张冬. 建设中国知识产权法域外适用体系 [N]. 中国社会科学报，2022-03-16 (4).

发生在国外时，如遵循知识产权的绝对地域性原则，我国法院将无法对发生在境外的部分侵权行为一并进行管辖。❶

2. 我国知识产权涉外司法保护遭遇长臂管辖等现实困境

在司法实践中，美国等国家主要通过扩大管辖权等方式实现其知识产权法域外适用效果，而我国法院对知识产权案件的管辖范围显得力有未逮。随着我国科技创新实力快速提升、全球制造业开始迁移，欧美部分法院已出现争夺我国司法管辖权的倾向，其中最有力的武器便是以禁诉令为载体实施的长臂管辖。比如，在华为诉三星案中❷，华为虽在中国取得胜诉判决，但三星在美国法院提出反诉后美国法院作出了"本案作出裁决之前，华为不得在中国地区寻求执行深圳中院的判决"的禁诉令裁定。美国法院此种以禁诉令为载体的长臂管辖体现的是对我国涉外知识产权司法缺乏信任与尊重，长此以往将损害我国司法公信和司法权威。❸

3. 我国知识产权执法难以形成有效反制

纵观近五年知识产权行政执法，我国应对他国域外执法的反制能力较弱。以美国"337调查"❹为例，有研究指出我国自1989年与美国首次发生知识产权纠纷以来，已连续多年成为受其调查最多的国家，且胜诉率不高。❺美国"337调查"具有申诉成本及门槛较低、应诉费用高及侵权惩罚力度大等特点，一定程度上利于美国申请人，并不利好我国被申请人❻，长此以往将严重影响我国高新技术企业发展。此种困境呼唤我国政府作出强有力的回应，但目前的实际情况是我国在知识产权域外执法中尚缺乏贸易调查制度及预警报

---

❶ 刘义军. 完善我国知识产权侵权诉讼域外管辖权的若干思考 [J]. 科技与法律, 2016 (4): 662-679.

❷ Huawei Techs., Co. v. Samsung Elecs. Co., No. 3: 16-CV-02787-WHO, 2018 WL 1784065 (N. D. Cal. Apr. 13, 2018), reconsideration denied, No. 3: 16-CV-02787-WHO, 2018 WL 3037924 (N. D. Cal. June 19, 2018.

❸ 丁文严, 韩萍. 中国企业专利涉外司法保护中的管辖困境与应对 [N]. 人民法院报, 2018-05-30 (15).

❹ "337调查" 指美国根据1930年关税法第337条规定发起的调查，下同。

❺ 金泽虎, 钱燕. 中美知识产权纠纷对我国技术密集型产品出口的影响研究——基于337调查的视角 [J]. 科技管理研究, 2021, 41 (1): 127-135.

❻ 金泽虎, 钱燕. 中美知识产权纠纷对我国技术密集型产品出口的影响研究——基于337调查的视角 [J]. 科技管理研究, 2021, 41 (1): 127-135.

告制度，故难以对美国 337 调查形成有效反制。

（二） 现有知识产权域外适用条款梳理

我国现有知识产权域外适用条款主要包括直接具有域外适用效力的法律规范，以及冲突规范条款所引致的法律规范，故本部分首先结合司法实践观点及学者学说，梳理我国专利法、商标法、著作权法中直接具有域外适用效力的规范；而后再分析能指向我国知识产权法律的冲突规范。

1. 专利法

专利法的域外适用，是指国家将具有域外效力的本国专利法适用于管辖领土范围外的人、财产和行为的过程。❶

（1）《中华人民共和国专利法》（以下简称《专利法》）的"现有技术"条款的适用范围已经扩张至域外。

现有技术条款是判断一项专利是否具备新颖性和创造性的基础。2008 年修订的《专利法》将"现有技术"条款的适用范围统一扩张至域外，并为 2020 年《专利法》延续，其具体规定为"本法所称现有技术，是指申请日以前在国内外为公众所知的技术"。据此，境外已公开的技术发明就无法在我国获得专利授权。当现有技术的地域范围扩大至境外后，我国《专利法》即被赋予了域外效力，部分地实现了域外适用。❷

（2）《专利法》的"专利权用尽"原则的适用范围已扩张至域外。

国际社会普遍认为，专利权用尽原则意味着专利权不应及于合法售出之专利产品的后续利用。但对于专利产品首次销售的地域范围是否可以延伸至境外的问题，发达国家与发展中国家基于各自国家利益存在不同意见。我国在 2008 年修订《专利法》时，考虑到我国产业发展在相当程度上仍然依赖于国外技术和产品及其零部件的引进，明确规定专利产品或按专利方法直接获得的产品经合法售出后，进口该产品不视为侵犯专利权，即承认"专利权用

---

❶ 单娟. 美国专利法域外适用制度：流变、适用与启示 [J]. 科技进步与对策，2021（22）：1-8.

❷ 韩书立. 我国专利法的域外适用问题研究 [J]. 法学评论，2021，39（4）：151-162.

尽"的范围是"国际用尽"。❶ 从我国立场出发，专利权国际用尽有利于削弱外国专利权人在国际市场垄断价格的能力，有利于专利权人与公众之间的利益平衡和优化创新。而从另一方面看，专利权国际用尽亦会改变我国专利权人的境外商业行为。例如，由于专利权人在境外的首次销售行为会导致专利权用尽，高新科技企业会提高专利产品的海外售价。此时，我国技术的出口转让即受限制，使《专利法》部分地实现了域外适用。❷

（3）有学者主张专利法中域外专利侵权条款应具有域外适用效力。

由于我国立法机关并未明确《专利法》第 11 条所规定的域外专利直接侵权行为的适用范围是否限于我国境内，故有学者认为实践中至少在域外使用专利方法或专利系统、域外许诺销售及域外销售三个方面存在域外适用可能。此外，根据最高人民法院《关于审理侵犯专利权纠纷案件应用法律若干问题的解释（二）》（2020 年修正）第 21 条的规定，如果当事人明知有关产品、方法被授予专利权，未经专利权人许可，为生产经营目的积极诱导他人实施了侵犯专利权的行为，就构成专利间接侵权。有学者主张，我国法可以在引诱侵权行为是否延及域外的问题上持更开放态度。❸

（4）有学者主张专利法中域外专利侵权救济可以扩大适用范围。

我国专利法中的域外专利侵权救济包括诉前停止侵权行为和赔偿范围。一方面，我国《专利法》第 72 条一般被认为借鉴了普通法系禁令制度，有学者据此认为诉前停止侵权行为可扩张至域外，在诉前禁止域外专利侵权行为发生。❹ 另一方面，根据《专利法》第 71 条的规定，专利侵权的赔偿数额应按权利人因被侵权所受"实际损失"或"侵权人因侵权所获得的利益"来确定，但我国专利法对专利权人在我国境外的利润损失是否被包含在上述范围内尚无明确规定。鉴于美国在司法实践中存在"将域外利润损失纳入专利间接侵权的赔偿范围之内"的做法❺，有学者认为我国也可在该问题上赋予

---

❶ 王迁. 知识产权法教程［M］. 北京：中国人民大学出版社，2007.

❷ 韩书立. 我国专利法的域外适用问题研究［J］. 法学评论，2021，39（4）：151-162.

❸ 韩书立. 我国专利法的域外适用问题研究［J］. 法学评论，2021，39（4）：151-162.

❹ 韩书立. 我国专利法的域外适用问题研究［J］. 法学评论，2021，39（4）：151-162.

❺ 在 WesternGeco LLC v. ION Geophysical Corp. 案中，美国联邦最高法院支持了原告的诉讼请求，将域外利润损失纳入到专利间接侵权的赔偿范围之内。

《专利法》第 71 条一定域外效力。❶

2. 商标法

我国现行《商标法》并未规定其适用范围，但通信和贸易的全球化对商标权的地域性提出了挑战，故有必要梳理我国现行商标法的相关条款，探究《中华人民共和国商标法》（以下简称《商标法》）的域外效力。

（1）《商标法》第 13 条第 2 款规定的"未注册驰名商标的特别保护"条款，以及第 32 条后半段规定的"已经使用并有一定影响的未注册商标"条款。

在商标授权确权纠纷中，外国知名商标所有人通常依《商标法》第 13 条、第 32 条，针对他人在中国境内抢注其商标的行为寻求救济。由于该商标并未在中国实际使用，故外国商标所有人只能以在中国境外已使用并达到一定知名度的事实来支持主张。但在"费列罗案"❷"尼古拉公司与商标评审委员会商标行政争议案"❸中，我国法院通常对境外已使用的事实不予考虑，其原因就在于商标权的地域性特征。可见，我国法院在实践中一般执行严格的地域性规则，将商标权的使用仅限于在中国境内的实际使用行为，并不关注商标使用对相关公众认知的影响。❹

（2）《商标法》中"相关公众"的地域范围之扩张。

我国商标法对"相关公众"的规定见于最高人民法院《关于审理商标民事纠纷案件适用法律若干问题的解释》（2020 年修正）第 8 条。随着全球贸易及网络经济发展，消费者的跨境移动、全球范围的网络购物及互联网广告宣传使在一国境内尚未注册或使用的商标可能已被该国"相关公众"广为知晓，商标使用的地域范围与其知名度所及的地域范围发生分离。在该情况下，

---

❶ 韩书立. 我国专利法的域外适用问题研究 [J]. 法学评论，2021，39（4）：151-162.

❷ 参见北京市第一中级人民法院（2012）一中知行初字第 108 号行政判决书。

❸ 参见北京市高级人民法院（2011）高行终字第 977 号行政裁定书。

❹ 李凤琴. 商标权地域性原则的突破——美国实践与中国路径 [J]. 嘉兴学院学报，2021，33（5）：108-115，112. 从表面看来，似乎有利于国内主体根据外国人在中国境内的商标使用情况来申请商标，从而避免因不了解外国知名商标而动辄被追究责任的窘境，但是无法遏制和打击国内主体恶意抢注在外国已经使用的知名商标现象，这将有悖于商标法所确立的诚实信用原则，也不利于我国打造良好的知识产权保护氛围和营商环境。

从保护本国"相关公众"免予混淆的立场出发，商标实际使用的地域范围应突破地域限制，将境外的商标使用导致本国相关公众混淆的情况考虑在内。

（3）从商标平行进口案件中，可以发现《商标法》未明文规定的"商标权用尽"原则已产生域外效力。

我国现行《商标法》未对商标平行进口作出规定。是否将商标平行进口定为侵权行为，关键在于是否承认商标权用尽原则适用于跨国商品流通。商标法领域的权利用尽原则与专利法的规定一致，其争议也在于商标权是国内还是国际用尽。我国法院在实践中通常会综合考量商标功能受损、消费者混淆等方面判断平行进口行为是否切断商品和商标权人之间的联系进而损害商标的识别功能，以致消费者对商品来源产生混淆。❶

（4）《商标法》中注册维持使用制度将"出口行为"视为商标使用行为。

我国《商标法》第49条虽规定了注册维持使用制度，但并未从地域性角度明确何种地域范围的使用才是有效使用，导致实践中存在争议，其焦点在于我国商标行政管理部门能否以企业在国内注册了商标但因其商标产品3年未在我国境内使用而是出口到境外销售为由撤销注册商标。实践中有法院将出口行为视为有效的商标使用行为，并产生维持我国境内注册商标权之效力。❷ 选择该法律解释，很大程度上是基于我国世界工厂地位对出口型企业提供保护。❸

（5）《商标法》注册禁止条款中的"有一定影响"包括了境外使用情形。

我国《商标法》第32条意在禁止第三人以不正当手段将他人在先有一定影响的商标恶意抢注，但学界对于"境外使用在我国相关公众产生一定影响的商标"，其所有人能否启用该条款禁止他人注册存有争议。有学者认为排除他人抢注的在先商标是指在中国境内在先使用并有一定影响者；也有学者基

---

❶ 大王制纸株式会社、大王（南通）生活用品有限公司与杭州梦葆科技有限公司侵害商标权纠纷案. 杭州市中级人民法院（2016）浙01民终7197号二审民事判决书。

❷ 北京市高级人民法院（2010）高行终字第265号行政判决书。此外，还可见最高人民法院（2014）行提字第30号行政判决书。转引自黄汇. 商标使用地域性原理的理解立场及适用逻辑［J］. 中国法学，2019（5）：80-96.

❸ 北京市高级人民法院（2010）高行终字第265号行政判决书。此外，还可见最高人民法院（2014）行提字第30号行政判决书。转引自黄汇. 商标使用地域性原理的理解立场及适用逻辑［J］. 中国法学，2019（5）：80-96.

于诚信原则及韩国、日本等国将在先使用有一定影响的商标扩及境外使用的立法例，认为在境外使用产生一定影响的商标，只有其影响力辐射到中国境内的相关公众时才能获保护。原因在于全球跨境电子商务迅猛发展使境外商标普遍通过跨境宣传对我国境内消费者产生一定影响，将它们排除在外并不合时宜。

3. 著作权法

如前所述，著作权相比于专利权、商标权，其属地性较弱。根据北京市高级人民法院在 2004 年发布的《关于涉外知识产权民事案件法律适用若干问题的解答》相关规定❶，我国著作权法具有基于属人原则的积极域外效力❷，甚至早年有法院在实践中突破了知识产权地域性，在域外侵犯著作权案件中适用我国法以认定侵权。如北影录音录像公司诉北京电影学院案中，被告未经小说版权人同意将该小说改编并摄制成电影在法国放映，北京法院对此适用了我国《著作权法》而认定侵权。❸

4. 国际私法

一般而言，管辖本国领域之外的人、物或行为需通过涉外管辖、法律适用及外国判决的承认与执行等国际私法规则，才能将域外因素链接到某国法院，通过适用其国内法实现域外适用效果，这是知识产权规则实现域外适用的传统路径。❹

（1）《中华人民共和国法律适用法》（以下简称《法律适用法》）第 48 条至第 50 条。

---

❶ 北京市高级人民法院：《关于涉外知识产权民事案件法律适用若干问题的解答》［京高法发〔2004〕49 号］，2004 年 2 月 18 日发布。原文为："十八、在侵犯著作权、不正当竞争纠纷案件中，双方当事人均为我国自然人、法人，或者在我国均有住所，侵权行为发生在外国的，应如何适用法律？答：根据《中华人民共和国民法通则》第 146 条第 1 款的规定，侵权行为的损害赔偿，当事人双方国籍相同或者在同一国家有住所的，可以适用当事人本国法律或者住所地法律。因此，侵犯著作权、实施不正当竞争纠纷案件，双方当事人均为我国自然人、法人，或者在我国均有住所，侵权行为发生在外国的，可以适用我国的著作权法、反不正当竞争法等法律。"

❷ 阮开欣. 知识产权保护的准据法确定——解构被请求保护国原则［J］. 华中科技大学学报（社会科学版），2020，34（6）：13.

❸ 北京市第一中级人民法院（1995）一中知终字第 19 号。

❹ 顾昕，宋飞云. 构建规范合理的知识产权域外适用规则［J］. 科技中国，2021（10）：22-24.

通常来说，一国的法律规范尤其是私法规范，经当事人合意选择或经法院确定适用，都会对本国管辖领域外的人和物产生约束力。知识产权的地域性并未直接涉及法律冲突问题，但其影响了知识产权法律冲突的解决方法。比如，《法律适用法》第 48 条、第 50 条所规定的"被请求保护地法律"就体现了知识产权的归属、内容及侵权责任等问题应由赋予该知识产权的国家之法律支配的立法理念。然而，学界对于知识产权地域性对选择准据法及侵权救济等法律适用问题的影响存在质疑。尽管学界对"被请求保护地"存在不同意见，但一般认为其既非知识产权的来源国，也非侵权行为地，更不是法院地，而是原告请求法院对知识产权提供保护所依据的实体法所属国。可见被请求保护地法融合了多元连结点，某种程度上取决于案件中原告的选择。❶此外，知识产权的地域性并不排除意思自治原则在知识产权侵权中的适用，尤其是因知识产权侵权引发的救济问题。对于知识产权争议所涉公共政策问题，可借助国际私法的强制性规则或公共秩序保留等特定制度解决。

（2）《中华人民共和国民事诉讼法》（以下简称《民事诉讼法》）第 103 条关于行为保全的规定。

当前知识产权域外适用的情形多发生于通信领域的标准必要专利侵权纠纷，主要有两种典型形态：一是外国法院通过禁诉令或禁执令，禁止我国当事人在中国继续诉讼或执行我国法院作出的判决；二是国外权利人在市场份额极低的外国法院寻求对全球市场费率的裁决，从而排除市场份额占比高的我国法院管辖。为应对前述逾矩行为，我国法院近年来开始尝试以现行《民事诉讼法》第 103 条关于行为保全的规定为基础，构建我国的禁诉令制度。有学者指出，为维护我国司法主权，我国法院如与纠纷有实质联系，可依当事人申请签发禁诉令。比如我国法院具有专属管辖权的案件、当事人约定由我国法院排他性管辖的案件、被告已在我国法院应诉且明确表示或默示同意我国法院管辖的案件、主要连接点在我国的案件以及与我国国家利益、社会公共利益密切相关的案件等。❷

❶ 黄志慧. 我国涉外知识产权侵权法律适用规则的检视与完善 [J]. 法商研究，2020，37（5）：184-196.

❷ 仲春. 标准必要专利全球费率裁判思辨 [J]. 知识产权，2020（10）：13-22.

（三）现有制度存在的问题

鉴于我国现有知识产权域外适用或是通过实体规范直接实现，或是通过冲突规范引致实现，而两者都需通过更具体的国际私法规范实现，故下文主要从这两个方面分别论述我国现有制度存在的问题。

1. 我国现行知识产权法域外适用存在的问题

总体上看，我国现行知识产权法的域外适用规则尚未形成完整体系，呈现出防御色彩浓郁、进攻色彩不足的特征。❶

（1）我国知识产权法的属地性特征过于浓厚。

《中华人民共和国立法法》（以下简称《立法法》）对法的空间效力未置一词，且《中华人民共和国民法典》（以下简称《民法典》）第 12 条亦规定在中国领域内的民事活动原则上适用中国法律，除非法律另有规定；并且《法律适用法》第 48 条至第 50 条恪守国际公认的"被请求保护地法律"原则，导致我国知识产权法的适用范围被严格限制在我国主权范围内。综合前述两点可见，我国知识产权法的属地性特征较浓厚。从历史角度看，属地性是法律的早期产物，不符合全球化发展的现实需求。随着民商事领域的国际交往日益密切，国际私法制度的兴起表明法律域外适用是当下常态，知识产权的属地性不断受削弱。

（2）我国知识产权法中确立域外效力的法律规定不够明确。

确立域外效力的规定是国内法域外适用的基础，如果立法不具有域外效力，行政机关和司法机关就无法将国内法进行域外适用。❷ 目前，我国知识产权法的域外适用规则尚未形成体系，明文确立域外效力的规则仍处缺位状态，仅部分条款透露出可能具有域外适用效力的倾向。

2. 通过国际私法实现域外适用存在的问题

尽管我国现行《民事诉讼法》及其司法解释为涉外民商事管辖权提供了规范指引，但整体上较为薄弱和零散，存在着专属管辖规定过窄、协议管辖

---

❶ 韩书立. 我国专利法的域外适用问题研究 [J]. 法学评论, 2021, 39 (4): 151-162.

❷ 廖诗评. 中国法域外适用法律体系: 现状、问题与完善 [J]. 中国法学, 2019 (6): 20-38.

过于保守、保护性管辖权不足、缺乏平行诉讼协调机制等问题。❶ 就知识产权领域而言，最突出的是平行诉讼缺乏协调机制和缺乏维护我国法院管辖权的禁诉令机制两个方面。

（1）我国在平行诉讼方面缺乏协调机制。

知识产权平行诉讼主要发生于标准必要专利纠纷领域，其产生原因在于各国法院均依据国内法行使管辖权，而涉外案件多与两个及以上国家存在联系，导致多个国家可能对同一案件均有管辖权。当事人受利益驱动通常会就同一案件在不同国家法院提起重复诉讼或对抗诉讼等两类平行诉讼。当前，欧美法院在标准必要专利纠纷领域的司法管辖上持强势立场，意欲争夺该纠纷诉讼优选地，使管辖权之争演变为标准必要专利全球许可费的司法裁决之争，进一步加剧了平行诉讼的发生。❷ 然而，我国《民事诉讼法》尚未对国际民商事管辖权冲突问题作具体规定。根据司法解释的规定，我国对国际民商事平行诉讼持承认态度，无论是同一争议的重复诉讼或对抗诉讼，还是外国法院已受理的案件，均不影响我国法院行使管辖权，除非我国缔结或参加的国际条约有特别规定。另外，尽管我国规定有"不方便法院"原则，但仍存在适用要件过于刚性、目标和价值取向不够清晰等问题❸，亟待立法优化。

（2）缺乏维护我国法院管辖权的禁诉令机制。

近年来，欧美法院积极扩张管辖权，且率先适用禁诉令制度排除或限制他国司法管辖，进一步加剧了国际范围内无线通信企业之间的对抗博弈。由于我国法院主要以处理国内纠纷的规则和经验处理涉外纠纷，不具备长臂管辖的特征，如放任欧美法院突破地域性原则对全球许可费率进行裁判，将会排除本应由我国法院对我国专利进行司法定价的管辖权，进而妨碍我国司法主权。我国企业、公民受外国法院禁诉令的威慑，往往会撤回国内起诉或迫于压力和解，长此以往既不利于维护我国司法管辖权，也不利于保护我国企

---

❶ 沈红雨. 我国法的域外适用法律体系构建与涉外民商事诉讼管辖权制度的改革——兼论不方便法院原则和禁诉令机制的构建［J］. 中国应用法学，2020（5）：114-128.

❷ 沈红雨. 我国法的域外适用法律体系构建与涉外民商事诉讼管辖权制度的改革——兼论不方便法院原则和禁诉令机制的构建［J］. 中国应用法学，2020（5）：114-128.

❸ 沈红雨. 我国法的域外适用法律体系构建与涉外民商事诉讼管辖权制度的改革——兼论不方便法院原则和禁诉令机制的构建［J］. 中国应用法学，2020（5）：114-128.

业、公民的合法权益。❶

四、主要国家的知识产权域外适用的经验启示与执行

（一）知识产权法律域外司法管辖权

1. 域外司法管辖规则的基本理论

（1）《ALI 原则》。

《知识产权：跨国纠纷管辖权、法律选择和判决原则》❷（以下简称《ALI 原则》）是第一部以国际私法调整跨国知识产权纠纷的示范法。该原则将知识产权侵权行为地从行为实施地和结果发生地扩展至预备行为发生地，对后续美国法院管辖域外组装等行为产生了重要影响。该原则虽非由立法机关制定而不具备法律约束力，但其内容和形式具有示范性，为各国法院审理跨国知识产权案件提供了指导原则。

（2）欧盟《布鲁塞尔公约》与《布鲁塞尔条例 I》。

1968 年《关于民商事管辖权和判决执行的布鲁塞尔公约》（以下简称《布鲁塞尔公约》）和 2002 年《关于民商事案件管辖权及判决承认与执行的条例》（以下简称《布鲁塞尔条例 I》❸）共同确立了欧盟境内跨国民商事管辖及判决的承认和执行的基本规则，同样适用于知识产权诉讼。《布鲁塞尔公约》第 16 条第 4 款和《布鲁塞尔条例 I》第 22 条第 4 款❹表明两者仅规定欧盟缔约国之间的注册性知识产权取得或效力问题的专属管辖权制度，而未对其他类型的知识产权事项特别设置管辖权规则。❺故其他类型的知识产权应与

---

❶ 沈红雨. 我国法的域外适用法律体系构建与涉外民商事诉讼管辖权制度的改革——兼论不方便法院原则和禁诉令机制的构建 [J]. 中国应用法学，2020（5）：114-128.

❷ INTELLECTUAL PROPERTY: PRINCIPLES GOVERNING JURISDICTION, CHOICE OF LAW, AND JUDGMENTS IN TRANSNATIONAL DISPUTES, Copyright 2008 by The American Law Institute.

❸ 欧盟第 44/2001 号条例。

❹ 2000 年 12 月 22 日由欧盟理事会通过的《关于民商事案件管辖权及判决承认与执行的条例》是对《布鲁塞尔公约》进行局部修订后的文本，并于 2002 年 3 月 1 日生效。《布鲁塞尔条例 I》第 22 条第 4 款的内容与《布鲁塞尔公约》第 16 条第 4 款的规定相同，仅条文序号不同。

❺ 钟丽. 欧盟知识产权跨境侵权案件的司法管辖问题 [J]. 欧洲研究，2010（6）：115.

其他民商事法律纠纷一样援引相应国际民事诉讼管辖权规则，可援引的管辖权规则包括由被告住所地国法院管辖的一般原则、由侵权行为发生地国法院管辖的特殊管辖规定、选择向任一在缔约国内有住所的共同被告的住所地国法院提起诉讼的关联诉讼管辖规定、专属管辖权在不同缔约国法院管辖权冲突时的优先地位、平行诉讼时先诉法院优先原则等。

（3）《CLIP 原则》。

2011 年《知识产权冲突法原则》（*Principles on Conflict of Laws in Intellectual Property*，以下简称《CLIP 原则》）的最终文本❶在第一部分明确指出其是关于国际管辖权、适用法律和执行外国判决的原则。值得注意的是，该原则对管辖权及其冲突采用了比《ALI 原则》更灵活的处理方式。首先，该原则明确协议管辖中当事人选定的法院拥有优先且排他的管辖权资格；其次，该原则将专属管辖的范围限于专利、商标、工业设计等以注册登记作为权利基础的知识产权，并对其他法院施以"主动宣布其无管辖权"的义务；最后，在国际知识产权案件的程序协调与国际合作问题上，《CLIP 原则》沿用了"先受理法院优先原则"并辅以若干例外规定，以避免跨国知识产权案件在不同管辖权标准下可能产生的积极冲突。

总体来看，国际知识产权案件管辖权规则的发展符合国际民事诉讼的一般规律，即从各国封闭而独立地确定管辖权内容及标准向区域性或多边合作发展。各国以尊重协议管辖排他性、特定专属管辖为前提，对不同类别的跨国知识产权纠纷进行总结，逐渐实现管辖权法定标准的统一。❷

2. 美国长臂管辖方式等具体操作细节

（1）长臂管辖的起源及理论基础：最低联系原则与效果理论。

自美国法院在 1945 年国际鞋业公司诉华盛顿州案❸中放弃长期坚持的领土主权原则并确立长臂管辖的最低联系原则以来，长臂管辖的适用对象从起初的外州被告拓展到外国被告，适用范围也扩展到了互联网等虚拟化、非中

---

❶ 参见 https：//www.clip.pt/en/clip/guiding-principles。

❷ 张建. 国际知识产权冲突法的制度革新与立法考量——以《ALI 原则》及《CLIP 原则》为中心 [J]. 河南工程学院学报（社会科学版），2017，32（4）：49-54，91.

❸ International Shoe Co. v. Washington，326 U. S. 310（1945）.

心化的新型案件。由属地管辖原则扩张解释而来的效果原则进一步扩张了美国长臂管辖的范围，其强调只要案件事实对美国产生了直接、可预见的实质性影响，美国都可对其进行管辖。虽然知识产权的地域性要求依特定国家法律产生的知识产权只在该国有效，但美国在知识产权领域适用长臂管辖并非少数，在美国法院审理的涉中国长臂管辖案件中，知识产权案例数量最多并超三成。❶

（2）美国知识产权域外适用体系发展。

美国的知识产权制度历经两百多年发展，形成了包括专利法、商标法、版权法在内的较完整的知识产权体系，但其域外适用的发展不尽相同。

A．专利权。

起初，美国法院坚持专利法的反域外适用推定原则，认为受美国专利法保护的专利应符合全要件原则，即从生产到销售的每一阶段都发生在美国境内。1984 年，美国新专利法以效果理论为基础实现突破，赋予部分规则以域外效力。例如，根据新《美国专利法》第 271 条的规定，在美国境外组装在美国享有专利权的商品，侵权行为虽发生在美国境外，但仍构成美国法律上的专利侵权，从而规制境外组装及制造并出口到美国等特定行为。但美国法院在进行域外适用时会加以限制，如根据效果理论，境外侵权行为需对美国境内企业产生不利影响。

B．版权。

美国版权法并未对域外效力作出规定，且联邦最高法院在 1908 年 United Dictionary Co. v. G. &C. Merriam Co. 案与 2016 年 Kirstaeng v. John Wiley & Sons, Inc. 案❷等判决中都否定了版权法的域外效力。在 1908 年的判决中，霍姆斯大法官发表意见指出，出版物所含"版权所有，不得翻录"的警示不能扩展到美国境外，意即美国法院无权管辖发生在美国国外的著作权侵权行为，因为国会不能要求对发生于非美国所能控制的境外个人行为承担责任。

C．商标权。

《兰哈姆法》虽未直接规定域外效力，但美国法院在司法实践中形成了商

---

❶ 肖永平."长臂管辖权"的法理分析与对策研究 [J]. 中国法学，2019 (6)：39-65.

❷ KIRTSAENG v. JOHN WILEY & SONS, INC. 654 F. 3d 210.

标法域外适用的统一实践。比如，在 1952 年 Steel v. Bulova 案中，美国法院根据长臂管辖规则对该案行使了管辖权，并指出《兰哈姆法》授予人们对任何在商业中不当使用注册商标的人提起民事诉讼的权利。美国法院主张适用美国法的重要原因之一是斯蒂尔（Steel）的行为对美国市场造成了实质性影响。此外，美国法院还确立了当事人国籍、是否与外国法律或政策冲突、对美国市场影响的可预见性等多个考量因素。

D. 商业秘密。

为更好保护商业秘密持有人的权益，美国在立法和司法实践中逐渐扩张其域外管辖范围，出台了《统一商业秘密法》等多部法律。在美国阿姆斯特德（Amsted）工业公司与中国天瑞公司纠纷案中，天瑞公司以侵犯商业秘密的行为发生在美国境外为由主张不适用美国法律，但美国法院最终以效果理论为基础认定原告只需证明有足够的国内产业因被告的不公平竞争而受到损害，法院即可行使管辖权。

（3）长臂管辖适用过程中的必要限制。

适用长臂管辖必须加以限制，否则将造成司法混乱及司法的不确定性。在长臂管辖被用于解决州际问题时，《美国宪法第十四修正案》的正常程序原则提供了保障，其内涵有三：最低限度联系原则、可预见性原则和合理性原则。最低联系原则指该案件与该州必须有某种最低限度的联系，该州法院才可行使管辖权。该原则既是美国行使长臂管辖权的法理基础，也是行使长臂管辖权的必然要求。可预见性原则要求被告有意利用法院地的有利条件且应预见该可能性。合理性原则要求长臂管辖需符合公平正义，联邦最高法院在判例中提供了对被告造成的负担、原告获得救济的便利性和有效性等考虑因素。

但在解决国际问题时，缺乏如正当程序原则等强有力的约束，只有国际礼让原则、不方便法院原则等软性约束。国际礼让原则是指美国法院在解决法律冲突时可在不损害本国主权及公民利益的前提下，出于礼让和自身考虑承认外国法的域外效力。不方便法院原则同样是法院对管辖权限的自我克制，该类软性规则无法对美国法律的域外适用形成有力约束。

3. 欧洲跨境知识产权案件司法管辖

欧洲国际知识产权案件司法管辖总体上围绕《布鲁塞尔公约》和《布鲁

塞尔条例 I》构成的"布鲁塞尔规则体系"。在该体系下，知识产权的属地性观念发生转变，专属管辖的范围仅限于知识产权有效性或注册登记问题。由于其对知识产权的有效性问题与侵权纠纷之间管辖权规则的区分尚不明确，在具体实践中面临专属管辖权与特殊管辖权的适用范围如何解释、关联当事人与知识产权争议的管辖权确定以及一国法院能否对他国境内侵权行为发布如禁令的临时措施等困难。❶

在专利权等具体知识产权保护领域，欧洲突出的国际公约除 1973 年《欧洲专利公约》（*European Patent Convention*，EPC）外，还有 2013 年《统一专利法院协议》（*Agreement on a Unified Patent Court*，UPCA）。根据 UPCA，成员国的专利权人仅需向欧洲专利局（European Patent Office，EPO）提出单一申请，即可在所有成员国境内受统一的专利保护，从而为欧洲范围内的专利权保护提供更大的法律确定性，便利了专利执法，也降低了专利权人高昂的平行诉讼费用。

为帮助专利权人厘清国际条约和欧盟立法中关于跨国专利侵权和无效纠纷的管辖权规定，EPO 在《欧洲法院在专利纠纷中的管辖权》手册中对《布鲁塞尔条例 I》等规定作出解释，特别介绍了被告住所地所在国是否为《统一专利法院协议》成员国的管辖规则。如果被告住所地所在国同时是欧盟成员国与《统一专利法院协议》成员国，则统一专利法院在欧盟成员国国内法院有管辖权的情况下会具有管辖权；如果被告住所地所在国只是欧盟成员国，则被告应在该成员国国内法院被起诉。❷

2016 年《商业秘密保护指令》（*European Union Directive 2016/943 on the Protection of Trade Secrets*，EU-TSD）旨在消除早先因各成员国自行立法导致的欧盟商业秘密保护制度分散化、碎片化的局面，为促进欧盟在商业秘密保护领域形成统一立法提供了规范指导。EU-TSD 在界定非法使用或披露商业秘密的范围时涵盖了"故意制造、提供或进行侵权产品的销售、进口、出口，或为此目的的产品存储"情形，因而在国际贸易中针对发生在欧盟外部的涉

---

❶ 孙尚鸿. 试析欧盟《布鲁塞尔民商事管辖权规则》有关涉网知识产权案件管辖权问题的实践[J]. 比较法研究，2009（5）.

❷ EPO. The jurisdiction of European courts in patent disputes. https：//www. epo. org/learning/materials/jurisdiction. html.

及商业秘密获取争议的行为可予以直接规制❶，实为欧盟域外管辖的实体法来源。EU-TSD 要求成员国将其转化为国内法，故德国 2019 年颁布的《商业秘密法》(*Trade Secrets Act*, TSA) 直接转化了该指令规定的保护商业秘密最低标准的硬性约束，同时也探索了适应其国内特色的诉讼制度和救济路径。此外，EU-TSD 还规定法院有权采取临时预防性措施，并赋予法院颁布禁令等终局措施，而在第 11 条和第 13 条规定前述措施应符合比例性审查标准，综合协调商业秘密价值、侵权行为及其后果以及各方利益和公共利益。

综上可见，欧洲的跨境知识产权司法管辖体系在欧盟法院和成员国国内法院双重层级管辖的基本原则下运行，总体遵循"布鲁塞尔规则体系"处理具体争议，并随需要适时修订。统一专利法院作为具体知识产权领域的制度构建需沿着布鲁塞尔规则的逻辑，实为对该规则的发展。虽然 EU-TSD 对商业秘密保护从商业秘密本身拓展至"侵权产品"，并提供了域外"延伸保护"，但其司法管辖仍未脱离民事侵权的基本范畴。

(二) 知识产权域外适用的立法选择

1. 涉外知识产权归属和内容法律选择立法模式的争议

涉外知识产权归属和内容的法律适用有两种模式：一种是统一论，即不区分知识产权的不同客体，笼统制定统一的法律选择规范；另一种是分割论，即针对不同知识产权客体的归属和内容分别制定相应的法律冲突规范。当前，多数国家对知识产权进行笼统的统一规定，只有以欧盟为代表的少数国家采取了分割论，比如，对于专利权、商标权，必须经注册登记才能成立，因而其法律适用多以权利申请地、登记地或国籍地为联结点；而对于地域性并不显著的著作权，由于无法将登记注册地或申请人住所地作为连结点，欧盟更多是采用保护国法中易于确定的国家的法律。❷

我国《法律适用法》第 48 条采用统一论的立法模式，符合当前国际社会

---

❶ 李薇薇，郑友德. 欧美商业秘密保护立法新进展及对我国的启示 [J]. 法学，2017 (7)：151-152.

❷ 王芳. 论我国涉外知识产权纠纷的法律适用——《涉外民事关系法律适用法》第 48 条解析 [J]. 知识经济，2014 (4)：26-27.

的通行做法。然而，知识产权权利种类、内容的不同导致争议类型及相应保护措施实际上都有所不同，故学界对涉外知识产权归属和内容的法律适用普遍持分割论的观点，主张分别规定专利权、商标权和著作权的权利归属和内容的法律选择规范。比如，赵相林教授认为专利权的取得、内容和效力应适用专利申请地法律，商标权适用商标注册地法律，著作权则适用作品最初发表地的法律。此外，李振纲、韩德培教授同样持分割论观点❶，其初衷是将被请求保护地主义和来源地主义的优势相结合，以弥补单一连结点的不足，从而既能为权利人在外国取得知识产权并获得保护提供便利，又能使未在外国取得知识产权的本国知识产权在外国获得保护。从国际视野看，日本、英国及美国的许多学者如萨姆里克森（Sam Ricketson）教授、金斯堡（Ginsbourg）教授等都支持分割论，认为在以保护国法为基础的同时应兼采来源国法。❷

2. 法律适用原则的分类

国际贸易中的版权许可、技术转让等知识产权国际流通导致了知识产权法律冲突。作为一种重要的民商事法律关系，知识产权法律冲突与一般民商事法律冲突存在共性，但也具有特殊性。针对上述法律冲突，法律适用中的一般规则主要包括被请求保护地法律说、来源地法律说、行为地法律说、法律地法律说、综合适用法律说等观点。其中被请求保护国法律说（lex loci protectionis）作为涉外知识产权侵权纠纷的重要解决方案，被各国和国际公约广泛采纳，如《伯尔尼公约》第5条第2款及匈牙利国际私法法典和瑞士联邦国际私法都规定了这一法律的适用原则。这是因为知识产权具有显著的地域性特征，其保护受被保护国法律的限制，尤其是工业产权由登记国授予方能生效的特性，使得被请求保护地作为冲突规范的联结点符合知识产权自身属性。

3. 实践中各国的法律选择

（1）与跨国知识产权自身相关纠纷的法律适用规则。

与知识产权自身性质相关的问题是实践中各方争议最多的问题之一。纵

---

❶ 李振纲. 知识产权与法律冲突 [J]. 中南财经大学学报，1999（1）：64-66.

❷ 冯术杰. 论知识产权冲突规则的拟定——保护国法主义与分割论的结合适用 [J]. 法学，2005（3）：101-109.

观全球，多数国家在立法中选择了被请求保护地这一联结点。但国际经贸的多样化发展和互联网环境的繁荣使单一适用被请求保护地法不能很好地满足权利人保护知识产权的需要。因此，《ALI 原则》和《CLIP 原则》都对这一问题作出了较详细的规定。

首先，《ALI 原则》对知识产权创新式地区分了注册性权利与非注册性权利。对于涉及知识产权存在、有效性、存续时间、属性、侵权及救济的法律适用，已注册的知识产权适用注册地法律，而其他知识产权则适用被请求保护地法律。对注册地法律的适用体现了对知识产权地域性特征的尊重，而引入的当事人意思自治原则、最密切联系原则也实现了地域性突破，有利于实现法律适用的可预期性。

其次，《CLIP 原则》中知识产权纠纷的法律适用基础条款出现在第 3.102 条。该规定所使用的开放性术语使被请求保护地法律拥有较大适用空间。根据《CLIP 原则》的规定，知识产权的初始共有、共有权利的可转让性及知识产权的转让、限制及其例外等问题均依请求保护地法律处理，反映了《CLIP 原则》对于欧盟成员国惯例规定的尊重。

（2）对知识产权转让和许可纠纷法律适用的规定。

一般来说，知识产权通过合同进行转让和许可，故在此过程中发生的法律适用问题会比照涉外合同关系所惯常使用的冲突规则。也有部分国家将知识产权视作物权，对中期转让和许可合同适用财产所在地法律。

《ALI 原则》规定，当事人的合同义务依双方协商一致选择的法律确定，且当事人有权选择第三国法律和非国家法律，这种灵活规定充分尊重了当事人的意思自治。但对于"已注册权利的有效性和维权""存在、属性及存续期间"以及"转让和许可的形式要求"等问题，《ALI 原则》不允许当事人协商选择适用法律，且要求选择法律协议不得损害第三方利益。对于未选择准据法或选择法律无效的情况，《ALI 原则》为转让许可合同提供了最密切联系地原则，并为最密切联系的判断提供了包括当事人居所地、主要营业地、行为所在地等一系列因素来帮助法院确定与案件有密切联系的场所。

而在《CLIP 原则》中，合同事项包括转让或许可协议及其他与知识产权相关合同的准据法选择，同样依据双方当事人协商一致选择的法律。第 3.501 条规定，法律选择必须通过合同条款或当事人的行为以合理的确定性来表达或证明，并且当事人通过协议授予一国法院的专属管辖权可被推定为选择了该国法律作为合同纠纷适用的准据法。另外，当事人未选择或未达成法律选择协议时，《CLIP 原则》规定应适用与合同关系最密切国家的法律，并在本条中同样为判定最密切联系提供了一系列考虑因素。

（3）对知识产权侵权纠纷法律适用的规定。

知识产权侵权作为侵权行为的一类，在法律适用上也采取与一般侵权基本相同的原则。根据传统国际私法理论，侵权行为依"场所支配行为"理念适用侵权行为地法律。而萨维尼则认为，由于侵权责任与法院地的公序良俗有着密切联系，因此应适用法院地法律。也有国家认为知识产权侵权责任应适用被请求保护地法律，如英国、意大利等。

根据《ALI 原则》的规定，已注册登记的知识产权适用该知识产权注册登记地的法律，而未注册登记的知识产权的原始所有权归属适用被请求保护地法律。为简化准据法确定过程，该原则规定当侵权行为普遍存在且多国法律承认时，法院可选择适用与知识产权存在、属性、存续时间、有效性及侵权和救济的纠纷有密切联系的国家法律。此外，对于因不公平竞争行为所致的非合同义务，其准据法应适用直接的实质损害结果或可能发生损害结果地的法律，而非引起结果的行为发生地。

《CLIP 原则》在第六节规定了有关侵权和救济的准据法内容。该原则第3.102 条规定了侵权纠纷适用被请求保护地法律的一般原则，并对普遍侵权、最低限度规则和二次侵权等问题作出说明。首先，对于"无所不在"的普遍侵权，《CLIP 原则》规定当侵权行为通过互联网等无处不在的媒体实施，且发生在可以接收信号的每个国家时，那么法院可就案件中的侵权与救济问题适用于侵权行为关系最密切的国家法律，且该法律同样适用于"存在、持续时间、限制和范围"等侵权诉讼中的附带问题。《CLIP 原则》还允许当事人合意选择法律，当事人可举证证明其主张法律与最密切联系地法的适用可能导致不同判决结果，而法院则需考虑该不同法律的差异性，避免在审理中产生相互冲突的法律结果。此外，第3.602 条规定的最低限度原则允许法院根据案情在合理情况下偏离地域性原则，同样是被请求保护地原则的一项例外。

（三）知识产权判决的承认与执行

鉴于各国司法体系的独立性，原则上判决效力仅限于法院地国家的领土主权范围之内，外国法院所作判决需得到执行地法院的承认与执行才具有拘束力。

1.《ALI 原则》

《ALI 原则》在知识产权判决的承认与执行方面同样作出了巨大突破。根据该原则，只要是根据《ALI 原则》所作的金钱判决、非金钱判决及禁令，执行法院就应承认与执行。另外，该原则对承认与执行外国判决采取实质导向的审查模式，拒绝承认与执行外国判决的理由不仅包含程序上缺乏管辖权与违背正当程序原则，也包含实体上准据法选择错误及违背公共秩序。

2.《CLIP 原则》

《CLIP 原则》旨在推进知识产权的承认与执行，该原则不仅明确规定当事人请求承认与执行判决的权利不应被限制或剥夺，而且所规定的拒绝承认与执行的理由为穷尽式列举，促进了知识产权判决的跨国执行。

3.《承认和执行外国民商事判决公约》

《承认和执行外国民商事判决公约》的草案❶（以下简称《公约草案》）在最终稿中虽排除了知识产权适用，但其中对相关内容的规定仍值得学习借鉴。❷

《公约草案》将涉知识产权的判决分为两类，一类是有关知识产权有效性、存续性和归属的判决，另一类是判断知识产权侵权是否成立、是否赔偿及赔偿数额的判决。对于版权、未注册商标权和未注册外观设计权的有效性、归属和存续的判决，只要被请求保护国提起，该判决就应根据公约被执行。但如涉需注册或授权的知识产权，则只有原审法院所在地为注册地、申请地，该判决才能根据公约被承认与执行。同时，该公约还规定了缔约国可以拒绝

---

❶ The Draft Convention on the Recognition and Enforcement of Foreign Judgments in Civil or Commercial Matters.

❷ 孙笑非，吴琼.《承认与执行外国民商事判决公约》评介与展望［J］. 国际法学刊，2019（1）：155-164，170.

承认和执行外国判决的程序性事项。此外《公约草案》通过规定间接管辖权，使符合任一管辖要求的法院所作判决可在其他缔约国得到承认与执行，只是不能违反前述的专属管辖。

4. 2005 年《选择法院协议公约》

2005 年生效的《选择法院协议公约》（*Choice of Court Convention*，HCCH 2005）❶旨在构建国际民商事诉讼管辖与判决承认和执行的全球性统一规则。该公约是我国签署的第一项外国民商事判决承认和执行领域的多边公约，为我国与其他缔约国之间相互承认和执行民商事判决提供了更充分的法律依据。❷

《选择法院协议公约》确立了承认与执行当事人双方约定诉讼法院的争议解决方式，并就法院的选择、承认及执行法院判决制订了明确规则，为排他性选择法院协议的国际民商事案件当事人对审理结果提供了更大可预测性和确定性。选择法院协议是兼具程序性和实体性的契约，故成立该协议需同时满足形式要件和实质要件。值得注意的是，该公约规定管辖权协议的效力应依据被选择法院地法，该规定与我国看似一致，实则存在较大冲突。

5.《知识产权和国际私法准则》（《京都准则》）

2020 年，国际法协会第 79 次会议通过了《知识产权和国际私法准则》（又称《京都准则》）。该准则是建立跨国知识产权纠纷中涉管辖权、准据法、判决认可和执行问题上全球合作体系的一次努力与尝试。

《京都准则》较前几部软法来说更强调属地原则，如在管辖权上对于法院的特别管辖权施以地域限制、坚持被请求保护地法律适用原则等。关于判决的承认和执行问题，该准则对承认和执行的对象、外国判决的效力、不予承认和执行的理由，以及部分有限的承认和采用作出规定。在承认和执行外国判决之前，《京都准则》强调认定外国判决的效力的重要性，即一项正当的、可执行的判决必须是判决作出国的终审生效判决。与《CLIP 原则》单置管辖权认定不同，《京都准则》将作出判决法院的管辖权确认问题规定在不予承认

---

❶ 参见 https://www.hcch.net/en/instruments/conventions/specialised-sections/choice-of-court。

❷ 参见 http://bbs.fmprc.gov.cn/wjb_673085/zzjg_673183/tyfls_674667/xwlb_674669/201709/t20170912_7670813.shtml。

和执行的理由中，要求不得违反该准则的管辖权规则，就逻辑及表述而言都更合理简练。《京都准则》为排除审查外国判决的实体问题的一般规定设置了依审查所需的例外情况，相较于《CLIP原则》"除本编另有规定外"的概括表述有更强的确定性和可预见性。

五、完善我国知识产权域外适用制度的对策与建议

承上文所述，本章节将结合国内外观点和实务，立足于我国实际，对完善我国知识产权法律域外适用提出对策建议，重点分析立法机关、司法机关、行政机关和民间的共同协作。

（一）健全国内实体法立法体系

目前，我国关于知识产权立法虽相对完备，但对于域外知识产权保护缺乏相关专门法律和条款，无论是实体法的适用问题还是程序法的管辖执行问题都缺乏体系化的法律规范，因此建议从以下几个方面着手。

1. 进一步完善我国知识产权保护体系，权衡创新激励和权益保护

完善我国知识产权保护体系是完善我国知识产权法律域外适用的重要前提。目前我国知识产权保护体系与创新驱动发展战略背景下的要求有一定程度的不适应，对知识专有和知识共享之间的权衡仍有一定不足，故建议知识产权法律制度的设计需以激励创新为导向。

首先，适当延长相关知识产权保护期限。结合我国以驱动创新型国家为目标的实际状况，可通过期限补偿等制度合理延长我国处于领先地位的一些行业的保护期限。其次，合理规定知识产权保护范围。相较于西方国家，我国的基因、方法、数据库等知识产权尚未被纳入保护体系中，不利于我国企业遏制域外侵权，故我国应充分衡量目前国家重点发展的领域，通过修改专利法、著作权法或新颁布数据权益法，将其纳入知识产权保护范围。同时考虑到我国科技迅猛发展，有关部门应从严判断专利三性，对低新颖性、低创造性、低实用性的专利不授予专利，确保被授权专利均可产生良好社会价值。

再次，进一步完善强制许可、合理使用等例外制度，有效平衡知识产权权利人和社会公共利益之间的关系。例如，完善强制许可方式，明确具体的专利使用费计算及产品销售方式、强制许可授权期限和救济途径；降低强制许可申请人资格要求，使用专利强制许可适用的限制条件而非详细列举适用条件，以扩大专利强制许可的适用范围；同时明确对服从公共利益的知识产权权利人的补偿制度等。最后，以立法形式完善特殊领域立法。比如，植物新品种、集成电路布图设计等领域知识产权仅通过单独的行政法规甚至部门规章进行保护，其法律权威性不足，因此建议制定专门法律规范以加强保护力度。

2. 明确我国知识产权法律的域外适用效力，合理扩大域外司法管辖权

目前，我国知识产权法的域外适用规则尚未形成体系，具有域外效力的法律数量有限，导致我国法院不能较好地以实体法为依据对域外司法进行管辖。❶ 对比其他国家的相关立法，我国对于在境外受知识产权侵犯的本国企业所能提供的保障十分有限。故建议通过专门立法明确相关条款具有域外适用效力，合理扩大域外司法管辖权。

从知识产权法律角度而言，由于我国受《法律适用法》第 48 条、第 50 条限制而恪守"被请求保护地法律"原则，在推进我国知识产权法域外适用时，应在保护我国知识产权与尊重他国主权之间寻找平衡点，以属地原则为基础，允许对一些在境外发生、对境内产生实质效果的域外直接侵权行为、引诱侵权行为进行特殊规制，例如，在《专利法》第 11 条的基础上增设条款，规定在境外组装或依据方法专利在境外制造产品并出口到我国的行为属侵权行为；在《专利法》第 72 条的基础上修订条款，明确"诉前停止侵权行为"的规定适用于域外侵权；在《商标法》中增设条款，明确"销售行为在域外，但对本国商业造成了影响的，可以适用本法"；从而使我国知识产权法存在域外适用的例外情况，以确立部分规则的域外效力。

从贸易法律角度而言，随着我国综合国力不断提高、贸易优惠条件连续性不断加强，很多国家对我国市场已产生依赖，我国已具有通过国内立法保

---

❶ 闫佳. 我国现行民事法律域外适用标准和程序存在的问题与建议 [J]. 中国应用法学，2021 (5)：173-192.

障我国知识产权法律域外适用的基础❶，故可以在尊重世界贸易组织（WTO）框架的前提下，参考 1930 年美国关税法第 337 条（以下简称"337条款"和 1974 年美国贸易法第 182 节的第 301 条款（以下简称"特别 301 条款"），在国内贸易法立法层面建立相关救济制度，威慑企图利用知识产权制度挟制我国发展的域外企业。比如，在立法中规定企业受知识产权侵权、商业秘密侵犯时，可向相关行政主管部门（商务部或知识产权局）申诉，相关行政部门在受理后视情况与相关当事国政府在 WTO 框架下磋商，并根据法律规定的一系列手段禁止侵权人同类产侵权产品进入中国、禁止侵权人侵权产品进入中国、要求国内进口商停止进口侵权产品等。同时，建议通过立法赋予相关部门针对保护知识产权力度不足的国家适时进行评估、监督、谈判的权利，以促使该国对我国知识产权给予充分而有效的保护。❷

3. 增强我国阻断立法的针对性

为应对美国等国频繁对中国境内主体采取的本国知识产权法域外适用措施，2021 年我国商务部颁布了《阻断外国法律与措施不当域外适用办法》（以下简称《阻断办法》），结合《不可靠实体清单规定》《中华人民共和国反外国制裁法》（以下简称《反外国制裁法》）和《中华人民共和国出口管制法》（以下简称《出口管制法》），我国通过国内法反制境外经济制裁的法律制度基本成型。❸ 通过规则反制美国等国的域外管辖有助于在法律的框架下，以对等、互惠的关系有效处理国际知识产权纠纷，有利于加速推进我国知识产权法律域外适用。然而目前相关立法尚不够完善，在细节操作上的规定不甚明确，因此对于增强知识产权领域的阻断立法，本文建议如下：

首先，推进阻断办法的立法进程。目前阻断办法在性质上仍属由商务部制定的部门规章，其法律级别、规定范围有限。因此建议提升立法层级，并协调外交部门、商务部门、公安部门、国家安全部门、司法部门、网信办等多部门联动合作以阻断外国法律与措施不当域外适用。考虑到立法程序周期

---

❶ 刘晓睿. 我国承认与执行外国知识产权案件判决之研究 [D]. 武汉：华中师范大学，2019.

❷ 王晓先. 美国"337 条款"与"特别 301 条款"的比较及应对 [J]. 广东工业大学学报（社会科学版），2010, 10（1）：37-41.

❸ 商舒. 中国域外规制体系的建构挑战与架构重点——兼论《阻断外国法律与措施不当域外适用办法》[J]. 国际法研究，2021（2）：63-80.

较长，可先行制定有针对性的部门规章，在确保与境外对抗幅度处于合理区间的情况下，阻止我国公民遵守域外适用的法律。其次，全面规定相关主体违反阻断法后的民事救济。● 例如，明确"歧视性限制措施"的定义和认定程序，并规定受益方对因拒绝执行或者拒绝协助执行外国国家对我国公民、组织采取的歧视性限制措施而受外国处罚的当事人进行适当补偿。最后，除单行的阻断法律外，诉讼法、经济法、数据法等领域也应完善阻断立法的规定。例如，完善数据安全的阻却性规定，限制当事人向境外传输涉司法、仲裁证据的数据和个人信息等。

（二）完善国内诉讼制度改革

除就实体问题进行立法外，完善程序法对我国知识产权法律域外适用尤为关键，特别是我国法院的管辖权将直接决定是否能以我国知识产权法对域外行为进行规制。就目前的国际形势而言，我国司法机关应适时转变司法理念，发挥能动性，在现行的法律框架下主动探索知识产权法律域外适用的方法，以保护我国国家利益和企业合法权益。

1. 制定有利于知识产权管辖和执行的程序法

当前，我国涉外民事诉讼制度过分强调"实际联系"的管辖原则，且严格遵循地域管辖，难以妥善解决跨国知识产权保护纠纷，不利于我国法院管辖发生于境外的侵权行为，故建议在目前程序法基础上作补充修改，以便充分利用我国自身的司法资源和优势。一方面，建议结合《协议选择法院公约》等国际条约，在《民事诉讼法》中明确我国司法管辖权不限于属地管辖、属人管辖，可以根据效果原则、不方便法院原则等拓展涉外管辖权，并增设"当事人协议选择由中华人民共和国人民法院管辖且中华人民共和国是与争议有实际联系的地点，由中华人民共和国人民法院管辖"及"争议有实际联系的地点涉及国外，当事人一致同意或更适合由中华人民共和国法院管辖的，中华人民共和国法院可一并作出裁决"等条款，在尊重当事人意识自治的同时适当扩张我国法院的管辖范围。

● 李秀娜. 制衡与对抗：美国法律域外适用的中国应对 [J]. 国际法研究，2020 (5)：88-101.

另一方面，建议适时修改针对涉外协议管辖制度所规定的实际联系原则，尽可能争取在竞争管辖权中增加更多事项，比如，增设"中华人民共和国法院和外国法院都有管辖权的案件，一方当事人向外国法院起诉，而另一方当事人向中华人民共和国法院起诉的，人民法院可予受理。受理后，人民法院可向当事人做出禁止向外国法院起诉或终止在外国法院诉讼裁定，裁定生效后，外国法院申请或者当事人请求人民法院承认和执行外国法院对本案作出的判决、裁定的，不予准许"条款。就禁诉令制度而言，现行法的相关规定稍显滞后，由于利用保全制度来规定禁诉令难免会引发学术争议，故建议在《民事诉讼法》中将禁诉令作为单独制度，以便制定更清晰、明确的禁诉令适用规则。对于平行诉讼协调制度，则可进一步完善管辖权配套机制以对抗、反制管辖权冲突，从而增大中外当事人在我国法院的诉讼机会，提升我国涉外司法效能。❶

2. 合理确定我国法院的管辖范围，积极维护司法管辖权

我国目前对全球许可费率的管辖权等规定仍不够明确，各级法院对是否受理和裁决范围等问题存在认识不统一，对此本文认为我国应积极维护司法管辖权，应对标准必要专利国际平行诉讼。对于域外法院在裁决全球标准必要专利许可费率时所一并裁决的、不符合中国实际的中国法域内费率，我国法院应加强国际沟通交流与协调，了解域外法院的裁判基础；对于并非合适的密切联系地法院超出范围的"长臂管辖"裁决，我国应当不予承认和执行。同时对于专利权人在我国提起标准必要专利许可费率之诉的，无论起诉时间在域外法院裁判前还是后，我国法院对我国法域内的标准必要专利许可费率之诉均享有管辖权，应当受理并重新裁决相应费率。❷ 当我国企业与境外企业陷入僵局，我国企业选择在我国法院请求裁决时，我国法院可按民诉法解释规定再次受理相同诉讼。我国法院对裁判标准必要专利全球许可费应持审慎态度，原则上须经双方当事人同意，在遵循国际礼让原则、尊重各国司法主权的前提下，才能受理当事人的诉讼请求。❸

---

❶ 闫佳. 我国现行民事法律域外适用标准和程序存在的问题与建议 [J]. 中国应用法学，2021 (5)：173-192.

❷ 祝建军. 标准必要专利全球许可费率司法裁判问题研究 [J]. 知识产权，2020 (10)：3-12.

❸ 吕凌锐. 标准必要专利全球许可费司法管辖权研究 [J]. 南海法学，2021，5 (4)：10.

此外，最高法可通过司法解释区分侵害本国知识产权、侵害外国知识产权的情形。对于前者，我国法院可考虑引入原告住所地法院管辖原则，方便我国权利人维权，不仅节约诉讼成本，而且有利于将来判决的承认和执行。针对后者，我国法院如果对发生于境内外的侵权行为一并审理比分别审理更方便则可主动受理，以避免不同国家之间的判决结果相互冲突，当然主动受理需符合正当程序的要求。❶

3. 采取适当的诉前禁令措施

禁诉令目前主要用于法院争夺案件管辖权，即通过禁止当事人在法院起诉或继续诉讼的方式确定案件的唯一管辖权。各国法院目前都出现了签发禁诉令排除别国法院管辖的风潮，无论是我国最高人民法院于 2020 年 8 月 27 日作出的第一例禁诉令裁判，还是欧盟于 2022 年 2 月 18 日就我国禁诉令裁决是否会影响 TRIPs 协议下的知识产权保护问题向 WTO 提出磋商，都体现目前禁诉令所带来对各种冲突已延伸至外交层面，因此除在立法层面明确管辖权，也应综合考虑建立相应司法制度。

我国法院应积极主动地根据现行法受理禁诉令申请，认清知识产权领域各国国家利益难以调和的现实，而不局限于当事人的私益衡量。同时，我国法院应注意平行诉讼礼让，如果过度有倾向性地维护本国政策和利益，可能会使得他国当事人不信任我国法律、他国法院不接受我国裁判，从而引发更大的国际争端，不利于维护我国长期利益。鉴于我国法院颁发的部分禁诉令未获承认甚至被他国法院以"反禁诉令"方式反驳的情况，我国法院在裁决禁诉令前需考虑禁诉令的可执行性，在兼顾我国国家利益、国家形象和国际原则的同时，尽可能降低国与国之间司法对抗的烈度，以实质标准而非形式标准认定国际平行诉讼，严格作出有效可行的诉前禁令裁判。❷

在受理国外法院签发的禁诉令时，我国法院需考虑该禁诉令是否干预我国法院行使管辖权。对于外国法院未遵守国际礼让原则而签发的禁诉令，我国法院没有义务承认该判决在我国境内的效力。此外，还应考虑被禁诉令限

---

❶ 刘义军. 完善我国知识产权侵权诉讼域外管辖权的若干思考 [J]. 科技与法律，2016（4）：662-679.

❷ 宋晓. 涉外标准必要专利纠纷禁诉令的司法方法 [J]. 法学，2021（11）：176-192.

制的当事人利益、国际影响等实体事项，结合各方利益考虑是否承认。

在统一适用上，最高人民法院可通过司法解释、指导性案例等方式建立禁诉令受理制度，为各级法院受理和裁判禁诉令、反禁诉令提供制度保障与实务指导。同时可建立禁诉令裁决报核制度，即受理法院作出禁诉令裁决的，应呈报最高人民法院核准；最高人民法院应以国际视野综合考虑经济、商贸、政治因素，有条件的可在核准前积极同当事国最高法院沟通，权衡各方利益和可执行性后作出核准决定。

4. 健全知识产权域外行为保全制度，提高我国判决的域外执行效率

在目前涉外知识产权的司法实践中，我国法院未曾颁发过实体的域外保全，也未曾承认或执行外国法院作出的知识产权域外保全。不管是知识产权领域，还是其他民商事领域，我国裁判的域外执行问题都较突出。一般认为，《专利法》第72条关于诉前停止侵权行为的规定借鉴了禁令制度，为我国域外行为保全的相关裁判适用于普通法系国家提供了法律基础。因此，在目前法律框架下，我国法院可化被动为主动，积极受理相关禁令的行为保全申请和证据保全申请并作出裁决，通过外交等渠道积极推动其落地，推进域外保全从无到有、由少到多，并适时建立全国统一的域外保全裁判标准。

其次，建议加强协助其他临时措施的国际合作，推进建立国际司法协助机制。目前，我国对外签署的涉及判决执行的司法互助条约较少，主要依《民事诉讼法》的相关规定进行审查。当两国间不存在司法协助条约时，互惠原则是我国执行对方判决的唯一途径，但该原则的可操作性不强。加之我国目前尚未承认、执行国外保全禁令，很少执行国外的最终判决，一些国家可能会基于对等、互惠原则拒绝承认我国相关禁令、判决。因此，最高人民法院应积极签署相关司法互助条约，与他国进行行为保全互助、执行。同时对互惠原则等相关条款作出明确解释，以开放的司法心态作宽松理解，只要对方国家在法律上并不禁止执行本国判决或者存在执行外国判决的规则，即视为存在互惠关系，以扫清执行外国法院判决的障碍。❶

---

❶ 谢新胜. 条约与互惠缺失时中国判决的域外执行——以美国法院执行中国民商事判决第一案为视角 [J]. 环球法律评论，2010（4）：9.

（三）加强国际合作与国内协调

国际知识产权保护的交往与合作，不仅能赢得国际社会对中国知识产权制度的广泛支持，而且能一定程度上减少制度对抗、促进我国知识产权法的域外适用。

1. 完善双边条约，增进两国协作

我国目前与俄罗斯、美国、奥地利、日本、泰国、德国等国签订了知识产权双边条约，同时在司法互助、经贸投资、科技教育等方向的双边条约中存有大量知识产权保护条款。但目前双边条约中的规定仍不够完善，未成功推动我国相关法律的域外适用，建议在知识产权专门条约方面主动与各国特别是依赖我国进口市场的国家签订双边条约，将我国国内法中的知识产权保护制度和措施在双边条约中明确规定。例如，在专利、著作权保护期限，技术的可专利性，著作权保护范围，商标的认可等问题上要求对方国家将我国相关规定转化为其国内法或采取与我国国内法相适应的保护措施，同时在双边条约中明确两国交流、沟通、协作渠道，促进两国行政、司法机关合作。

在其他涉及知识产权的条约方面，应设专门条款使我国知识产权法能更好实现域外适用。在我国对最不发达国家及发展中国家的投资协定中，应着重考虑与我国企业海外投资关系密切的国家，评估其知识产权制度，并将我国知识产权受保护的情况纳入考察范畴，增设相关条款加强对方的注意义务，要求适当采取措施保护我国企业的知识产权和商业秘密。在同发达国家签订投资协定时，应与对方深入沟通，确保涉知识产权条款不过多限制我国公有领域的知识产品，确保与其他双边经济协定如自由贸易协定中知识产权条款的一致性。❶ 在司法互助等程序类条约中，可增设两国在证据采集、文书送达、判决承认、保全措施的全过程互助条款，使我国判决在对方国家具有积极且可操作的效力。

2. 统筹推进多边条约

结合我国从制造大国向制造强国跨越的现状，我国有关部门在知识产权

---

❶ 衣淑玲. 我国双边投资条约知识产权保护条款的完善探析［J］. 江苏商论，2010（4）：3.

保护类公约中，应根据适宜的知识产权保护水平和司法互助水平积极推进多边条约。总的来看，我国加入、主导的多边条约数量显著低于知识产权保护水平较高的国家，因此建议在"一带一路"倡议参与国、金砖国家组织、上海合作组织等中国可产生影响的区域性多边框架下，努力推进相关区域性多边条约，同时在世界知识产权组织（WIPO）、WTO 等全球性多边合作框架下积极发出中国声音。此外，我国还应积极维护现行知识产权多边框架全球治理体系，在现有框架内推进治理规则改革，对知识产权侵权认定、保护期限及范围等规则的制定提出合理公平的改革建议，并将具有我国特色的传统知识保护、遗传资源保护等条款转化为国际条约内容。

在司法、仲裁互助方面，建议我国在签订多边司法协助公约的过程中积极、明确、有效地提出引领时代发展和世界潮流的司法协助规则，主动加入适合我国民商事司法互助的国际条约，促使我国作出的司法裁决具有域外效力，增强知识产权的域外适用效果。[1] 此外，我国应避免现行民商事法律与国际条约、习惯国际法相冲突，及时修改不合时宜的规定，主动将我国签订的知识产权、诉讼仲裁国际公约及对外作出的国际承诺转化为国内立法，使各国当事人能充分信赖我国法律体系。

3. 强化政府部门合作，促进柔性互动

知识产权法律的域外适用如仅靠司法救济，不仅会影响裁判效率，还会在国与国之间产生"硬"的对抗问题。因此，需要行政部门积极采取相应措施，由外交部门纵览大局、牵头支持，各部门尤其是海关、公安、商务等在跨境知识产权保护领域起助推作用的关键部门需强化与别国对应部门的协作，通过部门间"软"协作或获当事国政府的明示同意，在遵守双方法律规定的情况下直接进行域外执法管辖以实现相关法律域外适用。

海关部门是知识产权边境保护的重要执法部门，是 TRIPs 协议中边境执法的主体之一。我国海关应加强与我国主要贸易伙伴海关的执法协助关系，联合对进出口商品进行风险分析，加强对规避海关执法的商品进行监管，加快建立案件信息共享机制以防范和打击知识产权侵权。我国海关部门除在

---

[1] 郭玉军，王岩. 提升中国在双边司法协助条约和多边司法协助公约中的话语权问题研究 [G] //李双元. 国际法与比较法论丛，武汉：武汉大学出版社，2020.

WTO、世界海关组织、WIPO 等框架下积极开展多边合作外，还应同各国积极签署《加强知识产权执法合作备忘录》等法律文件，把知识产权海关保护合作机制化、常态化。

公安部门是打击知识产权跨境犯罪、实现我国知识产权法域外适用的关键部门。目前，知识产权犯罪呈现出链条化、网络化、国际化的趋势❶，知识产品生产、运输、销售横跨多国，需多国警方合作。我国公安部门应更积极参加、主导国际刑警组织框架下的执法行动，建立起打击知识产权跨国犯罪的合作渠道。比如，完善同有关国家的公安部门的侦查、调查、取证等合作，加大案件侦办力度并相互交换和认可刑事证据，共同打击知识产权跨国犯罪。

知识产权部门是知识产权战略制定、知识产权保护运用的主管部门，是让中国知识产权政策走出去的核心部门，应积极参与制定 WIPO 框架下的知识产权规则，加强同美欧日韩等国知识产权部门的合作，统一专利、商标审查规则的尺度。在标准必要专利问题上，知识产权部门是重要的"软"规则引导者，应主动同其他国家知识产权部门就标准所体现的技术方案是否落入专利权的保护范围、是否需符合 FRAND 原则等问题达成共识，为后续商业谈判和司法程序扫清障碍。同时建议制定《标准必要专利运营指南》，重点规定许可谈判和许可费率两方面的内容，为相关谈判提供行为指南，并向世界完整传达标准必要专利领域的中国方案。❷

商务部门是与知识产权相关的贸易负责部门，可通过相关经贸的跨国合作实现我国知识产权法律的域外适用。商务部门在双边合作中，应积极向他国宣传我国优势制度和法律，在促进我国跨境商务活动的同时尽可能推进规则一致；在多边合作中，应积极利用 WTO 争端解决机制维护我国正当利益，并将严重侵害我国知识产权、阻止相关制度域外适用的行为诉诸 WTO 进行磋商，积极应对其他国家对我国侵权行为的申诉。

4. 强化民间组织配套制度

除了政府间行为，在民间建立起完善的知识产权保护运营配套制度能让

---

❶ 王文硕. 公安部与国际刑警组织联合打击 跨国侵犯知识产权犯罪取得积极成效 [J]. 中国防伪报道，2015（6）：4.

❷ 顾昕. 构建标准必要专利"行政司法双轮驱动"格局 [J]. 科技中国，2022（2）：3.

全球认识到中国保护、运营知识产权的决心和实力，在提高我国软实力的同时，推进知识产权法的域外适用。

（1）完善知识产权配套服务。

完善各类知识产权配套服务，能促进各国企业选择我国为知识产权优先注册地、管理运营地及争议纠纷解决地，并有效号召各国企业遵守我国知识产权制度。目前我国的注册、管理、金融、法律配套服务和发达国家相比仍有差距，建议促进相关服务公司的建立，加大运营管理力度，加快培养知识产权服务人才，提高服务人员的综合素质，为各国知识产权权利人提供高效、便捷的服务。

此外，建议通过建立一批有信誉的知识产权调解、仲裁机构以形成跨境知识产权多元化争议解决机制，并支持境外知名仲裁机构及争议解决机构在我国依法开展知识产权纠纷仲裁业务，同时在北京、上海、深圳、海南等地建立知识产权跨境争议中心，增强域外民商事主体对我国法律环境的信赖，打造知识产权人和实施者信赖的解决知识产权纠纷优选地，从而使我国成为跨境知识产权争议解决中心，使当事人愿意选择我国法律为适用法，并选择在我国解决域外纠纷、裁定全球费率等问题，以提高我国知识产权法的境外适用效力。

（2）营造企业尊重知识产权的良好形象。

出海企业、跨境电商等我国海外形象的重要代表在他国正式营业前应做好海外知识产权风险评估工作，同时成立相关法务、合规部门，确保企业的商业行为严格遵守相应法规，及时防范知识产权侵权风险。此外还应及时识别知识产权风险，确保收购不存在知识产权侵权问题，在与曾有知识产权侵权行为的企业合作前应充分评估对自身形象的影响，并对侵犯自身权益的行为及时作出有效回应。此外，企业应加强自我宣传力度，让各国了解我国企业对知识产权制度的重视，如赞助贸易活动所在国的知识产权研究院校和机构，积极组织知识产权保护研讨会，协助所在国政府进行知识产权制度科普等。

（3）发挥行业组织等非政府行为体的作用，协助企业共同出海。

在专利、商业秘密领域，行业组织等非政府行为体可建立海外运营制度，培育一批知识产权高端服务和运营机构以对抗国外 NPE 机构，面向国内外企业提供高水平对接、融资、信息、咨询、评估等知识产权运营服务，助力构建良好知识产权运营生态，增强我国技术产业等领域的国际竞争力。❶ 在著作、商标等我国优势领域，可参考日本的反盗版联盟等制度，通过行业组织形式联合优势企业，与对象国相关机构协作应对海外市场的盗版问题，同时扩大各种在线侵害方面的协作，通过提供版权和作品相关信息并对相关人员进行培训，提高对象国打击内容盗版行为的实效。❷ 此外，还可参考美国成熟的非政府组织运营经验，注重支持一批为企业跨国运营及利益保护提供帮助的非政府组织。此类非政府组织可积极了解有关国家、企业侵犯我国企业知识产权的情况并搜集证据，同时就国际及各国知识产权问题发表意见或向当事国政府反映，促使国际条约谈判和各国立法朝有利于我国知识产权保护的方向前进。❸

结　论

随着知识产权国际贸易逐步扩大，知识产权逐渐成为发达国家重塑全球经济布局的一种手段，不断涌现的涉外知识产权诉讼成为我国企业"走出去"过程中的最大挑战。地域性作为知识产权区别于其他权利的根本特征，因经济全球化的发展而逐步减弱，一味坚持知识产权地域性并实施专属管辖在国际经贸迅速扩张的时代显然不合时宜。

目前，涉外知识产权诉讼案件的管辖权之争日趋白热化，所体现的正是公共政策、个人自由与公共利益之间的博弈。由于各国经济发展水平、社会制度、文化传统等方面存在巨大差异，且对管辖权的理解及司法实践并不一致，多数国际条约将管辖权问题留待各国自行规定。就我国司法实践而言，我国在知识产权涉外诉讼中采纳了国际通行的法律选择方法，但模糊的原则性规定给我国法院带来了法律适用方面的困难。而以美国为首的发达国家利

---

❶ 顾昕. 构建标准必要专利"行政司法双轮驱动"格局 [J]. 科技中国，2022 (2)：3.
❷ 刘斌，朱烊枢. 日本动画在海外市场的版权保护与开发策略 [J]. 电视研究，2019 (12)：3.
❸ 刘雪凤. 知识产权全球治理视角下 NGO 功能研究 [D]. 武汉：华中科技大学，2011.

用长臂管辖与禁诉令制度为自身的知识产权保护筑牢了防线，从管辖与执行两个方面禁止涉外诉讼的当事人在本国继续诉讼或排除本国法院作出的判决，成熟的立法经验使发展中国家陷入了被动局面。

事实上，域外适用的立法前提是平衡公共利益与各方当事人的权益，一套可行的制度应是公平且中立的，故本文从鼓励发明创造、保护知识产权人合法权利的角度出发，以知识产权域外管辖权为核心，探析了知识产权法的域外适用规则与承认与执行外国判决制度。

在法理方面，本文通过分析研究知识产权制度的立法目的认为在特定情境下应赋予知识产权以域外效力，而容许一定程度上知识产权的地域性突破是知识产权域外适用的前提。随着技术和贸易的全球化发展，知识产权绝对地域性的缺陷暴露得越发明显，一味固守知识产权绝对地域性，将大大提高执法成本、阻碍商品跨境流通，小则不利于权利人保护，大则影响国家的国际竞争力。虽然一国的法律管辖权原则上局限于本国地域范围之内，但在运行过程中也存在外溢的现象，而其法律产生域外效力的行使合法性则来源于国内和国际两大方面。

经过对我国现行法律规定详细梳理，可见知识产权域外适用已在《专利法》《商标法》中初见端倪，无论是现有技术与专利权用尽原则，还是"未注册驰名商标的特别保护"条款、"已经使用并有一定影响的未注册商标"条款、"相关公众"地域范围、"商标权用尽"原则、注册维持使用制度、注册禁止条款等，均在司法实践中实现了一定程度上的域外适用。此外，冲突规范作为我国知识产权法域外适用的传统路径也可通过涉外管辖、法律适用，以及外国判决的承认与执行等国际私法规则将域外因素"链接"到本国法院，以达到适用国内法实现域外适用的效果。

对比国际司法管辖权中较有借鉴意义的三组基本准则——《ALI原则》《布鲁塞尔公约》《布鲁塞尔条例》《CLIP原则》中有关跨境知识产权诉讼所涉及的管辖权、法律适用和判决的承认与执行的详细规定，以及美国"长臂管辖"制度的法律适用、欧洲联盟法院和成员国国内法院双重层级管辖的基本原则下的运行模式，可以得出欧美地区主要运用条约推动法律的域外适用。由于地域性引起的涉外知识产权归属和内容法律选择立法模式存在争议，在法律选择方面大部分国家是对知识产权进行笼统的统一规定，只有少数国家采取分割论；故我国建立涉外知识产权适用制度过程中遇到法律冲突时，可以有针对性地选择被请求保护地法律说、来源地法律说、行为地法律说、法院地法律说和综合适用法律说等适用原则。

在知识产权判决的承认与执行问题上，《ALI 原则》《CLIP 原则》等五大原则已作出了让步与突破，《承认和执行外国民商事判决公约》和《知识产权和国际私法准则》作为新时代国际紧密合作的产物，在承认和执行知识产权有效性、归属和存续判决及侵权判决方面也构建了较可靠的法律框架。本文建议我国在深度参与知识产权全球治理、促进国际合作竞争的道路上，可积极借鉴这些国际条约，统筹推进双边、多边条约，依据各国特点灵活解决。在标准必要专利等特殊领域，可建立适当的诉前禁令体系和裁决报核制度，以实质标准认定国际平行诉讼。此外，为了以对等的、互惠的关系处理国际知识产权纠纷，可适当增强我国阻断性立法、完善阻却规定来应对美欧的管辖权扩张之势。在执行方面可从程序性规定入手，并对互惠原则作宽松理解，以减少执行外国法院判决的障碍。

总而言之，本文对现有制度进行了充分研究，以期为我国知识产权域外适用制度提供可行的立法建议。当然，知识产权的国际实践是一个不断变化的过程，故而对域外适用制度的探讨也不会停下脚步。

数字经济发展中的数据知识产权保护问题研究[*]

一、数字经济、数据与知识产权制度保护的关系

（一）数字经济发展与知识产权制度的完善密切相关

数字经济包括数字产业化和产业数字化两大部分。数字经济是以数字化的知识和信息作为关键生产要素，以数字技术为核心驱动力量，以现代信息网络为重要载体，通过数字技术与实体经济深度融合，不断提高经济社会的数字化、网络化、智能化水平，加速重构经济发展与治理模式的新型经济形态。数字经济时代的到来使新的经济模式和产业模式的发展优化了产业结构，改变了人们的生活方式。同时数字经济的创新成果，使知识产权的保护客体不断丰富，对知识产权保护提出了新要求。以人工智能、大数据、区块链、物联网为代表的数字经济的新发展为知识产权保护提出了更高的要求。与此同时，数字经济发展需要"知识产权+区块链"赋能开放创新，"数据共享""知识共享""智慧城市""数字中国"目标的实现也需要知识产权保驾护航。

数字经济以知识和信息为主要生产要素，在很大程度上属于知识经济的范畴，因此无论是数字产业化还是产业数字化发展，数字经济发展的关键都在于有效的创新。知识产权制度作为旨在鼓励、保护、规范创新的一项重要制度，对于数字经济的可持续发展具有重要的保障、规范和促进作用：

---

* 本文是 2021 年中国知识产权研究会自主立项课题成果，作者是闫文军、谢小勇、王珊珊、邢瑞淼、张艳、张亚、李金潇、陈奕霖、来佳洋。

第一，数字经济的运行以积极利用知识产权为基础。一方面，数字经济的创新成果需要转化为各种形式的知识产权，纳入知识产权制度的保护范围，为数字技术的创新提供强大的动力；另一方面，数字经济的发展成果需要通过知识产权制度进行规范和引导。可以说，数字经济既离不开知识产权的保驾护航，也离不开知识产权的指引导航。数字经济发展带来的数字系统显著改变了决策动机和思维方式，即不仅改变了生产力，还改变了经济行为、组织原则和企业的功能，以及一般的经济框架。数字经济的运行以积极利用知识产权为基础，在数字经济背景下，知识产权越来越多地成为经济实体的关键资产。

第二，数据的知识产权保护是数字时代发展的必然要求。数字经济时代是一个以数据为驱动的时代，通过生产工具的变革，将数据作为新的核心生产要素，重塑了整个互联网时代的技术和商业架构，也深刻改变了当代经济发展的运行模式。麦肯锡全球研究所报告《数字全球化：全球流动的新时代》指出，服务和数据的流动将全球经济联系得更紧密❶，使全球经济从信息引导模式逐渐转变为数据引导模式，数据的经济价值也不断凸显，并被不断开发与深化。在数字经济领域中，数据要素被广泛应用于生产生活中，使知识产权侵权载体也呈现多元化发展趋势。特别是著作权纠纷案件，被侵权客体主要集中于数字经济中的网络图片、数字音乐、网络文章、短视频类等，数字社会中的泛在连接、泛在职能、泛在交互等发展趋势打破了物理世界和数字世界长久以来的边界，故不断涌现的各类数字平台持续重构，成为新兴的侵权载体。人工智能、大数据、区块链、物联网、虚拟现实、脑机接口等新兴数字技术集群持续推动互联网边界快速扩张，以数据为要素的知识产权侵权类型更加多样化，信息网络传播权纠纷、其他著作权纠纷、不正当竞争纠纷均大幅增加。

（二）数据已经成为数字经济发展的重要生产要素

早在 2011 年 5 月，全球领先的管理咨询公司麦肯锡就发布报告《大数

---

❶ Mckinsey Global Institute Report, Globalization In Transition: The Future of Trade and Value Chains, January 2019.

据：创新、竞争和生产力的下一个前沿》，昭示大数据时代的到来。2012 年 3 月 29 日，奥巴马政府发布了《大数据研究和发展倡议》，将数据定义为"未来的新石油"，并表示一个国家拥有数据的规模、活性及解释运用的能力将成为综合国力的重要组成部分，未来对数据的占有和控制甚至将成为陆权、海权、空权之外的另一种核心资产。

第一，数据产业发展态势迅猛。数据经济构筑起经济增长的关键支撑，数字经济结构继续优化升级。①从全球来看，2019—2023 年全球大数据市场相关收益将实现 13.1% 的复合年均增长率，2020 年全球大数据市场规模预计将突破 1214 亿美元，2023 年总收益将达到 3126.7 亿美元。❶ ②2014—2019 年，我国数字经济对国内生产总值（GDP）增长始终保持在 50% 以上的贡献率，2019 年数字经济对经济增长的贡献率为 67.7%，成为驱动我国经济增长的重要力量（国家互联网信息办公室，《数字中国建设发展进程报告 2019》）。❷ 据中商产业研究院《2022 中国大数据产业链上中下游市场剖析》，中国数据产业仍将高歌猛进，2023 年数据总收益预计达到 3126.7 亿美元；希捷科技与国际数据公司（IDC）《2025 年中国将拥有全球最大的数据圈》白皮书预测，到 2025 年我国数据圈将达到 48.6ZB，占全球数据圈的 28%，成为全球最大的数据圈。③从各省市来看，各地数字经济发展整体呈现高中低梯度分布特征，不断辐射带动周边区域，行程极核、点轴、多极网络等典型模式。

第二，数据产品能够为数字经济发展带来巨大潜力。当前数据底层技术框架日趋成熟，数据技术产品不断分层细化，覆盖数据存储、计算、分析、集成、管理、运维等各个方面的技术有了长足进步。以大数据和数据技术为基础发展起来的物联网、人工智能、区块链等新技术对社会发展产生颠覆性影响。以海量数据和数字分析技术为基础，能够实现以经济活动为中心的多项指标聚合和相互验证，挖掘新的经济指标，使更多的事件节点产生关联，形成可视化的整体网络框架，反映经济形态，辅助经济调节。具体来讲，在数据分析技术普及之前，主要依靠经济增长、财政支出、投资消费、通货膨

---

❶ 数据来源：中国政府网 http://www.gov.cn/xinwen/2021-12/07/content_5658029.htm。

❷ 国家互联网信息办公室. 数字中国建设发展进程报告（2019）[EB/OL].（2020-09-13）[2022-10-08]. https://www.gov.on/xinwen/2020-09/13/content_5543085.htm.

胀等宏观经济变量观测总体经济形势，描述经济活动特点。但在数据分析和数据挖掘技术日渐成熟的大数据时代，关于经济发展的观测变量逐渐丰富，经济主体除了宏观经济变量，还可以借助相关指标，例如用水量、发电量等实物指标、劳动过程、劳动条件等劳动指标和工农业总产值等价值指标。另外，还可以通过政企合作形式构建新的经济指标，如原国家工商行政管理总局通过与龙信数据有限公司合作对全国 5000 多万家企业和个体工商户的企业信息进行分析，按照企业规模、行业类型、主体类型进行分类，并与财政投入、财政支出、国内生产总值等宏观经济指标进行相关性比对和关联，最终构建的"企业发展工商指数"为指导国民经济发展提供了新的依据和参考。随着数字经济渗透和数据开放共享，企业也会发布与宏观经济变量相关的数据指标，例如阿里研究院曾发布与居民消费价格指数（CPI）高度相关的"阿里巴巴网购价值指数"（aSPI）和"阿里巴巴网购核心价值指数"（aSPI-core），随后腾讯、今日头条、百度、新浪等先后根据其业务数据提供、"腾讯浏览指数"（TBI）、"头条号指数"（TGI）、"百度指数"（BI）、"微指数"和"新浪传播指数"（BCI），共同致力于数字经济的发展。从微观层面看，数据能够辅助经济主体发现某一领域新的经济特征和相关规律，例如从电商平台业务中获得用户上网时长、直播带货量、数据交易量等数据从而获得新的经济指标，从宏观和微观层面实现整体数据关联和相互交叉验证。

随着数据总量和数据产业规模的持续增长，数据在各行各业发挥越来越重要的作用，是经济发展的重要生产要素，也是企业提高竞争力、实现产业转型的重要战略资源。在一定程度上，谁拥有数据，谁就能利用数据，拥有竞争潜力。

然而，目前与数据相关的制度建设缺失，与产业发展需求不能完全相称，数据在贡献经济价值的同时，却面临"四面楚歌"的境况。具体表现为：第一，数据本身的权利内容尚未确定，原本构成竞争优势的数据资源却面临被随意抓取、大规模滥用甚至同质化利用的风险，数据纠纷不断，数据利益得不到合法保障，数据企业投资数据市场开发、数据价值挖掘的积极性严重受损。第二，数据的获取规则和利用规则尚未形成统一标准，数据在遭遇被侵犯之虞，也因未经授权或过度开发等不正当行为导致个人信息和个人隐私权益受损，虽然治理领域十分强调个人利益保护，但关于用户数据的黑色交易依旧十分猖獗。第三，数据的流通规则和交易规则混乱，企业之间的数据争夺甚嚣尘上，大企业在技术、资本、市场等方面具有绝对优势，时常通过技术传输障碍、不公平协议、不合理定价等方式攫取数据利益，使中小微企业和初创企业举步维艰，加剧了数据垄断、数据封锁、数据孤岛等不正当竞争局面。第四，数据的共享机制不健全，尤其是在涉及公共紧急情况下的数据共享义务尚未明确，影响社会有效管理和公共利益的实现。

（三）实现数据知识产权保护日益必要和紧迫

加快落实数据知识产权保护是数据战略布局中的关键任务。习近平总书记多次强调要尽快落实数据的确权、交易、流通、共享机制，加强知识产权保护。2021 年 3 月 11 日《关于制定国民经济和社会发展第十四个五年规划和2035 年远景目标的决议》第五篇以专章形式提出加快数字化发展，建设数字中国，进一步提出推进数据要素市场化改革和数据资源的开发与利用。可以预见数字经济发展将更加蓬勃，多元融合趋势更加明显。数字经济发展需要"知识产权+区块链"赋能开放创新，"数据共享""知识共享""智慧城市""数字中国"目标的实现也需要知识产权保驾护航。2021 年 9 月 22 日，国家发布《知识产权强国建设纲要（2021—2035 年）》，提出构建响应及时、保护合理的新兴领域和特定领域知识产权规则体系，探索完善互联网领域知识产权保护制度，明确指出重点研究构建与数据有关的知识产权保护规则，并提出建立数据标准、资源整合、利用高效的信息服务模式，规范知识产权数据交易市场，处理好数据开放和数据隐私保护关系，加强国际知识产权数据交换等具体措施。2021 年 10 月 28 日，《"十四五"国家知识产权保护和运用规划》提出健全大数据、人工智能等新领域新业态知识产权保护制度，构建数据知识产权保护规则。

另外，与数据有关的法律制度也在持续推进，为数据利益保护保驾护航。2021 年 1 月 1 日正式实施的《民法典》总则编第 127 条规定"法律对数据、网络虚拟财产的保护有规定的，依照其规定"；2021 年 9 月 1 日，《中华人民共和国数据安全法》（以下简称《数据安全法》）正式实施，从发展、制度、义务、开放、责任等诸多方面规范数据处理活动，保障数据安全和数据主体的合法利益；2021 年 11 月 1 日《中华人民共和国个人信息保护法》（以下简称《个人信息保护法》）正式实施，从处理规则、权利义务、职能部门、法律责任等方面引导个人数据的合理使用；2022 年，以《深圳经济特区数据条例》《上海市数据条例》《重庆市数据条例》为代表的地方数据法规制定也在积极推进，数据保护和治理持续引起了社会的广泛关注。

二、数字经济发展中数据的基本类型划分

在数字经济发展的过程中，利用数据进行商业运营及商业竞争模式的创新已经有别于传统领域，数据本身具有非排他性、非竞争性及产权不明等特征，厘清数据的基本分类是研究数据知识产权保护的前置性问题。

（一）个人数据、企业数据、政府公共数据

根据电子化的记录，按照所标识的主体类别、行为类别不同，数据可以分类为个人数据、企业数据、政府数据。

个人数据，通常是主体在运用各类网络设备及服务产品的过程中主动上传的具有身份识别性质的数据。

企业数据，通常是网络服务、数字化产品、处理加工、流通等的关键生产要素，对数据的规模化采集与处理加工可以帮助企业实现精准定向营销、增强产品的客户黏性、提升产品或服务的质量等目的。

政府公共数据，是指公共管理和服务机构在依法履行公共管理职责或者提供公共服务过程中产生、处理的数据。政府公共数据具有很强的公共性，其中部分数据还可能涉及国家机密或商业机密，以及个人隐私保护。

（二）原生数据与衍生数据

根据数据产生、收集、存储、加工、分析应用的过程或者是数据内容产生方式的差异，数据又可分为原生数据和衍生数据。

1. 原生数据

原生数据就是指不依赖现有数据而产生的数据。主要包括：①与自身相

关的数据，如地址、商标、域名、经营范围等企业自身数据；②经个人授权、许可获得数据，例如用户在使用 App 或网页服务时主动提供的姓名、昵称、头像、年龄、身份等用户数据，用户评论数据、购物记录、消费记录、实时定位、浏览足迹、停留时长、使用系统服务的日志数据等行为痕迹数据；③经交易、合作而获得的非个人数据，如或经交易合同而购得的交易数据等。

2. 衍生数据

衍生数据就是指出于特定目的需要，在前述原生数据基础上经过"加工处理"程序而形成的数据集合或预测型、指数型、统计型数据。《数据安全法》第 3 条明确规定，数据处理，包括收集、存储、使用、加工、传输、提供、公开等。这类数据具有系统性、可读性、有使用价值等特点，包括但不限于购物偏好、消费倾向、交友习惯、就业趋势、流感类型集中区域预测等数据类型。

与原生数据相比，衍生数据具有高预测性、高价值性、内容创造性特点。衍生数据的预测性，不仅能够发现商业规律，还能够预测消费者的观念与行为方式，对企业的决策方式、商品服务提升产生巨大甚至决定性作用。衍生数据的价值性体现在两个方面：一方面是深度挖掘信息，探究商业规律的数据结构价值；另一方面是发挥数据价值基础上产生的数据内容价值。数据挖掘过程中产生的大量衍生数据，对知识发现具有重要的应用价值。❶衍生数据的创新性体现在数据本身和数据内容两个方面：一方面是数据本身的创新性。对于衍生数据来讲，数据的加工过程本身就是创新的过程。数据加工不仅实现了衍生数据从无到有的突破，还使数据分析实现了时间和空间上的跨越。另一方面是数据内容的创新性。衍生数据在内容层面的创新性是相对原生数据而言。原生数据处在符号层面，是对现实世界客观描述的记录载体，强调客观性和记录性；衍生数据处在内容层面，强调投入性和创新性，体现具有经济价值的信息内容表达，是企业通过资金、技术和智力劳动等实质性投入将其内化为衍生数据的内核，赋予其超越原始数据的商业价值和应用价值。

---

❶ 杨文川，黄涛. 数据挖掘中衍生过程的研究 [J]. 广西师范大学学报（自然科学版），2003（1）：127–130.

(三) 公开型数据和非公开型数据

根据是否能够为公众所获取，可以将数据分为公开型数据和非公开型数据。

1. 公开型数据

公开型数据是指公众能够获取或利用的数据，包括数据主体主动公开的、根据法律规定公开的、基于合作或合同约定公开的数据集或统计型数据，例如腾讯研究院发布的《2020 移动游戏质量白皮书》、百度数据研究中心发布的《百度指数报告》等。

2. 非公开型数据

非公开型数据是公众无法轻易获取或利用的数据，最典型的代表便是涉及商业秘密的数据，其保密性更强，更容易获得商业秘密保护。因此，相比于后者，能够为政府所管理和应用的数据主要是公开型衍生数据，这类数据也是数据治理过程中的重点对象和重要治理工具。

(四) 可识别型企业数据和不可识别型企业数据

根据是否能够识别到个人，可以将数据分为可识别型和不可识别型。

1. 可识别型数据

可识别型数据是指未经脱敏或去标识化处理，依然能够体现个人的生物特性，关乎个人隐私，与个人具有高度关联性的企业数据，也是数据规制的重点领域和对象。

2. 不可识别型数据

不可识别型数据是指经过脱敏或去标识化处理，不再能够识别或对应相关个人的数据。通过去标识化处理的数据能够与个人特征相分离，很大程度上减少了侵犯个人数据利益的风险，能够在更广的领域得到共享和应用。

三、数字经济发展中数据的本体特征与功能

（一）数字经济发展中数据的本体特征

第一，无形性。原生数据和衍生数据都具有无形性特征。需要强调的是，虽然衍生数据的产生是一种加工增值的过程，但这一过程并未破坏数据的物理性质，其本质上仍是以二进制代码"0"和"1"组成的比特形式，借助计算机或互联网条件进行流通。衍生数据外在形式表现为非物质性的符号❶，保留了大数据的自然特征和客观、真实、可靠的数据质量，因此衍生数据具有无形性，这也是衍生数据与传统财产权客体相分离的重要特征。

第二，可复制性。可复制性是数据产生的基础。数据的生命在于流动，但数据流动以可复制性为前提，承认其可复制性才能实现海量数据的聚合、回归、建模、处理，才能产生衍生数据；可复制性也是数据价值得以产生的基础，对数据的加工处理并不是为了一次性使用或为了少数人排他性的使用，而是为了能够在数据交换、数据流通中最大限度地释放数据价值，挖掘数据潜能。❷ 数据的可复制性为实现这一目的提供了可能，在可复制性条件下，数据主体不仅能够重复使用或复制到其他领域使用，还能够转移给其他主体使用，从而扩大了数据的使用场域，创造了数据增值机会。

第三，公共物品性。站在经济学的角度，就是指非竞争性和非排他性。前者是指任一主体对数据的使用不影响其他主体在同等条件下的使用，后者是指多个主体对数据的使用可以同时进行而不会产生排斥作用。❸ 对数据进行复制或重复利用并不会导致数据价值的降低，反而会在不同的使用目的和使用场景中最大限度地挖掘数据价值。但需要注意的是，公共物品性不可与公共物品混淆，并不是说任何一个社会公众都能随意使用，只有经过数据主体

---

❶ 刘双阳. 衍生数据刑法保护进路的多重考察——兼论财产权客体的时代变迁 [J]. 科技与法律，2020（3）：86-94.

❷ 刘新宇. 数据权利构建及其交易规则研究 [D]. 上海：上海交通大学，2019.

❸ 梅夏英. 在分享和控制之间 数据保护的私法局限和公共秩序构建 [J]. 中外法学，2019，31（4）：845-870.

或数据控制者同意或公开的数据才能被使用。

第四，客观性。同大数据一样，数据本身不是分析结果，而是分析素材，能够以"客观性表达"展现事实真相，反映客观规律，而不是简单的概括性结论，因此具备客观性。❶

（二）数字经济发展中数据的动态特征

1. 功能聚合性

第一，社会经济功能。从数据的肇始目的可以看出，数据经济的本质就是将信息转换为企业发展的数据要素，并通过生产、加工、交换等处理流程实现数据要素向数据资本的转变❷，也就是说，对数据的经济追求才是数据治理的最初目的。也正因如此，作为数据的下位概念，数据自然也从功能上承载了企业对数据的经济价值追求。随着数字技术和数据产业的发展，数据已经成为第五大生产要素，数据的社会经济功能不仅包括企业自身或企业之间的经济价值，兼具规律预测性、价值密集性、知识创造性的衍生数据更是被视为推动经济转型的战略资源，数据对于整个社会经济都具有重要功能。因此，无论是对企业自身、数据使用方、数据交易相对方还是对整个经济社会而言，在数据利用过程中都必须考虑其经济社会功能。

第二，公共管理功能。数据的功能性还体现在公共管理层面。在数字社会转型中，数据不仅是经济发展的重要资源，同时也是提升公共管理的重要工具和重点治理对象。例如，阿里巴巴通过网站数据加工形成并公开的"网购价值指数"（aSPI），不仅是该公司扩大商品营销和预测市场规模的重要依据，也是政府了解电商行情、调节经济部署的重要参考。将数据作为工具应用于管理活动的尝试最初活跃在企业管理领域，但随着人工智能、云计算、区块链等数字技术的发展，数据科学逐渐在管理领域得到应用与渗透，大数据的工具视角也逐渐成为政策科学的重要研究方向。❸ 在继西方国家大数据战略之后，我国政府也逐渐制定大数据发展战略，管理决策从关注传统流程转

---

❶ 陈俊华. 大数据时代数据开放共享中的数据权利化问题研究 [J]. 图书与情报，2018 (4)：25-34.
❷ 龙卫球. 再论企业数据保护的财产权化路径 [J]. 东方法学，2018, 15 (3)：50-63.
❸ 黄璜. 美国联邦政府数据治理：政策与结构 [J]. 中国行政管理，2017 (8)：47-56.

变为以数据为中心❶，建立用数据说话、用数据决策、用数据管理、用数据创新的管理机制，实现基于数据的科学决策，推动政府管理理念和社会治理模式进步的行动方案。在创新管理模式、指导管理实践和提高服务水平的同时，数据为公共决策的理念创新和思维转型提供了科学支撑和理论依据。❷ 数据具有公共管理职能，政府可以利用数据的功能优势提升在公共事务中的管理效能，包括但不限于经济调节、市场监管、社会管理和公共服务四项职能，尤其在公共紧急事务处理中。例如，在疫情防控等紧急公共卫生事件或突发性重大自然灾害中，数据有时甚至发挥着至关重要的作用，直接关系到公共利益保护和救济能否实现的问题。

第三，信息安全功能。数据能够形成离不开个人、企业、政府等数据主体提供的海量原生数据，但如何在数据的收集、处理、加工、交易等数据活动中保护其背后牵涉的个人隐私、商业秘密和国家信息安全将是数据治理的重要使命之一，而这将成为数据的一项消极功能。虽然经济追求是企业挖掘数据价值的初始目的，但并不是唯一目的，企业在实现经济利益中更不能以牺牲信息安全为代价，而应在结合数据主体和数据类型差异、保障数据安全的前提下再开发其经济价值。

2. 利益交织性

数据的控制、生产和交易，首先是建立在企业对数据的经济价值追求上，因此对于企业来说，实现数据的经济利益是数据活动中最大、最核心的利益关系。但是，由于数据是由企业自身、个人、相关企业和政府共同贡献的结果，因此数据在数据来源、流通环境和功能聚合性方面呈现复杂性特点，数据自然也承载了不同的利益关系，呈现主体之间的利益交织性。数据的核心利益在得到保障的同时，也会因其他利益而受到规制，进而在不断的博弈过程中达成利益关系的平衡。因此，除了企业自身的经济利益外，数据所承载的其他利益大致可以归纳为三个方面：

---

❶ 陈国青，曾大军，卫强，张明月，郭迅华. 大数据环境下的决策范式转变与使能创新 [J]. 管理世界，2020，36（2）：95-105，220.

❷ 张楠. 公共衍生大数据分析与政府决策过程重构：理论演进与研究展望 [J]. 中国行政管理，2015（10）：19-24.

第一，个人利益。从数据的来源来看，个人数据是形成数据的重要来源，个人在网络平台注册账号、浏览网页、搜索信息或点击评论时产生的用户数据往往是企业用来研究用户偏好、开发数据产品、进行个性化推荐的关键信息。但企业在经济利益驱使下，往往在未经用户同意的情况下就过度收集或在未经同意的情况下过度开发个人数据，从而造成个人隐私泄漏，损害个人利益，甚至可能产生差别定价、大数据杀熟等损害个人利益的商业行为，导致个人利益和企业利益失衡。

第二，相关企业利益。数据不仅关乎企业自身利益，也关乎数据使用方或数据交易相对方等相关企业的利益，甚至对整个社会经济都会产生重要影响。在大数据时代下，数据作为重要的生产要素和战略资源，体现了企业自身和相关企业的重要需求，也体现了社会经济的数字化转型需求。在数据活动中，因数据主体之间的实力差异，数据资源分配不均，数据垄断、数据孤岛等问题严重，影响相关企业利益，从而影响数据市场的公平竞争。

第三，公共利益。数据本身承载着信息安全功能和公共管理功能，对国家安全、信息保障、公共服务等涉及公共利益的领域具有重要作用，这些利益成为企业利益中的重要组成部分，并根据各自的功能对数据产生平衡与规制作用。在美国"hiQ 诉 LinkedIn 不正当竞争纠纷案"❶ 中，法院在审查被告不允许原告抓取数据的行为是否违法时，也将"是否对公共利益造成影响"作为一项重要的参考标准。2017 年，菜鸟公司和顺丰由于业务纠纷停止信息共享，导致许多生鲜产品在此次事件中因快件查询不畅而严重变质损坏，国家邮政局对此要求双方"讲政治，顾大局"，在维护企业自身利益的同时，应充分保护社会公共利益，不能因企业纠纷而影响社会秩序。可见，企业在自身数据利益实现的过程中，必须将对公共利益的保护融入企业活动中，必要时还要让渡企业自身的经济利益，以助力公共目标和公共利益的实现。

---

❶ hiQ Labs. Inc. V. LinkedIn Corp, 273F. Supp. 3d 1099.

四、数据保护与知识产权制度的适配性分析

关于数据的法律属性的探讨，目前主要存在物权法说、所有权说、新型数据权说和知识产权说。本文认为，相比于其他三种学说，知识产权说无论是从理论基础、调整对象、历史趋势角度，还是从制度功能、立法进步和社会需求角度看，都更具有必要性和说服力，因此，本文更倾向于知识产权说。具体理由如下：

（一）理论基础

洛克的劳动赋权理论和边沁的激励理论能为数据的知识产权保护提供理论上的可行性。虽然这两大理论最初产生并适用于解释有形财产权的正当性，但其关于"劳动即价值"和"制度激励功能"的核心理念对于理解信息、数据等无形财产权益保护的必要性来讲，同样具有重要的指导意义。劳动赋权理论强调人们对其投入劳动价值的部分享有正当权益的核心观点能够为数据保护提供合理的理论依据。❶ 企业通过收集整理或利用人工智能、算法技术、区块链等数据处理技术，或借助云存储、计算机系统、应用权限等方式，通过存储、传输、携带、修改、删除、加工、聚合、清洗、提炼、筛选、过滤等手段生成或获取数据。可以说，数据本质上属于企业的劳动成果，衍生数据更是企业投入劳动和成本的过程。因此，从劳动赋权理论角度讲，赋予数据适当的法律保护具有正当性的观点毋庸置疑。

激励理论强调通过合理设置刺激手段的方式对目标行为进行奖励和引导。❷ 在数据治理中，制度条款便是刺激手段，数据价值便是治理目标，通过合理的制度规制引导和实现治理目标的过程就是激励理论的实现过程。例如，实践中法院以"实质性投入"为标准确定数据权属和判别是否侵权的做法就

---

❶ 洛克. 政府论（下篇）[M]. 叶启芳，瞿菊农，译. 北京：商务印书馆，1997：169.

❷ 高郦梅. 企业公开数据的法律保护：模式选择与实现路径 [J]. 中国政法大学学报，2021（3）：140-152.

是在通过司法保护数据利益的方式达到激励企业投身数据产业和数据研发的目的。例如，在"大众点评诉爱帮网"❶ "Register. com Inc. v Verio Inc"❷ "Oyster Software Inc. v Forms Processing Inc"❸ 等一系列案件中，法院均认为原告在收集、整理涉案用户评价、卖家信息、钢铁价值数据、数据库内容等数据的过程中投入了大量劳动和经营成本，属于原告的"劳动成果"，因此原告对此类数据享有正当权益。而被告不劳而获的数据抓取行为违反了商业道德，侵犯了原告的合法利益。如果纵容被告的侵权行为将会打击原告参与数据研发的积极性，影响数据产业发展和数据生态平衡。另外，虽然当前数据已经并将继续以指数级的速度增长，企业正在竞相产生更多的数据，但却没有实现数据权益的有效"激励"。❹ 很重要的原因就在于现有制度体系并未采取合理手段为数据开发提供可靠的法律保障，数据垄断、数据杀熟、数据隐藏等不正当数据行为难以受到合法引导，因而影响数据流通和数据红利共享。

另外，根据科斯定理，在存在交易成本的情形下，交易成本与制度效果成反比，交易成本越小制度效果越好。数字技术创新使市场价值和预期发生变化，传统法律体系出现应对空白，现有知识产权制度与市场现实需求脱节，交易成本增加，因此需要通过对知识产权制度的重新安排来实现技术和成本代价的内部消化。❺ 另外，当客体体量过大，成本过高时，也可能触发相应的制度变化。例如，在"淘宝诉美景不正当竞争案"❻ 中，法院认定其已不是一般意义上的网络数据库，而演变成以"行业直播""商品店铺榜"为具体类型，以趋势图、排行榜等为具体内容的既具有巨大体量特征又能够瞬息万变的数据产品，即使能够按照传统知识产权制度进行规制，也会面临高昂的举证成本、维权成本和司法成本。可见，用现有制度进行"常规保护"的操作显然是不经济的，因此即使选择知识产权保护方式还是需要进行具体制度规制。

---

❶ 北京市第一中级人民法院（2011）一中民终字第 7512 号民事判决书。

❷ Register. com Inc. v Verio Inc. , 126 F. Supp. 2d 238 (2000).

❸ Oyster Software Inc. v Forms Processing Inc. , WL 1736382 (2001).

❹ DETERMANN L. No one owns data [J]. Hastings Law Journal, 2018, 40 (70): 231-252.

❺ 吕炳斌. 论网络用户对"数据"的权利——兼论网络法中的产业政策和利益衡量 [J]. 法律科学（西北政法大学学报），2018, 36 (6): 56-66.

❻ 杭州市中级人民法院（2018）浙民终字第 7312 号民事判决书。

（二） 调整对象

调整对象的一致性为知识产权保护提供了客体可行性。[1] 数据和知识产权客体在权利客体的形态、内容、管理等方面都存在高度一致性。第一，客体形态共性：无形性。知识产品具备无形性、可复制性和公共物品性。[2] 同知识产品一样，数据产品本身也是无形物，数据作为数据的下位概念，亦呈现出无形性，可复制性和公共物品属性，因此二者在权利的客体形态上具有共同特征，但这并不是推导出数据属于知识产权客体的唯一理由。第二，客体内容共性：信息性。知识产权的客体内容在于其承载的信息性。数据本身是没有价值的符号或电磁记录，数据的法益属性也主要由其所显现的"信息"的内容来决定。可见，数据和知识产权制度本质上都属于对信息的权利，具有同一性。第三，客体管理共性：可控性。知识产权的客体可以在技术、法律、市场等多个层面流转的重要原因是其具备可控性。同知识产权客体一样，数据也具备可控性。技术上可以通过算法技术、人工智能等实现数据处理，法律上能够通过制度规制实现数据权益分配，市场上能够通过交易规范规制数据流转，可见，从多维角度看，数据具备客体可控性。

（三） 历史轨迹和发展趋势

历史轨迹和制度趋势的协同性为知识产权保护提供了可行性。从历史维度看，知识产权产生的根本原因不是公权力为激励创新而赋予的权利，而是知识作为生产要素与资本结合后经由法律确定的结果，可以归纳为"知识产品—法律—知识产权"的发展规律和路径。[3] 因此，知识产权其实是法律遵照市场规则对新的财富形态和新兴价值设计分配机制的体现，其推动力量是以知识为生产要素的资本。[4] 知识产权制度的产生不仅实现了激励创新，也为将知识、数据、信息等无形财产的新的生产资料纳入法律体系规制中提供了理

---

[1] CIMIL D, PLOTNIC O. European Union view on Personal Data in Intellectual Property Rights [J]. Eastern European Journal for Regional Studies, 2021, 7: 92–106.

[2] 郑成思. 知识产权论 [M]. 北京：法律出版社，2003：127.

[3] 宁立志. 知识产权 （第二版） [M]. 武汉：武汉大学出版社，2013：32.

[4] 李琛. 知识产权法基本功能之重解 [J]. 知识产权，2014 (7)：9.

论支撑、参考方案和比较创新的可能性。与知识要素相比，数据作为一种生产要素在产业中所发挥的作用与知识在知识产权形成中所发挥的作用相似。数据被列为继土地、劳动力、资本、技术之后的第五大生产要素，并作为数据时代维度下的新兴资源和数据产业的关键资料纳入资本运作。可见将数据归入知识产权保护符合知识产权制度发展的规律和路径，数据与资本的双向选择丰富了数据维度，使数据具备了成为权利对象的潜质，也为数据运用知识产权保护提供了历史可能性。

（四）制度功能和制度目标

制度功能和制度目标的统一性为知识产权保护提供了制度可行性。知识产权具有明确利益分配、鼓励研发创新、规制市场交易和优化资源配置和促进信息传播等价值目标，也常被作为制度目标写入著作权法、专利法等国内法律或 TRIPs 协议等国际公约的法律条款中。兼顾社会公共利益是与权利分配相对应的制度设置，对社会的共同关照成为知识产权制度普遍接受的制度目标。❶ 与之类似，数据保护也是为了明确数据主体、数据控制者、数据处理者等不同环节不同主体之间的利益分配，通过法律确权为数据提供可靠的制度保障，鼓励企业充分发挥数据优势，积极参与研发创新，同时需要适当的制度规制和交易规范来引导良性竞争，保护数字生态，实现资源配置和信息共享的目的。可见，数据权利保护的制度功能与知识产权具有一致性。也就是说，从制度可行性上看，将其列入知识产权框架不存在明显的障碍。另外，知识产权制度的创设经验对于数据保护来讲同样值得借鉴。针对具有无形性的知识信息专门创设知识产权制度本身就是一种制度飞跃。在空间范围上，这体现了人类智慧向信息世界的扩张，不仅实现了研究对象从有形到无形的延伸，也实现了在研究范畴和研究方法上的拓展。通过借鉴知识产权制度提供的分析工具和制度得失，不仅能够为数据保护提供新的研究思路，还能够以此为镜，节约"试错成本"，站在前人的肩膀上，使新时代新问题的制度设

---

❶ HUGENHOLT P B, Fierce Creatures. Copyright Exemptions Towards Extinction？[Z]. Keynote Speech Imprimatur Conference, Amsterdam, 1997.

计更具有前瞻性和预测性。❶

（五）技术进步与立法变革的需要

科学技术与科技立法的适配性与效益性使知识产权治理成为必然。大数据是信息网络技术发展的产物，信息技术从萌芽到成熟的转变过程也是大数据领域和大数据产业实现质变的过程，因此数据治理与保护必须与技术发展规律保持一致。一项科学而有效的治理制度必然是既能与技术发展阶段相匹配，又能实现兼顾经济和社会效益的数据治理目标。也就是说，数据治理应兼顾效益性原则和适配性原则。❷ 从适配性角度看，当技术更替导致现有制度无法满足数据治理目标，或数据治理制度与技术发展阶段不相匹配时，如果继续保留现有制度将无异于故步自封，原因在于技术变化会导致数据要素的市场价值和制度预期发生变化，现有制度与数据治理需求脱节。从效益性角度看，当一味发展数字技术却不尊重数据价值，或技术过度保护而忽略了市场交易规律、制度功能目标和制度实施成本等因素而影响数据交易或数据共享时，也不利于实现良性的数据治理目标。数据是信息技术发展到成熟阶段的产物，相比信息技术萌芽阶段的原生数据产生了更大的商业价值和经济潜能，也因此拥有更多的权益内涵，提出更多的制度期待和保护需求，但无论是从经济价值保护还是社会效益均衡角度，现有制度已然无法满足外部变化给相关权利内容带来的内部性治理需求，而且在技术更迭与交替过程中，还可能面临客体的即时变化与巨大体量带来的高昂交易成本。可见，当下亟须对现有制度规则进行重新安排和调整，才能适应新的技术特征和新的治理期待。

（六）经济社会需求

数字经济与社会决策的现实需求也明确了知识产权治理的必然性。数字经济时代，数据俨然成为数字经济和社会发展的关键推动因素，对数据的保

---

❶ 郝思洋. 知识产权视角下数据财产的制度选项 [J]. 知识产权，2019（9）：45-60.

❷ 宁立志，傅显扬. 论数据的法律规制模式选择 [J]. 知识产权，2019（12）：27-35.

护程度将直接决定对于数据投入的积极性，也决定数据经济的整体健康发展。❶ 当下，5G、区块链、人工智能、量子科技等高精尖技术的成长和算法的形成离不开数据的"喂养"。欧盟将数据作为创新和增长的关键来源，2017年颁布《建立欧盟数据经济》，希望通过建立一个统一的数据空间，加快开发数据产品、延展数据服务和数据信息再利用。我国政府将数据列为第五项生产要素之后又将数字经济列为重点立法领域，致力于通过良法善治实现数字经济健康发展。随着社会对数据的依赖度无限拉满，对数据的控制和利用将直接影响未来的消费走向、商业决策、社会决策甚至法律制度。❷ 例如，沃尔玛曾通过加工处理购物小票上的数据生成能够反映购物习惯的衍生数据，并了解到男性客户习惯在购买尿不湿的同时购买啤酒犒劳自己，因此发明"啤酒+尿不湿"这种不可思议的促销手段，最终为自己赢得巨大商机和巨额收益。可见，利用衍生数据能够帮助企业了解客户（懂你）、精准推送（为你），还能改善产品服务、预测潜在风险（成就你）。数据对于社会决策而言也是不可或缺的绝对变量。在推进国家治理体系与治理能力现代化的过程中，数据不仅是治理的对象、治理的资源，也是治理的工具和重要手段，是优化、提升社会治理和公共服务的重要依据。❸ 例如，中国信通院利用该应用监测及分析平台对疫情期间的 5G 应用数据进行分析，发现 5G 技术在社区防疫、资源调度、复工复产、教育教学等行业领域实现深度融合，为防疫重点和科学决策提供了科学支撑。

　　总体来看，数字技术导致知识产权的信息载体产生迭代变化，数字技术及其应用的发展也导致数据保护手段发生异化。对数据这种新型客体究竟该如何进行保护尚需持续研究和关注，但基于法律的稳定性和谦抑性，基于数据类型差异性和治理目的多元性，以及数据与知识产权之间的客体共性、制度成本、交易成本和历史趋势等多维因素，仅仅依靠现有制度保护早已不具备适配性，为数据创设新型权利的做法将更加合理和适宜。

---

❶ 徐实. 企业数据保护的知识产权路径及其突破 [J]. 东方法学，2018（5）：55-62.
❷ 郑戈. 人工智能与法律的未来. [J]. 探索与争鸣，2017（10）：81-83.
❸ 金耀. 数据治理法律路径的反思与转进 [J]. 法律科学（西北政法大学学报），2020，38（2）：79-89.

五、知识产权保护视角下的数据分类

在现有知识产权制度框架下，数据主体主要通过商业秘密、著作权、专利权、反竞争法中与数据有关的相关条款为自身寻求保护。但由于种种原因，现有制度只能为部分数据类型提供部分法益上的保护，不但无法满足数据主体的保护需求，还引发了很多数据治理难题。对于原生数据来说，现有保护制度中存在的不足相对清晰。但对于衍生数据来讲，由于其数据形成过程、数据内容和数据特征更加复杂，导致在数据保护过程中需要重点关注和分析。另外，2020 年 3 月 30 日，中共中央、国务院在《关于构建更加完善的要素市场化配置体制机制的意见》中明确提出数据治理要"根据不同数据性质完善产权性质"，从国家层面要求数据保护要从数据性质出发，重视数据类型的差异性。推动数据类型化"划分"与数据类型化"保护"有助于局域限定和问题筛选，提高数据保护效能。因此，基于以上分析，在研究数据的权利保护现状及不足前，需要先对衍生数据进行重新归类，以便于在分析过程中发现问题，提出针对性建议。

在传统模式下，对衍生数据进行划分的标准主要包括以下两种：第一种是加工行为及其对数据产生的影响，第二种是是否公开。第一种产生的结果是具有编排结构上具有独创性的数据集合、内容上具有独创性或在内容上具有实质性投入的衍生数据类型，因此，这种分类方式的关键点可以概括为"创新性"标准；第二种产生的结果是公开型衍生数据和非公开型衍生数据，因此可以概括为公开性标准。

综上，基于国家政策的宏观指导，结合衍生数据本身的复杂特性及当前主要数据保护形式的特征，本文以衍生数据公开性和创新性为标准，对衍生数据进行重新归类。公开是指是否能为社会公众所获取，创新是指编排结构独创、内容独创或者内容上具有实质性投入。按照这两个标准，可以将衍生数据归纳为保密型、公开型、创新型、综合型四种类型。

（一）保密型衍生数据

保密型衍生数据突出特点是非公开性，即公众不易获取且不必然具备独创性的数据类型，典型代表是商业秘密类数据，关系企业的核心数据和市场竞争力。

（二）公开型衍生数据

公开型衍生数据包括公开型和半公开型数据，特点是公开性和非独创性，即公众能够获取但整体上缺乏独创性的数据，如企业通过分析个人信息、教育背景、兴趣爱好等信息而形成的"毕业生就业图鉴"。需要注意的是，这类数据虽然不具备独创性，但却不是由简单的收集存储而形成的原始数据集合，而是经过筛选、过滤、脱敏等数据加工程序和其他实质性投入的衍生数据，具有极高的社会效用性，关系企业未来的发展潜力。

（三）创新型衍生数据

创新型衍生数据的特点是独创性和公开性，如企业加工而成的大学生消费去向数据集合。需要注意的是，这里的公开性仍然是指公众的可获取性，但要受到保护实效、公开时限等制度规制，因此是半公开数据。另外这类数据在内容上具有创造性，容易被认定成知识产权意义上的智力劳动成果❶，往往代表企业的创新能力和水平。

（四）综合型衍生数据

综合型衍生数据兼具保密型和创新型数据的特点，既具备独创性又具备非公开性，在实践中往往是数据保护的重点，即使在现有制度框架下，也能得到多重有效保护。

---

❶ 杨立新，陈小江. 衍生数据是数据专有权的客体 [N]. 中国社会科学报，2016-07-13 (005).

六、数据的现有保护路径及不足

（一）商业秘密保护及困境

1. 商业秘密三要件在数据领域的解读

《中华人民共和国反不正当竞争法》（以下简称《反不正当竞争法》）将商业秘密定义为在商业活动中形成的具备秘密性、价值性和保密性的技术信息和经营信息。在实践中，无论是诉前还是诉中，数据主体都经常采取商业秘密的形式保护数据利益。但并不是所有的数据都能得到保护，是否能够纳入商业秘密保护范围，关键在于考察数据是否满足商业秘密三个构成要件。在数据保护视域下，这三项标准也产生了更加丰富的内涵。

首先，关于秘密性。传统制度通常将秘密性解释为"不为公众所知悉或容易获得"。但在大数据环境下对保密性的认定需结合主客观因素加以谨慎判别，需在结合数据的公开意愿、公开动机等主观因素和数字技术、空间维度、获取方式、经营模式、实质投入、数据价值等客观因素的基础上综合认定是否符合秘密性要求。例如，北京市海淀区人民法院在（2013）海民初字第15447 号民事判决书关于"何晨亮等侵犯数据案"同样结合主客观因素认定涉案数据库表、源代码文件、存储函数符合秘密性特征；杭州市中级人民法院在（2018）浙 01 民终 7312 号民事判决书关于"淘宝诉美景"等侵犯衍生数据案中从主客观角度出发认定淘宝的"生意参谋"符合秘密性要件。

其次，关于价值性，即具有商业价值。虽然不是所有的原生数据都具有价值性，但衍生数据的特殊属性决定了其本身符合商业秘密的价值性要求。如前所述，具有高价值性是衍生数据的社会属性之一，相较于原生数据，衍生数据对于数字经济和数据交易来讲更具有竞争力和话语权，因此一般会具有更高的商业价值。从形态上看，衍生数据通常是预测型、统计型、指数型数据，通常被广泛用于开展个性定制、实现精准推送、辅助商业决策、防范经营风险和优化系统服务等关涉生产、经营、管理的重要环节，有更大的商业分析和商机预判价值。例如，在"安克诚诉辰邮科技侵害商业秘密纠纷案"❶和"衢州万联网络技术有限公司诉周惠民等侵犯商业秘密纠纷案"❷中，该法院均肯定了原告通过聚合加工和实质性投入形成的"富裕人群和社会精英数据库"和"用户注册信息数据库"符合商业秘密三要素，因此具备商业价值。

最后，关于"保密性"，即采取了必要的保密措施。对于重要数据，数据主体通常会采取设置访问权限、安装保密装置、订立保密协议、控制内容识别、限定使用范围等技术手段使数据处于保密状态，因此采取保密措施被视为企业保障数据安全和规避交易风险的自力救济行为。对于保密措施的界定仍存在争议，但随着数据的公共属性和开放共享理念深入人心，学界对保密性的认定逐渐转为较宽松的态度，例如，有学者提出如果企业没有设置严格的访问密码，而只是设置了一些访问障碍，就不能认定其具备保密性。❸

2. 商业秘密保护模式的不足

在实践中，商业秘密模式是数据主体使用最频繁的数据保护手段。对于数据保护来讲，商业秘密保护存在以下问题：

首先，数据类型与商业秘密客体不完全匹配。如前所述，数据必须满足秘密性、价值性和保密性三个要件才能受到商业秘密保护，但并不是所有的数据都能够满足以上条件，如企业自身信息等原生数据就是典型代表。另外，即使衍生数据，也不能全部受到商业秘密保护。因为衍生数据寻求商业秘密保护的首要前提就是要符合不为公众所知悉或容易获得的秘密性。依据这一标准审视四种数据类型发现，只有保密型数据才是最适当的保护对象，创新型和公开型因不符合秘密性要求被排除在外；综合型虽然符合保密要求，有机会选择商业秘密保护路径，但为了利益诉求最大化，一般会在择优原则指导下，选择著作权、专利权等保护力度更大的救济方式。❹

---

❶ 上海市高级人民法院（2006）沪高民三（知）终字第92号民事判决书。

❷ 上海市高级人民法院（2011）沪高民三（知）终字第100号民事判决书。

❸ 丁晓东. 论企业数据权益的法律保护——基于数据法律性质的分析［J］. 法律科学（西北政法大学学报），2020，38（2）：90-99.

❹ 杨翔宇. 数据财产权益的私法规范路径［J］. 法律科学（西北政法大学学报），2020，38（2）：65-78.

其次，数据的流通需求与商业秘密保护形式相冲突。社会庞大的数据需求要求数据主体释放数据，跳出个体利用的局限推动数据互通，从而实现数据的社会化利用。可以说，数据流通是实现数据社会化利用和实现数据资源价值的必然路径，正是有社会化数据流通和利用，才能形成数据经济。❶ 但商业秘密的封闭式保护模式却与数据流通的开放式相矛盾，虽然前者在一定程度上能够保护数据利益，但容易形成数据孤岛，无法通过流通共享为数据增值，尤其是对依赖于数据访问的数字经济来讲，可能还会给竞争和创新带来更大的问题和危险❷，因此并不是数据保护的最佳方式。

最后，技术特定性和法律宽容性也使商业秘密保护形式不具有普遍适用性。在技术层面，衍生数据的加工程序虽然在整体数据领域是丰富多样的，但在某一具体的行业领域却往往是特定的。在法律层面，商业秘密制度的目的在于阻止他人以不正当手段获取商业秘密，维护产业和伦理秩序❸，因此对他人独自努力破解商业秘密的行为并不禁止。例如，如果该领域内第三人通过法律认可的反向工程或者通过独立研究等正当手段获得构成商业秘密的衍生数据，则不属于侵害商业秘密。由此可见，商业秘密制度并不具备绝对排他性，其实际上遵循的是一种有限保护思路，并不具备普遍适用性。

（二）著作权保护及困境

在著作权保护路径下，数据主体常常通过类似数据库的汇编作品寻求著作权保护。《中华人民共和国著作权法》第 14 条规定，如果不构成作品的数据或材料经过加工汇编能够在内容的选择或编排上具备独创性，就构成汇编作品，受著作权保护。根据该条规定，汇编作品的独创性体现在数据集合的排列顺序和整体结构上，因此无论是原生数据还是衍生数据，无论数据本身是否具备独创性或构成作品，只要其在选择或编排上具备独创性即可受到著作权保护。

---

❶ 高富平. 数据流通理论 数据资源权利配置的基础 [J]. 中外法学，2019，31（6）：1405-1424.

❷ KERBER W, ZOLNA K K. The German Facebook Case: The Law and Economics of the Relationship between Competition and Data Protection Law [J]. European Journal of Law and Economic, 2022, 17 (3): 27-43.

❸ 谢铭洋. 智慧财产权法（第八版）[M]. 台北：元照出版有限公司，2018：248-250.

TRIPs 协议第 10 条第 2 款规定汇编作品保护不能延及数据本身，如果后者构成作品也可受到著作权保护，证明在数据上至少存在两种法益需要保护，一种是数据在结构编排上的独创性，一种是数据在内容上的独创性法益，数据本身一般很难在内容上符合著作权法保护的标准，因此对于数据的著作权保护一般是按照编排结构上的独创性提供保护，不可否认，从数据保护角度讲，汇编作品的保护方式确实能够对结构编排上具有独创性的数据提供一项重要的法律保障。但是必须看到，那些不具备独创性但又具备相当商业价值的数据却无法得到保护，尤其是随着数据价值挖掘朝着精细化、纵深化发展，数据价值重心从编排结构转移到数据内容本身，这里并不是强调数据内容的独创性，而是强调在内容层面为形成数据库作出的实质性投入。为了保护这一法益，欧盟曾在《数据库指令》中专门规定了一项特殊权利，禁止他人擅自抓取数据库中的实质性内容，充分体现了对数据内容及为内容而投资的相关利益保障。

从衍生数据的社会属性可知，衍生数据是信息载体和信息内容的结合体❶，也是数据结构价值和数据内容价值的结合体。因此，其创新性一方面体现在数据本身，另一方面体现在数据内容上。汇编作品虽然能够为符合编排独创性的衍生数据库提供法律保护，但却不能为更具有商业价值潜力的数据内容提供对应法益，更不能给数据处理者的实质性投资提供利益保护。在实践中，数据的选择编排工作通常是借助算法分析技术或机器筛选程序自动完成，难以满足独创性要求；出于行业规范和良好的用户体验，企业也经常会选择统一的编排标准，也导致独创性难以保障；另外，如果支持所有衍生数据都适用汇编作品保护，还会给数据主体造成多重伤害。以公开型数据为例，其本身是为公众所知悉且容易获取的，他人只要在编排上具备独创性就可随意使用数据内容，这样不仅会增加大量内容相同仅排列不同的雷同数据库，还会诱发侵权，增加司法讼累，影响正常的市场竞争和智力创新。❷

---

❶ 刘双阳，李川. 衍生数据的财产属性及其刑法保护路径 [J]. 学术论坛，2020，43（3）：39-47.

❷ 郝思洋. 知识产权视角下数据财产的制度选项 [J]. 知识产权，2019（9）：45-60.

（三）专利权保护及困境

除了商业秘密和著作权之外，专利权也能够在一定程度上为数据提供法律保护。主要保护形态为大数据运算方案或算法程序等技术方案，且与普通专利相同，也需严格满足新颖性、创造性和实用性条件，正因如此，实践中使用专利进行数据保护的情况非常谨慎。另外，专利保护虽然也能够在某些情况下起到保护数据利益的作用，但使用不当可能造成更为严重的数据垄断，影响市场竞争和消费者利益❶。有些企业可能会利用专利和商业秘密之间互补关系使专利保护成为帮助企业隐藏超量数据、占据市场份额、垄断数据市场的手段和逃避法律监管的外衣。以谷歌搜索为例，对于谷歌来讲实质上存在两个价值进项：一个是基于搜索引擎的专利价值，即通过专利申请获得一定时间内该大数据技术方案的专有权；另一个是基于用户搜索积累的数据价值，即对产生的数据进行加工筛选、分析过滤和提炼整合等赋值处理，发挥其预测商机、提升服务、锁定用户、精准营销等功能，最终为企业带来更大的商业利益和竞争优势。如果谷歌在专利申请或许可协议中恶意隐藏更容易产生价值的数据信息，而后再利用商业秘密等方式对其提供保护，就会使专利价值和数据价值完全被谷歌独占，即使专利到期，谷歌也能独占数据市场❷，损害市场竞争，造成数据生态不良和数据流通障碍。

（四）反不正当竞争法保护及困境

对数据来说，使用竞争法维护其合法利益是另一种常见的保护方式。面对数字技术发展带来的现有法律未能明确规制的新的数据权属纠纷，日本率先在竞争法中增设"限定提供数据"条款。我国也常常借助《反不正当竞争法》第2条对数据提供保护，体现了竞争法保护对瞬息万变的数据治理难题的适应性和包容性。相比于其他三类数据，最常用也最适合用在不具备独创性且能为公众所知悉或获取的公开型数据的利益保护上，但竞争法保护模式

---

❶ Diega and Sappa, 2021

❷ Ulla-Mai ja Myuy. Transparent AI? Navigating Between Rules on Trade Secrets and Access to Information ［J］. International Review of Intellectual Property and Competition Law, 2023（54）：1013-1043.

对于数据保护来讲也是优劣参半。

1. 竞争法一般条款保护形式的优点

一方面，竞争法保护形式符合数据治理的场景需求，能够兼顾场景差异、行业惯例、价值分配、竞争秩序、商业道德等多项因素，对个案分析判断和个案特殊利益保护均具有显著实用性。例如，在"阿里诉码注不正当竞争案"中❶，法院认定码注公司抓取阿里公司的数据行为违反了诚实信用原则，损害市场效率和社会公共利益，属于《反不正当竞争法》的规制范围。另一方面，该方式具有灵活性和能动性，能够给予法官相对宽松的自由裁量权，也具有包容性和开放性，能够延展数据的保护范围，尊重企业对于数据的经济追求，甚至为商业价值或商业潜力显著但法益尚未确定的数据提供利益保护。最为典型的判例就是 eBay Inc. v. Bidder's Edge Inc 案❷，法院认可了 eBay 公司在数据收集中的实质性投入，并认定 Bidder's Edge 公司的非法抓取行为会给 eBay 公司带来数据流失、数据质量下降、利润减损、消费群体转移等实质性或潜在性商业风险，属于不正当竞争行为。

2. 竞争法一般条款保护形式的不足

尽管竞争法一般条款保护模式最常用，但也存在诸多不妥。

首先，缺乏明确的适用标准。一般条款设置的初衷是解决法律滞后性导致的调控不足，补充类型化制度的规制局限，并没有设置明确的调整范围，缺乏明确的构成要件和具体判断标准，保护边界模糊，不但无法保障权利主体的合理预期，还会增加其举证责任和维权成本。2009 年，最高人民法院"海带配额案"❸ 曾尝试提出"存在合法权益""行为不正当""造成实际损害"三个判断标准，但因缺乏明确的数据权利，对"竞争优势""商业机会""财产权益"等合法权益的内涵和外延并不确定，这三个标准在实践中很难完全落实和执行。

其次，存在数据权益与竞争权益冲突。竞争法保护的法益核心是竞争权益，而不是数据权益。在竞争法语境下争取数据权益需要先将数据秩序转化

---

❶ 杭州市滨江区人民法院（2019）浙 0108 民初 5049 号民事判决书。

❷ eBay Inc. v. Bidder's Edge Inc., 100 F. Supp. 2d 1058（2000）.

❸ 最高人民法院（2009）民申字第 1065 号民事判决书。

为竞争秩序，否则将无法涵盖特殊的数据保护需求。例如，用户为了学习或研究而抓取部分数据，或者其他竞争者虽为经营但却尚未形成市场替代性的部分抓取行为，虽然二者都在一定程度上损害了企业的数据权益，但前者不符合竞争秩序语境，后者也未达到危害正当秩序或滥用市场支配地位的程度，因此均不构成不正当竞争行为，也就无法享受竞争法保护。另外，权利和利益在法律救济强度上存在差异，前者的保护力度强于后者。将数据视为竞争法益实际上采取的是一种极弱的保护思路，实质上是将数据视为一种受法律保护的纯粹经济利益，这种保护密度不足以应对实践中的数据争议。❶

再次，造成利益失衡，与治理目标相悖。数据治理的一个重要目的是要在企业与公众之间寻求利益平衡，衡量这种平衡的最基础的表现就是通过治理双方的利益关系应该得到改善，而不是厚此薄彼，制造更多潜在风险，任何一方的利益扩张或给对方造成更严重的侵害的治理制度都将与数据治理的目的相悖。因此，应当坚持公平公正和必要性原则，谨慎适用竞争法保护模式，合理分配不同主体之间的数据权益。另外，从数据市场竞争角度看，应在遵守市场规律的情况下发挥其兜底作用。原因在于，数据市场有其自身发展和自愈的客观规律，即使在数据经济发展初期，一般条款模式也只是规制数据市场的过渡选项，并且仅限于危害正当竞争秩序或是滥用市场支配地位的情况。因此，制度设计不应过度干预，一般条款的制度位阶决定了对该条的使用应规制和回归到补充性与辅助性功能之下，否则会影响数据市场的发展自由，妨碍良性竞争。但这并不意味着否定反不正当竞争法保护数据权益的所有功能，作为兜底条款，反不正当竞争法仍然是对难以法定化的法益进行先行保护的"孵化器"和暂居之地。❷ 因此，对反不正当竞争法的适用应该既要保持谦抑性又要保留其兜底作用。

最后，可能导致裁量过度。在数据领域大量适用一般条款的司法状态导致的直接后果是法官自由裁量空间扩大。如果没有正确的价值观指引，过多适用该原则性条款，容易增加权益保护的不确定性和制度的不稳定性，还会

---

❶ 徐实. 企业数据保护的知识产权路径及其突破 [J]. 东方法学，2018（5）：55-62.

❷ 刘星，姜南，欧忠辉，等. 数字经济时代企业数据权益保护研究 [J]. 情报杂志，2021，40（10）：91-98，107.

产生损害知识产权利益平衡的危险。

七、基于知识产权的数据行为规制现状及困境

（一）通过模仿式利用造成实质性替代

在"万得诉同花顺不正当竞争纠纷案"中，法院对数据利用中的模仿行为认定给出了标准。在该案中，法院认为，同花顺公司的产品晚于万得公司的产品，并且与万得公司的数据库相比，同花顺公司的数据库中出现大批量重叠数据，同花顺的产品属于"同质化产品"，具有搭便车的嫌疑，不符合"合理模仿原则"且违背诚实信用和商业道德，因此应当被认定为"模仿行为"。在"大众点评诉百度地图不正当竞争纠纷案"中，法院也将百度地图在未经大众点评同意的情况下"大量""全文"使用大众点评上的用户评价数据的行为认定为起到了"实质性替代"作用的不正当使用行为，但同时提到早期版本的百度地图只提供三条用户评论，虽然都来自大众点评，但是"不构成大规模使用"且不足以替代后者向公众提供点评服务，因此前期的行为不构成不正当使用。

"万得诉同花顺案"和"大众点评诉百度地图案"也表明在数据利用中，虽然法律允许"模仿自由"，但必须在合理范围内适用。如果存在"大规模利用"行为，可能构成模仿行为或实质性替代，在未经允许的情况下构成不正当利用行为。但也从反面证明，并不是所有的利用行为都会被认定为"模仿"，只有大规模利用的行为才构成"模仿"，如果利用数据极少，则不构成"模仿"。"腾讯诉3Q案"肯定了经营者对商业模式的正当性权益，从"大众点评诉百度地图案"看，在未经授权的情况下，都是通过展示商家信息和评论的商业模式，实现为用户提供查阅点评、筛选商家的服务目的，再次证明，对于未经授权，大规模使用，相同模式且相同目的地利用数据的行为属于不正当利用行为。上述案件还告诉我们，无论出于何种数据利益需要，保护何种数据类型，在数据利用活动中，都要以诚实信用原则和商业道德为前提，尊重他人的合法权益。

在"谷米诉光元不正当竞争纠纷案"中，光元公司在非法抓取数据后，又以"与谷米公司在数据用途、数据服务方面具有一致性的经营模式"对数据进行利用，从而判定其行为构成竞争性行为；虽然光元公司提供的是免费服务，但仍旧被判定为"经营者"。光元公司直接利用谷米公司的公交位置数据进行相同模式的商业利用并低价售出，给谷米公司造成严重的经济损害。若允许这种直接使用原数据的行为而不加限制，很容易导致同质、低劣的竞争现象，无法实现对原数据企业利益的保护与激励。长此以往，也会损害整个社会经济利益。法院同样认可上述观点，在"抖音起诉刷宝案"中将刷宝App大量抓取抖音上的短视频和用户评论，并替代抖音向用户提供内容服务的利用行为认定为不正当利用行为。

"谷米诉光元案"和"抖音起诉刷宝案"表明在数据利用中，除了需要考察数据获取是否得到授权外，还需要考察数据利用的商业模式是否对原数据企业构成竞争，具体判断时，可以参照是否属于相同用途，是否提供相同服务两个标准。另外，关于商业模式问题，在"腾讯诉3Q不正当竞争纠纷案"中，最高人民法院针对商业模式问题给出的指导意见也认为虽然商业模式不是一种法定权利，原数据经营者也不想有独自或垄断性使用这种模式的权利，但是商业模式包含了经营者为之付出的心血，因此仍旧是一种合法权益，应该受到保护。

（二）设置访问限制限制公平竞争

除了在数据获取中存在访问规制问题外，在数据交易中也同样面临访问规制问题。虽然理论上要求交易双方在法律范围内行使合法权益，但为了获取更多的企业利益，有些数据企业利用技术手段，故意设置访问障碍，损害相关企业的数据利益。在许多领域，甚至即使对数据没有合法权益，数据控制企业也能通过其对产品或相关服务的技术设计的控制来确定生成数据的内容及可被访问的数据范围。但是能够掌握先进技术的往往是大型企业或垄断企业，如果纵容这种现象存在，将严重损害初创企业和中小微企业的合法数据利益及整个社会经济利益。例如，2021年11月发生了国内首例因限制数据访问而引发的反垄断案件，即"蚁坊公司诉新浪微博案"。蚁坊公司认为，自己的主营业务是通过海量数据分析获取数据报告，并为政府监管网络环境提供依据，但在与新浪微博的合作中，新浪微博却在未告知的情况下突然拒绝为其提供数据访问服务，这一行为不但直接摧毁了蚁坊公司的商业模式，损害了其合法的数据访问权益，还影响政府部门对新浪微博的合法监管，损害数据行业的公平竞争，构成垄断。

（三）利用知识产权制度漏洞逃避法律监管

有些企业还会利用法律漏洞，逃避法律监管，损害相关企业的数据利益。出于保护数据权利的目的，现有制度为数据提供商业秘密、著作权法、专利法及反不正当竞争法方面的保护依据。但是在实践中，有些企业却狡猾地利用专利和商业秘密之间的互补关系，使专利保护成为帮助企业隐藏超量数据、占据市场份额、垄断数据市场的手段和逃避法律监管的外衣。例如，对于谷歌、百度等以搜索引擎为主要经营模式的数据公司而言，对数据利益的期待不仅是对数据技术方案的专利保护期待，还有基于超量数据获得的衍生数据价值期待。而且，在数字技术更迭和数据分析日渐成熟的时代趋势下，在搜索引擎作为专利技术为企业带来保护作用的基础上，企业更期待其衍生数据的长远价值。然而，对于企业利益而言，衍生数据的高价值性和商业秘密的保密属性形成天然的契合，企业可以通过商业秘密保护的方式将衍生数据"合法"地置于囊中而不被公众所获取。虽然这有利于企业利益的扩张，但也给某些企业造成可乘之机，导致企业可以先通过专利申请或者在交易合同中故意隐藏商业数据，而后利用商业秘密对隐藏数据进行保护，那么即使专利或合同到期，他人也无法接触这些信息，大数据企业便可轻松实现数据垄断而不被察觉。

（四）利用数据迁移阻碍创新应用

数据控制者在对其数据主体进行收集加工之后就为其赋予了财产价值，如果数据控制者将数据传输给其他数据控制者使用，可能会损害自身利益，甚至阻碍知识产权保护和创新方案产生。典型案例是 True fit，其是一项在线数字服务，主营业务是为在线服务零售商的顾客找到合适的服装，其运营流程是 True fit 先要求顾客向其分享身高、体重、尺码、喜欢的衣服品牌等个人数据，然后再由 True fit 分享给在线零售商，其业务核心和商业秘密正是用户提供的个人信息。但如果按照数据迁移权的要求，True fit 需要将顾客的数据无障碍地传输给其他服务平台或者零售商，这样 True fit 将失去主营业务和核心竞争力。

从"数据迁移权是数据访问权的延伸和发展"的角度看，欧盟发布的《通用数据保护条例》（GDPR）第 63 条提到的限制条款似乎可以适用于数据迁移权。也就是说当数据主体行使数据迁移权可能会影响数据控制者的商业秘密或知识产权时，数据迁移权将受到限制使用。但第 15 条的适用范围是"一般权利"，数据迁移权虽然可以视为访问权的延伸，但是否能将其归类为"一般权利"也是值得商榷的。GDPR 第 20 条也规定"数据迁移权的行使不得损害他人的权利和自由"，但是与第 63 条一样，该规定过于模糊和泛化，不但没有明确表明保护商业秘密和知识产权，也没有明确规定如若造成损害将采取何种救济措施。

八、数据的知识产权路径保护的建议

（一）权利保护路径的建议

1. 形成数据分类保护意识

应根据数据的属性、特点、内容、用途、敏感度等多重因素，科学划分数据的类别和保护级别。不同类型的数据需要限定在不同的保护模式之下才能寻求最大权益保护。例如，符合商业秘密三要素的保密型数据便可寻求商业秘密保护，但在狭义知识产权保护模式下却求诉无门，创新型数据在狭义知识产权保护模式下如鱼得水，但在竞争法保护模式下却未必游刃有余。任何一种类型的保护形式都无法涵盖所有数据类型的权益，更无法为所有数据类型提供一言以蔽之的保护。因此，将所有数据类型权益保护的重任统一托付给单一的竞争法模式或商业秘密保护模式的做法都是不可取的。应该形成分类保护意识，结合数据类型特征适用不同的数据保护方案。

2. 构建知识产权体系下的衍生数据权

从现有制度研究来看，衍生数据不仅是信息载体，其本身还是非常重要的信息内容，具有重要的交易或利用价值。但是在现有制度下，并不能为衍生数据在内容层面的权益提供周延保护。另外，数据生产者为数据生成所进行的实质性投资更是应该被鼓励，而衍生数据具有的高价值性、高预测性、高创造性特点使其需要得到更多的数据保护。但显然现有制度并不能够为此提供合理的权益保护，即使是利用反不正当竞争法的兜底条款，也只能约束权利人或与其具有竞争关系的主体，而对这两种主体之外的其他侵权人却无计可施。综合以上考虑，应该在知识产权体系下构建一种数据专有权，即衍生数据权。

（1）权利主体。

衍生数据是企业做出巨大的人力资源、技术支撑、资金投入等实质性投资，通过收集、聚合、筛选、清洗等复杂的加工处理过程才得到的劳动成果，因此权利主体是衍生数据的控制者或处理者，但仍需根据数据类型、数据处理等具体场景和知识产权制度体系的统一性进行判别，例如，须判断员工的加工行为是否属于职务行为，倘若某员工的非职务行为对企业处理衍生数据产生了实质性影响，那么也应该赋予企业员工一定的数据权利。另外，当数据控制者（获取、记录、存储等）和数据处理者（清洗、脱敏、计算等）都是企业时，需要特别关注二者主体身份认定。当二者为同一主体或虽然分离但存在出于意思自治的合同约定时，自然无可争议；但当二者分离且未达成合意时，则可以在考虑主体意愿、数据内容或数据的其他特征的基础上参照著作权法领域法人作品的权属分配逻辑，将衍生数据归属于数据控制者。

（2）权利客体。

虽然本文为衍生数据设定了数据权，但并不是所有的衍生数据都能够成为衍生数据权的客体。设置衍生数据权的主要目的是为传统知识产权制度无法涵盖的衍生数据权益类型提供法律保护。从前述分析可知，现有制度无法为不为公众所知且不具备独创性的公开型衍生数据和实质性内容投入的创新型衍生数据提供法益保护，因此将衍生数据权的客体确定为公开型衍生数据和创新型衍生数据。另外，单条或片段式的数据应该被排除在该权利之外。因为在数据中，单条数据或片段式数据因传递信息有限而难以符合知识产权客体的效益性要求。单条数据或数据片段因包含的经济价值具有低密度性和非直接性❶，难以满足数据控制者实现"用数据说话、用数据决策、用数据管理、用数据创新"的价值目标，因此不宜在知识产权体系下列为衍生数据权的客体。

（3）权利内容。

第一，占有权。占有权是知识产权权能中的基础性权利，是指权利主体对权利客体的绝对性或实质性控制。但对于数据而言，却需要根据数据类型进行分类讨论，如果是可识别型用户数据，由于用户部分授权的关系，数据控制企业只享有有限的占有权能；但如果是衍生数据，则可以具有完全的占有权能。第二，使用和收益权。通常是指对衍生数据进行加工、交易等数据用途，并获得由此产生的商业利益的权利。使用权能体现数据的生命价值，收益权能体现制度激励功能。数据的价值在于流动，在占有权基础上，权利主体便能够根据法律规定、市场规律、竞争秩序、消费需求、流通行情等因素将数据用于偏好分析、行情预测、风险监管、服务提升、个性推荐等领域，最终在数据交易与流通中实现数据增值，共享数据红利。第三，许可和处分权。具体指权利主体有权通过书面合同或许可协议的方式将衍生数据授权给他人使用，也可以根据自身需要随时对数据进行删除、修改等处分行为。基于许可权能，权利主体不仅能将自己的数据授权给他人使用，还能获取经他人授权的数据，促进数据流通，打破数据垄断，实现数据的开放共享；基于处分权能，权利主体既能够及时对数据进行修正和创新，又能节省数据收集、聚合、加工阶段的经济成本，提高数据的再利用效率，构建绿色数据生态。

另外需要补充的是，虽然原则上权利主体对所有类型的数据都具有占有、使用、收益、处分的权能，但在实践中仍需要根据具体的数据类型加以确定。例如，对于经用户授权的数据和经交易、合作获得的数据，要根据授权范围和合同内容决定具体的权利类型，还要基于企业的社会义务和个人、社会或其他经济主体对该数据的具体应用场景来限定数据的具体权利内容。另外，涉及个人的数据，应优先保护个人数据权利。例如，经用户授权而取得用户数据，企业对其享有的就是有限的数据权利，如果用户出于隐私保护目的要求进行删除或修改，企业应该满足用户的要求，保护用户的个人隐私权，立

❶ 吴伟光. 大数据技术下个人数据信息私权保护论批判 [J]. 政治与法律，2016（7）：118.

即采取删除或修改措施。

3. 严格适用竞争法一般条款

考虑技术进步可能会导致新的数据权益出现，因此，对于既不符合传统知识产权保护条件又不符合衍生数据权保护条件的相关数据，如果其确实具有实质性商业价值，且对其提供保护能够维护市场竞争和公平正义的情况下，仍应利用竞争法提供兜底保护，但考虑到法律位阶因素，对竞争法一般条款的适用应当采取严格适用态度，防止过度裁量。

将数据的保护模式确定为"传统知识产权保护—衍生数据权—竞争法兜底"的综合性模式，对满足知识产权构成要件的数据总体上仍适用传统知识产权制度保护，对公开型衍生数据和创新型衍生数据赋予衍生数据权，对于其确有保护必要的数据仍可提供兜底保护。

这样的制度设计具有以下优点：第一，能够在明确权利边界和规制边界的基础上延续和发展传统保护制度，保持法律制度的相对稳定性；第二，创设新型权利，包容新法益，能够应对当下及未来的数据保护需求，符合法律制度的适应性；第三，保留兜底制度，让竞争法一般条款回归制度本性，遏制无止境地扩大解释和司法成本的同时还能为数据权益提供最基本的兜底保护，体现法律制度的谦抑性和周全性。

4. 遵循市场规律

除延续传统知识产权下合理使用、强制许可、法定许可、反向工程等限制性条款和其他公共领域保留条款外，还需要考察数据特点、市场规律、行业习惯、商业模式等例外场景，尊重市场规律和行业习惯。在新兴的数据产业中，在完成法益的初始归属配置后，如果行业自律模式能够解决数据利用产生的纠纷时，法律模式就不应当介入，而是应该遵循市场规律和行业习惯，允许"自愿交易"。对于非法爬取等数据侵权行为同样需要参考行业共识和行业惯例来分配举证责任和确定侵权类型。

尽管借鉴行业习惯的做法也可能存在行业包庇、行业潜规则等不正当性行为，但对于加快制度新设和明确制度边界来讲仍然是非常实用的方法。包容有创新性的转化性使用，虽然数据的转换性使用过程中存在数据抓取等不正当行为，但如果该使用方式带来的创新增加既有利于增进社会公共福祉，又能够兼顾自由竞争与市场效率的目标，虽然影响经营者的部分利益，但并不能对其产生根本性影响，同时整体上有利于促进消费者福利，此时应当对其持包容态度，允许商业模式间"相生相克"式的共存。

（二）数据行为规制的建议

1. 明确数据利用规则

第一，明确数据获取规则。数据获取需要取得数据控制企业的同意，但总体上采取宽松原则，不需要坚持必要标准；数据控制企业可以采取技术保护措施，但必须满足合理、正当、无歧视原则，合理理由只限于：为了维护自身系统安全或正常运营、为了保护内部信息或用户敏感信息、为了公共利益需要。

第二，明确数据利用规则。数据利用总体上也采取宽松原则，积极鼓励第三方的数据利用行为；数据利用原则上需取得数据控制企业的同意，但涉及公共利益需要的情况除外；对不可识别型数据的利用，以"是否规模化利用、商业模式是否相同、商业目的是否相同"为标准判断利用行为是否正当；在授权情况下"非大规模利用""相同模式+不同目的+规模化利用""不同模式+相同目的+规模化利用"属于正当的利用行为；但无论是否授权，"相同模式+相同目的+规模化使用"的行为都是不正当的利用行为，都应该被禁止。

第三，在具体利用中，应根据可识别型数据是否已经公开来判定数据利用前是否需要经过用户同意。个人信息未公开的，需要经过用户同意；个人信息已公开的，不需要经过用户同意。对需要个人同意的可识别型用户数据，在数据获取时要坚持"用户授权+企业授权+用户授权"的"三重授权原则，对不需要个人同意的可识别型用户数据，在获取时要坚持"同等保护+企业授权"原则；在数据利用时，要坚持"非同质化竞争"原则，防止不正当竞争。

2. 规范数据交易秩序

第一，规范交易行为。虽然总体上鼓励交易，但禁止低劣的模仿性、同质性竞争行为；对故意限制同行竞争，恶意串通损害第三方利益或利用自身掌握的数据优势，非法获悉相关企业的经营状况或生产方式等重要商业信息的行为进行严厉打击；对故意以技术手段或法律漏洞设置访问障碍，阻止或者控制相关企业合法使用数据，故意限制数据竞争的行为采取适当的罚款和警告。

第二，强化数据合规安全。数据企业要保证用户的信息安全，防止逆向识别；涉及用户数据的数据交易还应尽到合理注意义务，做到"事前通知"和"事后删除"，尊重相关主体的个人隐私权和自主决定权，提供"不针对个人特征"或"拒绝使用"的选项，当第三方要求原数据控制企业删除相关信息时，原数据控制企业应当及时配合予以删除。

第三，允许适当的访问规制。一般情况下，企业应该以易于访问数据的方式提供数据服务。在满足合理使用的前提下，允许企业设置访问数据的黑名单和白名单。当存在数据滥用行为时，出于公共利益、个人利益的保护需要，允许根据比例原则，设置临时访问规制，例如设置日访问量、日访问次数等。

第四，遵守其他法律法规。合同双方应必须遵守合同法、个人隐私保护法、网络安全法、信息安全法等与数据保护相关的法律规定。

3. 完善数据迁移制度

第一，厘清法律关系，明确权利主体、权利客体和权利内容，确定权利边界。权利主体在特定情况下可以扩张到企业，当数据垄断者滥用市场支配地位规制竞争而数据又是初创企业或者中小企业参与竞争的关键要素时，可以将赋予初创企业或中小企业有限的数据迁移权，但应规制于企业原生数据，不包括企业衍生数据；对数据进行分类，对"个人提供的数据"采取狭义解释，将观测数据和推测数据排除在数据迁移权之外，使个人数据权利和企业利益回归平衡；明确数据主体的"通知迁移"等的相对合理义务，当需要将数据迁移给第三方企业时，需通知数据控制者，当授权第三方直接从数据控制者处获取数据时，也应当通知数据控制者。

第二，提供适当的成本补偿。数据控制者承担迁移任务，可以在合理范围内收取适当的技术服务或文本费用。为减轻中小微企业的经济负担，在提供适当补偿时，要综合考虑中小微企业为数据本身进行的投资及其为了提高数据可用性或数据传输共享而进行的技术、资金、劳动等方面的投资。

第三，解决技术障碍。建立统一的数据格式标准，加强企业和行业协会的合作。考虑兼容性技术在短时间内可能无法实现，目前可先解决互操作性难题，但区别于欧盟交给企业自由裁量的做法，建议由行业主管部门或行业协会来判断技术上是否可行。鼓励企业加大数据迁移基础性研究的投入，加强企业数据技能培养，增强中小微企业和初创企业的数据创新能力。

第四，重视多部门立法衔接。结合本土的制度基础，注重数据迁移权与相关数据立法的衔接。综观《民法典》和与数据迁移权和企业利益相关的个人信息保护法、消费者权益保护法、反不正当竞争法、知识产权法、网络安全法等数据保护立法，权衡应对经济社会、技术创新、国际格局发展带来的变革需求，审慎建构企业数据法律保护体系。

4. 加强数据活动监管

第一，统一数据标准，联合行业组织和数据专家，制定统一的数据传统格式和互操作性标准，采取能够促进数据流通的数据结构、访问接口，规范规制访问的具体情形，对故意利用技术措施影响数据利用或数据共享的行为严厉处罚；

第二，加强定价规范，加强数据定价监管，推动数据定价标准化，参考数据的付出成本、交易难度、应用场景、竞争环境、数据质量等因素，形成统一有效的数据价值评估体系；

第三，加强合同规范，根据数据类别、内容特征、敏感程度、社会效应、舆论属性等因素，对数据合同进行分类分级管理，针对大小企业签订的不公平条款进行"不公平测试"，适当干预交易双方的合同自由；针对中小微企业和初创企业，可以通过制定或推荐示范性合同条款，为企业提供合同指导，帮助中小微企业签订更加平等、公平的数据合同。

第四，加强内容审查，构建数据登记制度，提升行业透明度，形成向上向善的数据价值导向。设置数据监管部门，加强风险防范和隐患排查，对应用场景中可能产生的潜在影响进行评估和记录，对敏感指数高、针对性强的可识别型数据重新进行去标识化处理，建立数据安全责任制度，保证数据收集的透明度和数据结果的公平、公正；行业协会可根据行业分类和业务特点制定具体监管方案。

专题二：
知识产权保护与国家安全

编者按

习近平总书记在中共中央政治局就加强我国知识产权保护工作举行第二十五次集体学习时强调，知识产权保护工作关系国家治理体系和治理能力现代化，关系高质量发展，关系人民生活幸福，关系国家对外开放大局，关系国家安全。当今世界正经历百年未有之大变局，随着全球政治经济环境变化，有的国家大搞单边主义、保护主义，利用科技优势、知识产权优势等破坏国际循环，加剧逆全球化趋势，威胁他国安全。知识产权优势是当今经济全球化条件下国际竞争中日益重要的优势，知识产权作为一种科技成果产权的分配制度，对一国的科技安全、经济安全及其他许多领域的安全和利益问题都产生日益重要的影响。本专题中，专家学者结合当前国内外形势，深入分析知识产权与国家安全的关系，研究强化知识产权安全治理的对策等角度，分别从总体国家安全观下的知识产权风险治理、知识产权与国家安全的关系和对策等主题进行探讨。

总体国家安全观下的知识产权安全风险治理研究*

引言

  21 世纪以来,世界主要战略力量格局发生显著变化,多极化政治格局深入发展,非传统安全因素逐步涌现,逆全球化、贸易保护主义抬头,大国战略博弈日益加剧。西方势力对我国经济、科技发展进行了强力遏制与打压,美国拜登政府也延续了上届政府的强硬对华政策。自 2017 年 3 月,美国商务部以违反美国技术出口管制法律为由制裁中兴通讯以来,我国高科技产业接连遭受打击;2018 年 10 月美国司法部指控福建晋华窃取知识产权并开出禁令,迫使福建晋华陷入停摆;2019 年 6 月,拜登政府利用限制技术出口政策对华为在全球范围内实施技术打压;2021 年 1 月,立信精密被美国国际贸易委员会发起 337 调查,市值急跌数百亿元;2021 年 6 月,美国“战略竞争法案”成功提交参议院审议,这标志着美国两党对华政策合流,意图在政治、经济、科技、军事、意识形态等多个领域与中国开展长期全面战略竞争。

  上述非传统安全因素逐步涌现、相互交织、相互影响,并在总体国家安全体系中占据核心地位,已对中国国家安全治理提出重大挑战。其中,作为非传统安全的知识产权问题更是受到空前关注。对此,习近平总书记在 2020 年 11 月 30 日中共中央政治局第二十五次集体学习中强调:“要维护知识产权

  * 本文是 2021 年中国知识产权研究会自主立项课题成果,作者是朱雪忠、谢小勇、马宁、代志在、胡成、蒋启蒙、刘睿、徐晨倩。

领域国家安全，知识产权对外转让要坚持总体国家安全观，要加强事关国家安全的关键核心技术的自主研发和保护，依法管理涉及国家安全的知识产权对外转让行为……"❶

知识产权关系国家安全。面对当前复杂的国际形势和以美国为首的西方国家的知识产权威胁，我国亟须建立知识产权安全风险治理体系，从根本上保障国家经济安全、科技安全、国防安全。然而，既有研究着眼于具体风险，缺少对知识产权与国家安全融合历史逻辑的梳理，也未能基于总体国家安全观对知识产权安全风险治理理论进行阐释，难以回应日益复杂的知识产权安全形势。维护知识产权安全要在总体国家安全观的指导下回答治理什么、谁来治理、如何治理三个问题。对此，本文以知识产权与国家安全关系演进史为镜鉴，从本体论层面总结知识产权安全的内涵，指出知识产权安全的特征，明确知识产权安全在国家安全体系中的定位，回答知识产权安全治理对象、治理主体与治理路径的问题，并在此基础上构建以总体国家安全观为指导思想的知识产权安全风险治理体系。

一、知识产权与国家安全利益融合的历史演进

知识产权领域的国家安全问题是一部贯穿西东的近现代史。知识产权与国家安全利益的互动可以分为三个阶段。首先，为了维护战时军事安全，专利保密制度与限制出口政策成为维护国家安全的重要手段。其次，为了维护本国经济利益和资本安全，国家安全内涵从传统军事安全发展为经济安全等非传统安全，扩展了知识产权与国家安全的融合广度。最后，新一轮科技革命与产业变革加剧大国间科技竞争，知识产权逐渐与科技安全相结合。明晰知识产权安全的历史演进历程有助于更加深入地理解当代总体国家安全观下知识产权安全的概念、内涵及其外延，厘清知识产权与传统军事安全、经济安全或科技安全的深入联系，为识别知识产权安全风险、建立知识产权安全

---

❶ 习近平. 全面加强知识产权保护工作 激发创新活力 推动构建新发展格局 [J]. 求是, 2021 (3): 8.

风险治理体系提供基础性支撑。

（一）源起：战争阴影下的知识产权与军事冲突（1859—1979 年）

以公开换保护是专利制度正常运行的基本前提，但当国家面临战时紧急状态时，披露涉及军事武器相关的专利信息将会对国家安全造成威胁。因此，专利信息披露行为被建构为一种国家安全威胁，战时各国政府通过建立专利保密制度这一特殊规则防止军事信息泄露。

1. 专利保密政策的建立

专利法秉承的"公开换保护"基本原则与现代军事战争中国家机密信息保密需求的冲突，推动了专利保密制度的建立与完善。1859 年，英国将阻止战时军事利益相关发明信息披露的行为纳入《战争弹药法案》（*War Ammunition Act*）之中。随后，该政策在两次世界大战期间被主要国家采用。第一次世界大战时，1917 年美国通过《对敌贸易法案》（*Trade with Enemy Act*）建立了专利保密制度以防止军事情报泄露。第一次世界大战后，苏俄政权在 1919 年战时共产主义时期将涉及国家利益的专利收归国有，并于 1924 年苏联政府成立之后建立专利保密制度。第二次世界大战时期，原子能技术的问世促使各国采取更严格的专利保密管理方式。第二次世界大战结束后，为应对苏联军事威胁和朝鲜战争，美国将专利保密制度的适用范围延长至国家紧急状态与和平时期，该制度逐渐演化为现代知识产权制度中的国防专利制度。

2. 敌国知识产权的保管与没收

知识产权私权性质与战时国家维持军事利益需求的冲突促使美国制定知识产权保管政策。第一次世界大战期间，德国凭借有机合成化学领域的技术优势对美国实施产品出口管制，致使美国化工产业面临断供危机。对此，美国以德国企业在美有机化工产业的专利布局威胁军事利益为由❶，在 1917 年《对敌贸易法案》中制定了外国知识产权保管规则，该规则要求美国政府暂时保管敌国实体的知识产权并限制其权利行使。保管期间，保管机构可向美国

---

❶ Alien Property Custodian. A Detailed Report by the Alien Property Custodian of All Proceedings Had by Him under the Trading with the Enemy Act during the Calendar Year 1918 and to the Close of Business on February 15, 1919 [Z]. Washington, D. C.: U. S. Government Printing Office, 1919: 14.

企业强制许可与军事相关专利，待战后再将专利权返还于权利人并向权利人支付专利费。随着战事升级，美国修改了此规则并授予保管机构直接没收与出售敌国知识产权的权力。至此，美国没收了德国及其同盟国在美约 1.2 万件专利并出售给美国化学基金会等组织。❶

3. 国际出口管制政策的兴起

冷战初期，为防止战略军事物资与技术进入苏联、中国等地，以美国为代表的西方阵营把限制与军事相关的知识产权国际转移行为纳入国家安全议程。一方面，1949 年美国在国内颁布《出口管制法》(*Export Control Act*)，对军事物资与技术实施禁运；另一方面，在国际上成立出口控制统筹委员会并制定国际联合禁运政策防止原子能技术、军事武器等向东方阵营转移。冷战进入缓和期后，军民两用技术的兴起使美国将出口管制政策的重心从纯粹的军事武器禁运扩张为限制两用技术转让。对此，美国政府构建了军事武器管制与军民两用物品管制相结合的出口管制体系，并在 1979 年《出口管制法》中将限制军事相关的高技术转让确立为一项基本国策。

(二) 发展：全球化背景下的知识产权与经济利益 (1979—2012 年)

1. 知识产权争端与市场准入

在冷战阶段 (1979—1991 年)，中美建交推动中国建立符合本土经济发展水平且与国际标准保持一定差距的现代知识产权制度，旨在防范过高的国际知识产权保护标准威胁国内经济发展。然而，此举在冷战结束后被美国视为经济安全威胁。具体言之，随着国际政治格局重塑，美国再次将中国塑造为潜在竞争对手，中美关系转冷并呈竞争与合作状态。美国统计数据指出，中美贸易逆差从 1990 年的 100 亿美元快速提高至 1996 年的近 400 亿美元❷，这一巨大贸易失衡现象被美国视为经济安全威胁并将部分原因归结于中国侵

❶ Alien Property Custodian. A Detailed Report by the Alien Property Custodian of All Proceedings Had by Him under the Trading with the Enemy Act during the Calendar Year 1918 and to the Close of Business on February 15, 1919 [Z]. Washington, D. C.: U. S. Government Printing Office, 1919: 7; SARGEANT H H, CREAMER H L. Enemy Patents [J]. Law & Contemporary Problems, 1945 (11): 93.

❷ Xu X P. Rethinking the China-US Balance of Trade: 1990-2005 [J]. iBusiness, 2012 (4): 44.

犯美国知识产权。❶ 由此，美国以中国知识产权保护不力为由，分别于 1991 年、1994 年、1996 年三次发起特别"301 调查"以促使中国提高知识产权保护水平。另外，在后 TRIPs 时代，美国、欧盟等发达国家或地区不满足于当下国际知识产权保护标准，通过自由贸易协定、投资条约等方式在南北合作中对发展中国家施加更高的 TRIPs-Plus 义务。

2. 知识产权壁垒与经济渗透

发展中国家经济发展水平难以适应知识产权国际保护高标准而导致知识产权壁垒与经济渗透问题。为融入全球化进程，发展中国家将国内知识产权保护标准提升至 TRIPs 国际水平以获得加入 WTO 资格。然而由于发展中国家多处于全球制造业产业链中低端环节，过高的知识产权保护标准难以与本土经济发展相适应，相反，发展中国家的高知识产权保护标准更有利于发达国家与跨国公司的市场竞争。

第一，在国际市场，发达国家常通过设置知识产权贸易壁垒限制发展中国家企业的海外市场准入资格。以中国打火机行业为例，2000 年前后，中国打火机企业因利用低成本竞争策略快速占领欧美市场而被发达国家视为经济威胁，美国制定了《儿童安全法案》（*Child Safety Act*），强制要求进口低价打火机加装儿童安全锁。由于当时安全锁专利主要由发达国家控制，"加锁"行为直接导致中国打火机企业失去竞争优势而被迫放弃欧美市场。❷

类似地，美国为贯彻"美国优先"的贸易保护主义思想与防止中国崛起对其造成经济威胁，长期对中国企业实施知识产权"337 调查"以禁止中国产品进入美国市场。❸ 作为一项兼具知识产权保护和贸易保护功能的准司法程序，美国"337 调查"是美国最具威力、也最关键的知识产权执法工具之一。这类调查由美国国际贸易委员会（U. S. International Trade Commission，ITC）依据《美国 1930 年关税法》（*Tarff Act* 1930）第 337 节对"进口贸易中不公平的贸易行为"发起，通常针对专利侵权行为展开。该法条的核心在于

---

❶ 潘亚玲. 安全化与冷战后美国对华战略演变 [M]. 上海：复旦大学出版社，2016：221.

❷ 周勤，田珊珊. 技术性贸易壁垒、质量管制和产业成长——基于欧盟 CR 法案对温州打火机行业影响的案例分析 [J]. 产业经济研究，2010 (3)：1-9.

❸ 朱雪忠，徐晨倩. 大国竞争下的美国涉华 337 调查与中国应对之策 [J]. 科学学研究，2021，39 (5)：805-813.

利用知识产权边境保护机制来规制美国进口贸易中的侵权行为，从而达到保护美国国内企业和产业的目的。由于"337调查"审理周期短、适用标准低以及惩罚措施严，越来越多的专利权人选择用"337调查"来压制中国企业。自2002年以来，中国连续18年成为被发起"337调查"全球数量最多的国家。而从历史经验来看，"337调查"的频率往往在美国遭遇危机后有明显上升。考虑到美国经济现状，加之中美贸易逆差持续存在的现状，涉华"337调查"数量未来可能仍会居于全球首位。此外，从"337调查"的涉案产业来看，近年来大部分"337调查"案件涉及高新技术产业的专利争议。事实上，在美国优先的理念下，"337调查"的本质即维持美国产业的优势地位。由于我国科技行业的迅猛发展给美国造成了巨大压力，《中国制造2025》中的战略性新兴产业更容易成为美国针对的对象，这对我国科技产业知识产权安全和经济安全提出了挑战。更为严重的是，"337调查"的救济措施之一——普遍排除令，可以将涉案产业的所有相关产品排除在美国市场之外。这种对价值链的生硬切割，势必会影响我国产业链结构，进而影响我国的国家安全。

第二，在国内市场，发达国家跨国企业利用知识产权布局、专利联营、外资并购等方式排除或限制竞争，本土企业沦为跨国公司代工地。一方面，加入WTO后跨国企业加强在华关键产业专利布局以控制中国核心技术市场。以电子核心产业为例，2001—2008年，跨国企业在中国进行大量专利布局，产业对外技术依赖度高达43%❶，产业安全处于风险状态，本土企业因核心技术无法自主可控而长期受制于人。另一方面，跨国企业利用专利联营策略垄断DVD行业等技术发展并排除市场竞争，向本土企业收取高额专利许可费以遏制中国产业向价值链高端攀升。此外，跨国公司还长期通过海外并购打击中国自主品牌，在取得本土企业控制权后借助本土企业平台推出新品牌以快

---

❶ 产业技术对外依存度≈外国申请人在华发明授权数/中国发明专利授权总数。具体检索过程如下：使用IncoPat数据库，申请日选择2001—2008年，地域范围选择中国发明专利授权，技术领域选择电子核心产业（IPC分类号来源于《战略性新兴产业分类与国际专利分类参照关系表（2021）》）。检索结果发现，中国共436 867件发明授权，其中申请人为外国人的发明占43.01%，具体包括：日本（99 822件，22.85%），美国（30 006件，6.87%）、韩国（26 046件，5.96%）、德国（10 225件，2.34%）等。参见：徐辉鸿.产业安全中的知识产权风险要素分析［J］.南京工业大学学报（社会科学版），2013，12（1）：16-20.

速占领中国市场，限制被并购企业商标使用，导致中国自主品牌流失，国内诸多行业在境外资本控制下沦为代工地。

3. 知识产权盗窃与网络间谍

金融危机与互联网浪潮的双重冲击促使美国将发生在中国的知识产权侵权纳入经济安全议程。其一，金融危机爆发导致美国经济衰退与失业率激增，美国将该现象归咎于中国的知识产权侵权并通过贸易制裁应对。其二，美国网络安全问题推动了商业秘密纠纷安全化。为加强网络安全的监管与控制，美国以保护信息资产为名义，将来自于中国的商业秘密侵权行为纳入国家安全范畴。❶ 在此过程中，美国在政府文件或报告中模糊商业秘密概念，把国家军事机密、政府机密等信息纳入商业秘密范畴，使用"工业间谍"或"经济间谍"等词语予以夸张描述。❷ 美国于 2012 年颁布《商业秘密盗窃澄清法》（*Trade Secret Theft Clarification Law*）《外国经济间谍惩罚加重法》（*Foreign Economic Espionage Panishment Aggravation Law*）。

（三）融合：大国竞争背景下的知识产权与国家安全利益（2012 年至今）

1. 强制技术转让与歧视许可

2012—2018 年，美国连续在"特别 301 报告"❸ 中将所谓"以技术转让作为市场准入条件"和"优先使用本国知识产权"两类政策视为扭曲贸易的行为❹，妄称中国存在强制技术转让与歧视性许可行为，主张上述行为抑制了美国技术出口、提高美国失业率与扩大中美贸易逆差。美国将中国允许外资以技术出资方式设立合资企业的政策称为强制技术转让与歧视许可行为，其根本目的在于，美方认为中国的市场准入政策将威胁美国在全球市场的创新

---

❶ The White House. The National Security Strategy ［Z］. Washington, D. C. : U. S. Government Printing Office, 2017：256.

❷ HALBERT D, Intellectual Property Theft and National Security: Agendas and Assumptions ［J］. Information Society, 2016（4）：258.

❸ "特别 301 报告"指美国贸易代表办公室根据 1974 年贸易法第 182 节的第 301 条款的规定，发布的关于世界各国的知识产权保护的年度报告。

❹ USTR, 2012 Special 301 Report ［R］. Washington, D. C. : U. S. Government Printing Office, 2012：17–18.

与竞争优势，即一方面认为中国政府将不公平地获得美国企业先进技术并剥夺其来自技术投资的经济回报，进而影响美国企业对后续创新的激励效应与削弱美国企业的全球科技实力，另一方面还将限制美国企业利用知识产权在中国市场自由竞争的机会，导致其失去在全球市场的经济竞争优势。❶ 对此，美国将中国政府与创新相关的市场准入政策安全化为知识产权威胁，并拟通过关税制裁与 WTO 争端解决机制应对。

2. 跨国技术投资与并购限制

2015 年开始美国宣称中国政府利用创新政策指导国有企业规模化投资或并购美国关键企业以获取核心知识产权。美国将上述行为视为由政府驱动的战略性技术投资行为并使用"不合理的""不公平的""非互惠的"等话语将中国塑造为不公平贸易国，主张此类行为威胁美国关键技术产业发展，削弱了美国企业创新能力并损害全球公共福利。❷ 该安全化行为的目的与前文类似，均旨在防止中国企业获得美国核心技术并威胁美国在全球中的科技领导地位。对此，2018 年美国颁布了《外国投资风险现代化法案》（*Foreign Investment Risk Modernization Act*），其旨在加强对美国新兴技术与基础技术的国家安全审查以防止外国企业通过跨国技术并购获得美国技术。❸

3. 限制技术出口与实体清单

为全面阻止涉及国家安全的新兴技术与基础技术的对华国际转移行为，美国在原《1979 年出口管制法》（*Export Control Act* 1979）基础上颁布了《2018 年出口管制改革法》（*Export Control Act* 2018）。相比旧法以维护国家军事安全为目标，新法将技术出口管制范围从传统军事技术或军民两用技术转向商用技术，旨在维持美国在科学、技术、工程和制造业领域的领导地位。此外，美

---

❶ USTR, Findings of the Investigation into China's Acts, Politics, and Practices Related to Technology Transfer, Intellectual Property, and Innovation under Section 301 of the Trade Act of 1976 [EB/OL]. [2018-03-15]. (2021-12-01). https：//ustr. gov/sites/default/files/Section%20301%20FINAL. PDF.

❷ USTR, Findings of the Investigation into China's Acts, Politics, and Practices Related to Technology Transfer, Intellectual Property, and Innovation under Section 301 of the Trade Act of 1976 [EB/OL]. [2018-03-15]. (2021-12-01), https：//ustr. gov/sites/default/files/Section%20301%20FINAL. PDF.

❸ KWAN C H. The China-US trade war：Deep-rooted causes, shifting focus and uncertain prospects [J]. Asian Economic Policy Review, 2020 (1)：64.

国进一步利用实体清单制度对中国重要科技企业施行技术封锁。2018 年后，美国先后对数百家中国关键科技企业纳入实体管制清单以期将中国企业排除在美国市场上参与竞争。

此外，除了封锁中国获取关键技术渠道外，美国还呼吁制定新兴技术领域的知识产权政策以维持全球科技竞争优势。美国认为，新兴技术领域领先的国家将在军事和经济方面建立巨大的国家安全优势。❶ 然而，美国传统知识产权政策未能充分激励与保护人工智能等新兴技术的投资，现行美国专利法在可专利性等问题上难以适用于部分新兴技术，而被视为竞争对手的中国已制定了有效的知识产权政策促进新兴技术产业发展。这使得美国将无法适应新时代发展的知识产权政策优化问题将威胁国家科技安全的制度风险，必须将知识产权保护纳入国家安全议程。

二、总体国家安全观下知识产权安全风险的内涵、特征与定位

探析知识产权与国家安全利益融合的历史进程，为我们在总体国家安全观下认识知识产权安全风险提供了有益视角。进一步理解知识产权安全风险的内涵、特征与定位是我国知识产权学界必须回应的时代命题。具体言之，首先，探究知识产权安全风险的内涵是防止知识产权问题过度安全化的基础，泛化的安全话语不仅冲击现有的学术概念体系，同时还可能限制正常的知识产权市场活动，从而导致营商环境受到破坏；其次，明确知识产权安全的特征对于提高知识产权安全认识，选择知识产权安全治理路径具有指引作用；最后，分析知识产权安全在国家安全体系中的定位有助于把握知识产权安全风险在国家安全体系的传导机制，理解知识产权安全在总体国家安全体系中的关键地位。

（一）总体国家安全观与知识产权安全风险

习近平总书记在 2020 年 11 月 30 日中共中央政治局第二十五次集体学习

---

❶ IANCU A, KAPPOS D J. Intellectual Property Is Critical to National Security ［EB/OL］. （2021−7−12）［2021−12−3］. https：//www.csis. org/analysis/us-intellectual-property-critical-national-security.

中强调："要维护知识产权领域国家安全"。尽管有关知识产权安全风险治理的实践已经展开，但相关研究还比较缺乏，理论深度较为薄弱，难以支撑相关实践工作的开展。

当前，国家安全的相关研究都围绕总体国家安全观展开。总体国家安全观由习近平总书记在中央国家安全委员会第一次会议上首次提出，是新时代党中央对我国面临的各种安全挑战的系统回应。总体国家安全观对于完善国家安全体制机制，加强国家安全能力建设，推进国家安全治理体系与治理能力现代化，具有十分重要的意义。学术界以总体国家安全观为指导对生物安全、数据安全以及意识形态安全等各类安全要素开展了研究。

总体国家安全观的理论先进性首先体现在其"既重视外部安全，又重视内部安全""既重视国土安全，又重视国民安全""既重视传统安全，又重视非传统安全"。这一总体性特征不仅蕴含了马克思主义哲学的唯物辩证法与当代系统科学的系统思维，还彰显了中国传统文化仁爱善良和以民为本的价值取向。❶ 其次，总体国家安全观辩证地认识了安全与发展的关系，强调"发展是安全的基础，安全是发展的条件"，从而放弃追求绝对安全，保障相对安全。最后，总体国家安全观倡导"共同、综合、合作、可持续的"区域安全理念，从"人类命运共同体"的高度，开辟出一条基于合作与信任的现代安全新理念。❷

总体国家安全观为构建知识产权安全风险治理提供了理论依据，但目前以总体国家安全观为指导的知识产权安全研究还比较缺乏。现有研究主要从"风险管理"的视角，探讨知识产权与国家安全的关系。在风险识别方面，一些识别出的风险受限于当时的历史环境，已不符合我国现状。例如，有学者在 2004 年指出，我国专利拥有数量、类型及所属技术领域全方位落后于国外申请人，因而危及我国经济安全。这一判断显然已不符合目前情况。❸ 在风险评估方面，知识产权信息分析与评议构成了评估的基础。例如，丁明磊等认

❶ 刘跃进. 总体国家安全观：民心基础与理论溯源 [J]. 人民论坛，2014（16）：24-27.

❷ 王亚军. 亚洲安全观的科学内涵与重要价值——基于系统论和区域公共产品视角 [J]. 管理世界，2016（12）：1-5.

❸ 余翔，武兰芬，姜军. 国家经济安全与知识产权危机预警和管理机制的构建 [J]. 科学学与科学技术管理，2004（3）：65-70.

为应当将知识产权安全评议工作作为重大科技项目管理中一项嵌入式支撑性工作；❶ 何炼红指出应当围绕产业创新链进行知识产权安全预警分析，在专利信息分析基础上开展知识产权风险评估。❷ 在风险防控方面，吴潇菲提出了拥有和保护核心技术、规避海外知识产权风险、严格管理涉及国家安全的知识产权对外转让等措施。❸

从构建知识产权安全风险治理体系的角度看，现有研究着眼于特定知识产权安全风险的防范，未能从治理的高度系统回应知识产权安全风险治理应当"治理什么""谁来治理""如何治理"三个基本问题。本文认为，回答这三个问题需要从本体论层面加深对"知识产权安全风险"的认识。只有明确知识产权安全风险的内涵、特征及定位，才能有效构建知识产权安全风险治理体系。从知识产权安全风险的内涵来看，不同安全风险在产生时点、产生原因及应对方式上差异较大，缺少类型化的理论体系使治理对象难以系统化。从知识产权安全风险的特征来看，准确把握其特征是提升安全治理绩效的前提。从知识产权安全风险的定位来看，只有明确知识产权安全风险与国家其他安全风险的关系，才能使知识产权安全风险治理工作体系融入总体国家安全治理体系，从而产生协同效应。

（二）知识产权安全风险的内涵

知识产权安全是近期涌现的一种非传统安全要素。早期的研究者将知识产权视为影响经济安全的一个要素，而非独立的国家安全子领域。习近平总书记在 2020 年 11 月 30 日中央政治局第二十五次集体学习时指出：要"维护知识产权领域国家安全"，"知识产权对外转让要坚持总体国家安全观"，第一次从顶层设计的层面将知识产权与国家安全、总体国家安全观联系在一起。❹对知识产权安全风险内涵的探究，回答的是"治理什么"这一基础问题，其

---

❶ 丁明磊，陈宝明. 完善知识产权安全分析机制研究 [J]. 科技中国，2019 (2)：39-40.

❷ 何炼红. 加快科技创新须强化知识产权安全审查 [N]. 湖南日报，2020-06-18 (5).

❸ 吴潇菲. 中美贸易摩擦背景下涉及国家安全的知识产权面临的风险及对策建议 [J]. 发展研究，2020，411 (11)：87-92.

❹ 习近平. 全面加强知识产权保护工作 激发创新活力推动构建新发展格局 [J]. 求是，2021 (3)：8.

结论将引领新的安全政策与资源分配，对我国知识产权安全风险治理有着深远影响。

知识产权安全风险的产生，源于知识经济时代国家间竞争范式由传统军事竞争向经济、科技竞争的转变。此种转变源于两个方面的变化：一是各国学会了如何实现经济的迅速增长，二是包括核技术在内的军事科技也远比从前更有破坏性。在这种情况下，无论是中国崛起，还是美国维持其霸主地位，其实现的根本路径是经济竞争，这是当代国家间竞争范式的根本性转变。传统观念中知识产权是一种私权，而私权通常与国家安全无关。国家间竞争范式的转变，增强了私营部门在国家安全领域的作用和地位。新范式下，国与国之间的竞争逐渐演化为顶尖企业之间、关键产业之间的竞争。在此背景下，知识产权作为获取竞争优势的重要途径，成为国际竞争中的关键因素，对一国的科技安全、经济安全以及其他许多领域的安全和利益问题都产生日益重要的影响。

以知识产权为工具的竞争涉及整个知识产权发展链条，包括知识产权的创造、运用与保护三个环节。在上述环节中，不仅外部因素可能带来安全威胁，例如，美国对华的知识产权安全化战略。内部因素如知识产权对外转让审查制度、反垄断执法机制不完善等也可能造成安全风险。

因此，知识产权安全风险是指全球经济竞争背景下我国知识产权的创造、运用和保护各环节的存在与发展所面临的内外威胁，也包括外部势力利用知识产权"武器"造成的其他国家安全风险。首先，对知识产权安全风险的理解应当在全球大国竞争的范式下进行。其次，我国知识产权事业的存在与发展所面临的威胁可能是外部势力利用知识产权作为竞争"武器"给我国造成的，也包括通过其他手段给我国知识产权事业发展所造成的安全风险。最后，外部势力利用知识产权造成的国家安全风险可能并不局限于知识产权领域，在这种情形下知识产权安全风险会与国家其他安全风险要素重叠。

采用这种界定带来的重叠是必要且科学的。它的必要性首先在于国家安全风险本来就具有高度复杂性，此种复杂性往往表现为风险类型的多重属性，知识产权的专业属性让此类风险在应对起来更加困难。进一步来说，知识产权作为这类风险发生的根本原因，往往也是解决、防范此类风险的主要方法。将这类风险涵盖在知识产权安全风险之下有助于其科学应对。

从知识产权发展的各个环节来看，知识产权安全风险的内涵包括三方面的内容：①知识产权创造环节的安全风险；②知识产权运用环节的安全风险；③知识产权保护环节的安全风险。从知识产权安全威胁因素来看，每一环节的安全既包括外部因素也包括内部因素。内部因素与外部因素之间并非孤立的，而是相互联系的。从风险产生的角度来看，单一的内部管理制度不完善或外部恶意行为都是安全风险发生的原因，在特定情况下，两者共同作用甚至可能产生更大的安全风险。从风险的具体形式来看，知识产权安全风险具有多个层次的表现形式。从制度层面来看，知识产权对外转让制度不完善、加入不公平的知识产权国际条约等都可能造成制度层面的知识产权安全风险。从权利层面来看，外国在关键核心技术领域的专利封锁、专利绑架、在技术标准制定过程中排斥中国专利等都可能造成权利层面的知识产权安全风险。从技术（客体）层面来看，关键核心技术的"缺失"，外国政府实施的关键核心技术禁运等政策可能造成技术层面的知识产权安全风险。

（三）基于全过程的知识产权安全风险的识别

以知识产权为工具的国家间竞争涉及整个知识产权发展链条，包括知识产权的创造、运用与保护三个环节。在上述环节中，不仅外部因素可能带来安全威胁，内部因素如知识产权对外转让审查制度、反垄断执法机制不完善等也可能造成安全风险。因此，知识产权安全是指我国知识产权的创造、运用和保护各环节（存在与发展）相对处于没有危险和不受内外威胁的状态，以及保障持续安全状态的能力。因此，基于知识产权安全的三个环节与内外两方面因素，可以将"缺少关键核心技术""知识产权对外转让行为管理机制不完善""知识产权反垄断、反不正当竞争制度不完善"等风险产生机制、产生环节存在差异的知识产权安全问题纳入知识产权安全内涵的基本框架。这一框架不仅能够整合当前较为典型的知识产权安全风险，还能为发现新的知识产权安全风险提供分析框架。后文结合典型的知识产权安全风险对本框架进行说明。

1. 创造环节的知识产权安全风险识别

知识产权创造环节的安全是指创造知识产权所需的原始资料、创造过程及各保护形式的智力成果处于没有危险和不受内外威胁的状态，以及保障创造环节持续安全状态的能力。从内部因素来看，创造环节的典型安全风险包括以下内容：一是重大关键技术研发的技术路线选择风险。例如，在投入巨额研发经费前，应当对选择的技术路线是否存在知识产权障碍进行充分论证。二是国家重大科技项目研发过程中的阶段性成果与关键数据泄漏的风险。三是重大科技成果保护模式选择错误的风险。具体而言，若选用专利保护相关成果，应保障申请质量，避免技术方案被外国竞争者轻易规避；如采用技术秘密保护，应完善相关保密体制机制，做好防反向工程的措施。四是重大关键技术的知识产权权属风险，尤其是在国际科技合作中，要谨防签订的知识产权相关协议给我国造成损失。

从外部因素来看，一是要警惕外国公司利用本国的遗传资源和传统知识获取专利后，在相关领域限制我国的自主研发和商业化利用，并收取高昂的费用。二是要防止外国主体采取非法手段获取我国核心技术方案和商业秘密等。三是要通过专利导航、专利无效、获得许可等多种手段，选择适当的技术路线规避外国企业的专利封锁和专利陷阱。

2. 运用环节的知识产权安全风险识别

知识产权运用环节的安全是指知识产权的实施、许可、转让等过程处于没有危险和不受内外威胁的状态，以及保障运用环节持续安全状态的能力。从内部因素来看，运用环节的典型安全风险包括以下内容：一是现有《知识产权对外转让管理办法（试行）》的立法层级较低且缺乏具体审查细则，容易产生重大关键技术流失的风险。二是国家资助科研项目中知识产权的转移转化机制不完善，在推动高校知识产权转化的过程中，容易产生国有资产流失风险。三是对外国主体滥用知识产权侵害我国企业利益缺乏规制的风险。现行的知识产权反垄断、反不正当竞争中存在规范不明确、执法力量不足、执法机制不完善等问题，导致我国企业在受到侵害后难以获得充分救济。

从外部因素来说，一是外国投资者通过知识产权许可、转让或企业并购等方法获取涉及我国国家安全及重大公共利益的知识产权的风险。此种风险并不局限在专利领域，在商标领域同样可能发生。过去数十年间，外资在并购我国本土企业过程中，采取"斩首"战略，把并购目光瞄准我国各行业内的龙头，许多发展势头良好的民族品牌在被收购后遭到了闲置，最终逐渐丧失了市场份额和知名度。二是外国主体潜在的知识产权滥用风险（垄断、不正当竞争）。例如，对中国企业收取歧视性的标准必要专利许可费用，不合理的交叉许可和强制性回收条款等。三是外国公司将可能不具备技术价值、不符合我国技术发展路线的知识产权包装成高端技术，并高价卖给我国企业带来的经济风险。四是外国政府运用行政命令等手段，强迫我国企业进行技术转让的风险。

3. 保护环节的知识产权安全风险识别

知识产权保护环节的安全是指在知识产权的维权、确权及纠纷应对等环节处于没有危险和不受内外威胁的状态，以及保障保护环节持续安全状态的能力。从内部因素来看，保护环节的典型安全风险包括以下内容：一是核心知识产权保护力度不足的风险。随着我国科技的不断进步，企业拥有越来越多的高质量知识产权，但相关权益在被侵犯后往往不能得到及时、足额的赔偿，而这可能会系统性地损害我国创新生态。二是知识产权全球治理能力不足的风险。一方面，我国的知识产权事业发展水平与我国的知识产权全球治理能力尚有差距，这种错位可能导致新的全球性知识产权协议不符合我国的发展利益。另一方面，我国知识产权全球治理能力的不足还表现为，缺乏域外司法协作和长臂管辖机制，进而导致我国法院依法作出的判决难以得到他国法院认可，我国企业在世界范围的合法竞争利益从而无法得到充分保障。

从外部因素来看，一是以美国为首的西方国家的知识产权政策风险。其中一些所谓的保护美国知识产权的政策实际上为美国政府超越司法程序直接制裁我国企业提供便利。例如，美国参议院外交关系委员会 2021 年 4 月表决通过的《战略竞争法案》（*Strategic Competition Act*）中所规定的"侵犯知识产权者名单"条款，可以不经司法审判直接就对我国企业予以制裁。二是外国法院无视国际礼让、公平等原则，通过司法手段损害我国企业正当利益的风险。例如，英国最高法院在"无线星球诉华为标准必要专利禁令救济"一案中，主动裁决无线星球专利组合的全球许可费率条款，就违背了公平合理无歧视原则，给我国无线通信企业的发展以及司法管辖带来巨大冲击。三是外国企业及政府针对我国企业发起的知识产权诉讼和调查风险。例如，美国针对我国产业或关键企业发起的知识产权诉讼、"337 调查"等。

（四）知识产权安全风险的特征

知识产权安全风险的特征源于知识产权的属性，对回答"谁来治理""如何治理"具有重要意义。具体来说，首先，知识产权安全风险的来源与治理主体具有公私混合性。传统国家安全风险是指涉及对象和实施主体通常都是国家和政府。随着国家间竞争的重心由传统军事竞争向经济、技术竞争转移，非传统安全因素如知识产权安全等由此成为国家安全的重要组成部分。非传统安全因素的典型特征是国家安全利益与私人利益的融合。这就导致了非传统安全要素的风险来源比传统安全更加多元化。例如，经济安全的风险来源就可能来自跨国公司，这与军事安全存在显著区别。因此，作为非传统安全因素的知识产权安全风险既可能来自于国家，也可能来自私人主体，抑或二者协同。例如，我国 ICT 产业面临的不合理乃至歧视性的标准必要专利许可费用就是源自私人主体的国家安全威胁。又如，美国针对我国企业发动的"337 调查"，就属于公私协同造成的国家安全风险。正是由于安全威胁来源的混合性，知识产权安全的治理也依赖于国家与本国私营部门在战略、管理、情报等方面的协同。

其次，知识产权安全风险具有传递性。保护知识产权就是保护创新。而由于创新与国家安全的各个领域都有着深刻的联系，因此，知识产权安全领域的风险会传递到国家安全其他领域。在经济领域，创新是驱动经济发展的重要因素，知识产权安全领域的风险容易传递到经济领域。当前，我国在芯片领域核心技术的缺乏，导致美国可以通过"卡脖子"战略压制我国高科技公司的快速发展。例如，中兴公司为了解除美国政府禁止美国供应商与中兴进行商业往来的禁令，支付了巨额罚款。在国防领域，国防科技的创新与我国的军事装备和战略能力密切相关，未经安全审查披露发明创造专利信息或转让有关专利会对国防安全造成不良影响。相似的，科技安全、文化安全、卫生安全、粮食安全乃至政治安全都可能因知识产权安全问题而受到冲击。

最后，知识产权安全风险的治理方式具有法治性。与国家安全其他要素的治理方式相比，知识产权安全风险的治理更加依赖法律规范。这是由于知识产权是一种法定权利，其创造、运用与保护都依赖于现行有效的法律规范。

与此同时，知识产权又是一种私权，在法学理论上属于私法，而私法的基本原则是"法无禁止即自由"。例如，在一般情况下，我国企业将自身拥有的知识产权转让、许可给外国主体，是正常行使权利的行为。如果有关部门认为该交易可能有损国家利益需要进行安全审查，则应当有明确的法律依据，否则将有损我国营商环境和知识产权相关法律的稳定性。

（五） 知识产权安全风险的定位

明确知识产权安全在国家安全体系中的定位，对构建符合总体国家安全观的知识产权安全治理体系具有重要意义。总体国家安全观是一个动态、系统且有机统一的安全理论体系。习近平总书记对总体国家安全观的论述构成了相关理论体系的顶层设计，"总体性"科学地总结了各个安全领域与安全因素之间的重叠、交叉，但目前还没有公认的总体国家安全体系架构。❶ 学术界正积极地从各专业视角对总体国家安全体系进行发掘、建构与阐释，现阶段讨论知识产权安全在国家安全体系中的准确定位存在理论困难。一种务实的做法是讨论知识产权安全与主要国家安全要素之间的关系，以明确其在国家安全体系中的相对位置。

保护知识产权就是保护创新。❷ 维护知识产权领域的国家安全就是维护国家创新事业、创新活动的安全。有学者进一步指出，知识经济的时代条件下，知识产权制度的实施效果，关系到一国的经济发展、科技进步的繁荣。❸ 因此，知识产权安全与经济安全和科技安全联系最为紧密。知识产权的多元属性为我们理解知识产权安全与经济安全、科技安全的关系提供了视角。

在资源基础理论视角下，知识产权是企业获取竞争优势的主要手段，知识产权创造、运用及保护环节的安全与经济高质量发展、经济安全密切相关。在大国竞争的主要形式逐渐演化为顶尖企业的竞争时，高质量知识产权既是保障经济安全的主要手段，也是获取经济回报、进一步研发投资的保障。例

❶ 刘跃进. 论总体国家安全观的五个"总体" [J]. 人民论坛·学术前沿, 2014, 51 (11): 14-20.

❷ 习近平. 全面加强知识产权保护工作 激发创新活力推动构建新发展格局 [J]. 求是, 2021 (3): 8.

❸ 吴汉东. 知识产权的多元属性及研究范式 [J]. 中国社会科学, 2011, 191 (5): 39-45, 219.

如，5G 标准必要专利就为华为公司在极其逼仄的国际环境下，保障华为的部分国际市场和利润，参与下一代通信技术研发奠定了一定的经济基础。

在权利与制度视角下，知识产权是保护科技发展成果的主要途径，也是激励科技创新的重要机制。首先，战略高新技术和重要领域核心技术自主可控是科技安全的主要目标之一，这一目标的实现不仅需要依靠我国自主创新能力的提高，还有赖于专利制度、商业秘密制度所提供的法律保障。其次，知识产权制度规定的排他性权利、专利信息披露制度、职务发明奖酬制度，是科学技术系统协调运行的核心机制。换言之，知识产权制度在激励发明人、减少重复研发、平衡职务发明人与单位之间的利益方面起到了关键性作用。最后，知识产权安全需要以科技自立自强为前提。正如林肯所说"专利制度就是给天才之火，浇上利益之油"。在此意义上，知识产权安全与科技安全之间是相辅相成的关系。

综上，知识产权制度激励了科技创新，科技创新成果通过知识产权得以运用、保护，获取的经济利益又保证了新一轮的研发投入，从而获取新的技术成果。可见，知识产权安全是这一循环的关键要素。除此之外，知识产权安全还与国家文化安全、卫生安全、国防安全、粮食安全乃至政治安全存在联系，具体联系如图 1 所示。

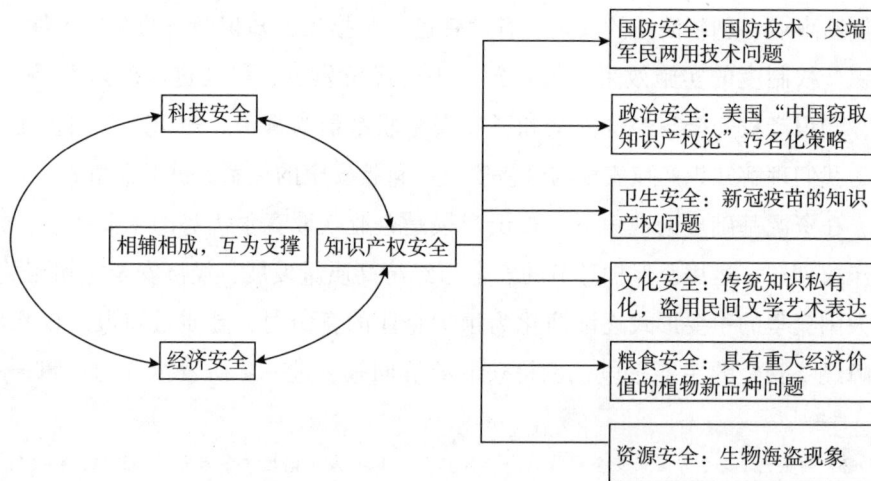

图 1　知识产权安全与其他国家安全的联系示意

三、总体国家安全观下知识产权安全风险治理体系建设

（一）总体国家安全观下知识产权安全风险治理体系建设目标、原则与框架

1. 建设目标

建设总体国家安全观下知识产权安全风险治理体系，是维护知识产权领域国家安全、建设知识产权涉外风险防控体系的重要内容，是贯彻落实习近平总书记在中央政治局第二十五次集体学习时重要讲话精神的重要举措。

首先，要建立符合总体国家安全观的知识产权安全风险治理体系。相关监测结果不仅能够服务于知识产权领域的国家决策，还能为经济发展、科技创新等战略决策提供支撑，全面、系统地维护我国国家安全。

其次，要建立统筹全局、重点监控的知识产权安全风险治理体系。知识产权安全风险治理体系的建立是一项系统性的长期工程，相关内容更是涉及政治、经济、社会发展等多个方面，这对政策情报分析也提出了更高的要求，因此需要进一步明确知识产权安全风险治理体系的面向对象及内容。

再次，要建立公私协同参与的知识产权安全风险治理体系。跨国顶尖企业及海外产业联盟都在海外市场的第一线，通常具有获取来自海外的知识产权安全风险的非正式渠道。充分利用民间力量，构建公私协同的知识产权安全风险治理体系是治理体系现代化的要求与体现。

最后，要建立充分利用现代信息技术及互联网资源的现代化知识产权安全风险治理体系。现代情报学理论提供了多种数据挖掘及政策分析工具，应充分借助现代情报手段发掘可靠的潜在知识产权安全风险信息。灵活运用这些工具有利于我国知识产权安全风险治理能力的现代化。

2. 基本原则

知识产权安全风险治理体系应遵循一些基本原则以确保治理体系运行的准确性及有效性。

首先，应保证知识产权安全风险治理的目的性。知识产权安全风险治理体系的构建与落实必须完全围绕建设目标展开，符合总体国家安全观、统筹

全局、轻重分明，降低进而避免知识产权安全风险给我国政府及企业带来的损失。

其次，应确保知识产权安全风险治理的全面性。相关风险信息的全面搜集是准确分析的前提，遗漏重要信息可能会导致重大的政策误判。而一些细节信息可能是相关风险分析的关键，也是我国治理知识产权安全风险的关键所在。

再次，应保证知识产权安全风险治理的经济性。知识产权安全风险治理体系的构建与落实需要成本，不可为了最大限度降低风险损害而无限制地投入治理成本。风险治理应做好成本收益分析，保证风险治理收益大于前期投入成本。❶

复次，应确保知识产权安全风险治理的时效性（前瞻性）。时效性原则是风险治理应有之义。知识产权安全风险治理的目的是防控知识产权风险，如果信息反馈不及时、分析反馈不及时，就意味着风险所内含的损失可能性转化为损失事实，这将导致我国处于战略被动状态。

最后，应确保知识产权安全风险治理的准确性、客观性。纳入知识产权安全风险治理框架意味着要采取非常规的、非市场的行动。应当避免将不属于安全范畴的知识产权问题、争端纳入知识产权安全风险治理框架。同时，由于知识产权安全风险来源信息通常是外文，因而在翻译过程中需关注用词的准确性。任何夸大、缩小知识产权安全风险影响的分析都将导致战略误判，从而产生严重后果。

3. 工作框架

本文初步将知识产权安全风险治理体系运行机制分为风险信息收集、风险信息梳理、风险信息分析、风险信息体系运用四个阶段。首先，风险信息收集阶段主要针对世界知识产权强国与知识产权国际组织公布的知识产权相关信息进行跟踪、监测并收集，这一阶段需要国内的情报收集部门、相关的高校与科研院所联合海外相关部门和机构，构建知识产权安全风险信息搜集联合体系，保证知识产权安全风险信息搜集的全面性。其次，风险信息梳理

---

❶ 宋伟，方琳瑜，刘晓峰. 国防知识产权风险预警与管理机制研究［J］. 科技与法律，2009（4）：8-12.

阶段主要是对前一阶段收集的风险信息进行整合、分类、编码，在此基础之
上构建知识产权安全风险信息专用数据库，其目的是对风险信息进行初步梳
理，剔除无关信息，减少噪声。再次，风险信息分析阶段主要就风险信息来
源、风险信息内容、风险演化趋势等展开深度情报分析，明晰具体知识产权
安全风险所带来的潜在损失可能性，形成初步知识产权安全风险监测报告。
该阶段需依靠风险信息分析部门，组建专门智库，借助文本编码、关键词提
取等风险信息分析方法与工具。最后，体系运用阶段主要是基于前几个阶段
的分析结果，对相关的知识产权安全风险进行打分排序，在构建知识产权安
全风险预警平台的基础上，及时发布风险预警通告，并提前建立相应的风险
预警机制。具体运行机制如图 2 所示。

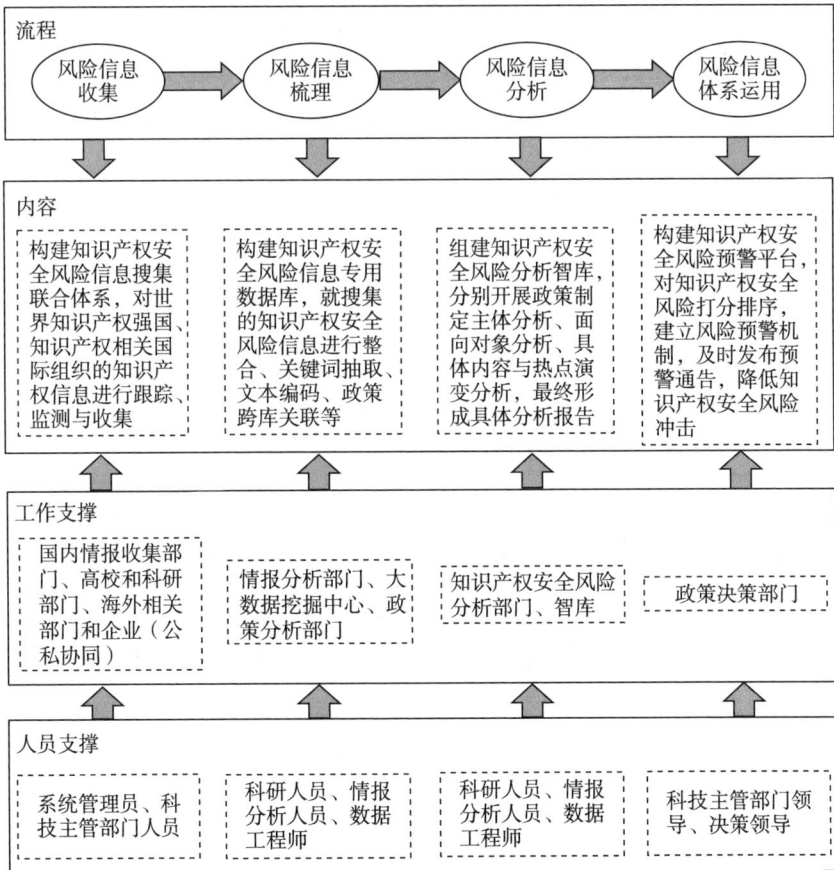

图 2　知识产权安全风险治理体系工作框架

具体工作内容方面，第一阶段主要是要综合国内的情报收集部门、高校与科研院所及海外相关部门和机构的力量，构建公私协同的知识产权安全风险信息搜集联合体系，运用多种数据挖掘技术与分析方法对外国政府部门、核心智库和新闻报刊等广泛相关网络信息资源中知识产权安全风险信息进行跟踪、监测和收集，并有侧重地加强对重点国家或地区的知识产权安全风险信息的搜集，确保知识产权安全风险信息及相关细节搜集的全面性，以保证后续分析研判基础的准确性，避免因重要信息的遗漏导致重大政策误判。

第二阶段主要是对全面搜集的知识产权安全风险信息进行初步加工与清洗，构建知识产权安全风险信息专用数据库。为避免因信息泛滥影响风险治理有效性，知识产权安全风险治理应依据信息覆盖面、数量级、相关性、详尽性、完整性及信息来源可靠性，制定风险信息质量评价指标，并以此界定信息内容的重要等级，剔除价值较低的相关信息，确保收集的知识产权安全风险信息能作为我国知识产权风险预警和应急机制的先导基础和重要参考来源。

第三阶段主要是依靠相关部门与独立智库，开展专题性知识产权安全风险深度分析，包括但不限于风险来源的背景分析、风险演化趋势分析、风险热点分析等，并在此基础上形成具体知识产权安全风险监测报告。相关部门的参与可以保证风险分析信息来源的可靠性及报告建议落地的有力性，而独立智库的参与则将极大地丰富风险分析的视角，二者的协力合作将最大程度确保知识产权安全风险报告的分析科学性及建议可行性。

第四阶段主要是在整合上阶段具体知识产权安全风险报告的基础上，形成专项分析报告，包括重点国家知识产权安全风险分析报告、重点领域和重点产业知识产权安全风险分析报告等，并最终构建知识产权安全风险预警平台，及时就相关主体发布知识产权安全风险预警。将知识产权安全风险监测报告转化为可操作性更强的行动指南，不仅能实现知识产权安全风险治理的学术价值、经济价值和社会价值的有机统一，更重要的是能为决策者提供决策支持，在最大程度上降低知识产权安全风险冲击，为维护知识产权领域国家安全提供有力支撑。

（二）知识产权安全风险治理体系执行机构构建

执行机构构建是知识产权安全风险治理体系的实施基础。唯有细化部门分工、明晰职能内容、建构合作关系，知识产权安全风险治理体系才可能真正意义上跨过从理论到实践的鸿沟，具体机构设置安排如图3所示。

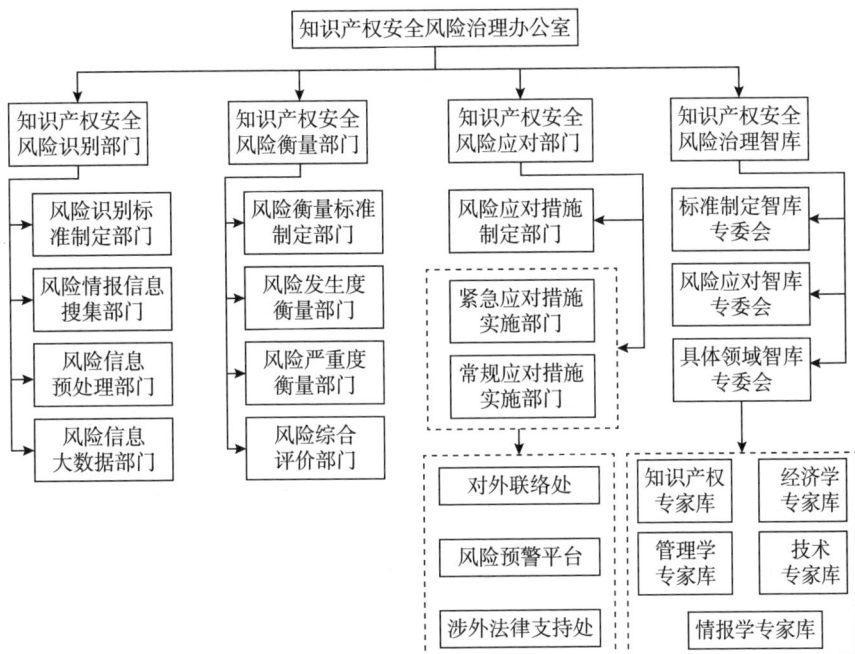

图3　知识产权安全风险治理体系执行机构设置

1. 知识产权安全风险治理办公室

知识产权安全风险治理办公室作为该体系的领导核心，其职能主要体现在三个方面。首先，知识产权安全风险治理办公室应确立整个治理体系的运行目标，并结合各部门建设与运行的实际情况、风险治理的实效及成本收益评估情况，对治理目标进行动态调整与公示。其次，知识产权安全风险治理办公室应对各部门及其人员统筹管理，分配体系各环节具体任务、辅助构建多部门间协同合作及监督体系运行情况。最后，知识产权安全风险治理办公室应是重大决定的决策者及负责部门，将体系成果及时向上级或相关部门汇报或分享，保证成果发挥作用。

2. 知识产权安全风险识别部门

知识产权安全风险的精确识别是治理体系进一步就知识产权安全风险进行衡量与应对的基础，设立知识产权安全风险识别部门以寻找与确认潜在风险，具体下设风险识别标准制定部门、风险情报信息搜集部门、风险信息预处理部门、风险信息大数据部门。

首先，由风险识别标准制定部门依知识产权安全风险治理办公室所确立的治理目标对知识产权安全风险信息来源的对象、范围、内容等方面作出具体的实施标准方案，保证风险信息的搜集有目的且成体系。其次，风险情报信息搜集部门依据信息搜集标准，充分利用数据挖掘技术与分析方法，保持与公私部门的密切联系，实时关注与实施相关风险信息的搜集工作。再次，风险信息预处理部门将搜集来的信息进行清洗，删除无效信息，并将有效信息按照信息来源、信息时间、信息内容等细分后归入数据库。最后，由风险信息大数据部门维护及更新风险信息数据库，按照信息的搜集时效性、来源可靠性等对风险信息进行排序，为后续知识产权安全风险衡量及应对工作打下坚实基础。

3. 知识产权安全风险衡量部门

衡量知识产权安全风险，按照轻重缓急划分，有助于降低风险治理成本、提高风险治理收益，以更好实现风险治理的目的。设立知识产权安全风险衡量部门以分析现有信息并对潜在风险进行评估，具体下设风险衡量标准制定部门、风险发生度衡量部门、风险严重度衡量部门、风险综合评价部门。

风险的基本含义是指损失的不确定性，而损失频率及损失程度的评估是风险衡量的应有之义。首先，由风险衡量标准制定部门分别从风险发生概率及风险发生后果两方面制定风险衡量指标及等级划分标准。其次，由风险发生度衡量部门及风险严重度衡量部门按照标准就具体风险信息分别从风险发生可能性和危害性进行评判。最后，由风险综合评价部门对风险等级进行确认，例如，将高发生可能性及高危害性的风险纳入紧急风险，而将低发生可能性及低危害性的风险纳入常规风险。实践中在衡量标准制定时可尽量细化划分等级，提高风险衡量识别度。

4. 知识产权安全风险应对部门

知识产权安全风险识别及衡量的目的是降低其带来的不利后果，因此在衡量具体风险等级基础上，设立知识产权安全风险应对部门以对不同等级风险进行处理，具体下设风险应对措施制定部门、紧急应对措施实施部门、常规应对措施实施部门及对外联络处、涉外法律支持处和风险预警平台。

首先，为不同等级的风险类型制定标准解决路径有助于提高风险应对效率，由风险应对措施制定部门制定基础性风险解决方案。同时，由于风险个案存在特殊性，尤其对于发生度与严重度都较高的紧急风险，风险应对措施制定部门需对基础性方案无法较好解决的风险个案制定针对性解决措施。其次，对于数量相对较大的常规风险交由常规应对措施实施部门，按照基础性风险解决方案逐一应对；对于偶发的、数量相对较少的紧急风险则交由专门的紧急应对措施实施部门，基于风险应对措施制定部门的应对建议，按照一案一处理的原则妥善对应。最后，为配合各类应对措施的实施，还应设立对外联络处以保证紧急风险预警消息及时传达至各相关政府部门；设立涉外法律支持处，为遭遇知识产权安全风险的企业提供必要的法律援助[1]；在风险信息数据库的基础上设立风险预警平台，及时将风险信息公示，降低相关行业与企业的损失。

5. 知识产权安全风险治理智库

知识产权安全风险治理涉及多学科、多领域的专门知识，设立知识产权安全风险治理智库，有助于从风险识别、衡量、应对等监测全链条方面提高知识产权安全风险治理主体的专业化程度。具体下设标准制定智库专委会、风险应对智库专委会、具体领域智库专委会。

首先，为管理及专业化的需求，设立具体领域智库专委会，将不同学科领域的专家分门别类，包括但不限于知识产权专家库、经济学专家库、管理学专家库、技术专家库及情报学专家库等。其次，风险识别与风险衡量过程都涉及标准的制定，设立标准制定智库专委会力求提高相关标准的可行性与科学性。最后，风险应对是降低风险损失最直接的环节，设立风险应对智库

---

❶ 王莲峰，牛东芳. "一带一路"背景下我国企业海外知识产权风险应对策略 [J]. 知识产权，2016（11）：94-97.

专委会支持为常规风险制定标准解决方案及通过集体讨论为紧急风险制定针对性解决方案。

（三）知识产权安全风险治理体系运行流程设置

执行机构设置明确的知识产权安全风险治理体系构成所需部门及其对应职能。在此基础上，本文尝试构建知识产权安全风险治理体系运行流程图，进一步揭示该体系实践运行细节及各部门的分工与合作关系，具体内容如图 4 所示。

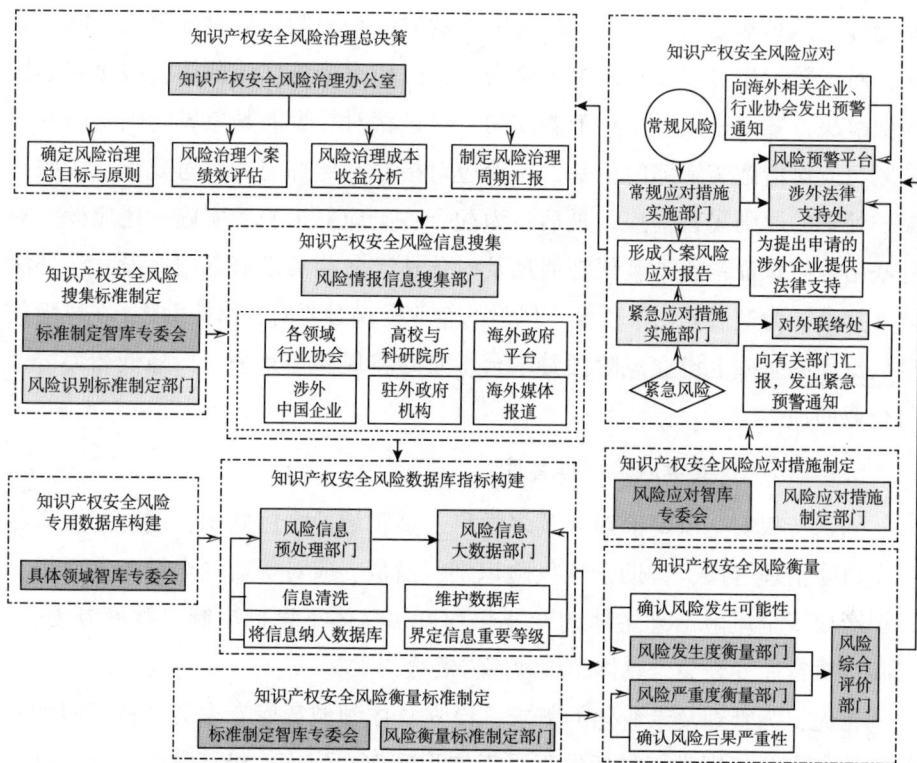

图 4　知识产权安全风险治理体系监测流程

1. 知识产权安全风险治理总决策

知识产权安全风险治理办公室是整个风险治理体系运行的出发点，也是最后的落脚点。首先，知识产权安全风险治理的全流程应在知识产权安全风险治理办公室所确认的风险应对总目标与原则下进行。其次，所有风险监测个案完成后都应交由知识产权安全风险治理办公室进行个案绩效评估与成本收益分析，将总结的经验成果应用于后续的风险监测实践中，以不断优化监测过程。最后，知识产权安全风险治理办公室应定期向上级部门提交风险监测周期汇报。对于由风险综合评价部门直接汇报的特别严重与紧急的风险，知识产权安全风险治理办公室应及时组织紧急应对措施实施部门及风险应对智库专委会，制订详尽的应对方案并同上级部门取得联系，保证应对措施尽快落地实施。

2. 知识产权安全风险信息搜集

知识产权安全风险信息搜集环节主要由知识产权安全风险识别部门进行，由标准制定智库专委会及风险识别标准制定部门提供支持。知识产权安全风险信息来源途径多种多样，包括但不限于涉外中国企业、各领域行业协会、高校与科研院所、海外政府平台、海外媒体报道、驻外政府机构等。[1] 首先，对于来源，如海外政府平台及附属智库、科研院所及媒体报道的相关信息，需由风险情报信息搜集部门组织专门人员借助数据挖掘技术与分析方法对海外网络信息资源中的知识产权安全风险信息进行跟踪和搜集。其次，对于来源如涉外企业、行业协会的相关信息，风险情报信息搜集部门应构建公私协同的知识产权安全风险信息搜集联合体系，建设向相关主体公开的风险信息数据库平台，收集由相关企业与行业提供的在经营或行业发展过程中遇到的第一手知识产权安全风险信息。最后。对于来源，如驻外政府机构、国内高校与科研院所的相关信息，风险情报信息搜集部门应设专门对接联络员，及时搜集相关单位提供的风险情报信息。

3. 知识产权安全风险信息专用数据库构建

知识产权安全风险信息专用数据库构建环节主要由风险信息预处理部门与风险信息大数据部门共同进行，由具体领域智库专委会提供支持。风险情报信息搜集部门通过各种渠道获取的海量风险信息，需要借助大数据平台进行存储与管理。一方面，由风险信息预处理部门对大量初步信息进行清洗，去除同知识产权安全风险判断无关的信息，并将清洗后的信息按照信息来源、

---

[1] 方琳瑜，宋伟．"一带一路"战略下企业海外知识产权风险预警与管理机制研究［J］. 科技管理研究，2016，36（8）：152-154，172.

时间、内容等编码后纳入数据库。另一方面，由风险信息大数据部门承担整个知识产权安全风险信息专用数据库的维护，并且根据信息来源的可靠性界定信息重要等级。在此基础之上，风险信息大数据部门还应保证数据库平台能够持续承担对口涉外企业及行业协会相关信息的收集工作，以及具备发出预警通知的风险预警平台功能。

4. 知识产权安全风险衡量

知识产权安全风险衡量环节主要由风险发生度衡量部门、风险严重度衡量部门及风险综合评价部门共同进行，由标准制定智库专委会及风险衡量标准制定部门提供支持。对于风险个案优先级的评价主要从风险发生可能性及风险后果可能性两个层面分析，具体工作由风险发生度衡量部门及风险严重度衡量部门借助由标准制定智库专委会及风险衡量标准制定部门提供的基于风险衡量指标的知识产权安全风险分析模型开展。风险发生度衡量部门在理想情况下应将风险发生可能性量化为概率并进行排序。风险严重度衡量部门在数据理想情况下，应就风险个案分别计算损失平均额及其在百分之九十五置信区间下上下边界值。即使在粗略估计的情况下，两部门仍应分别按照损失概率及损失程度进行按序分类。所有风险个案经由两部门平行评价后交至风险综合评价部门，由风险综合评价部门按照发生度和严重度衡量结果，判断信息来源的可靠性，将风险个案分为紧急风险与常规风险。

5. 知识产权安全风险应对

知识产权安全风险应对环节主要由常规应对措施实施部门、紧急应对措施实施部门共同进行，由风险应对智库专委会及风险应对措施制定部门提供支持。对于常规风险，由常规应对措施实施部门按照标准化路径处理，包括但不限于通过风险预警平台向风险直接面向主体（如涉外中国企业及行业协会）发出预警通知，以及通过涉外法律支持处提供支持，在最大程度上降低常规风险对我国企业及行业生态的破坏。对于紧急风险，由紧急应对措施实施部门依据一案一处理原则予以处置。对于涉及其他国家部门的风险个案，应由对外联络处及时向相关部门发出预警通知。对于特别重大的知识产权安全风险，紧急应对措施实施部门应即时层层上报至知识产权安全风险治理办公室，交由其统筹管理与应对。此外，无论是常规风险，抑或是紧急风险，所有风险应对个案都应形成独立报告后交由知识产权安全风险治理办公室，加强领导中心对整个监测过程的控制。

（四）知识产权安全风险治理体系支撑

1. 制定国家知识产权安全战略

（1）制定国家知识产权安全战略的原则。

我国应当制定知识产权安全战略，为正在进行和即将展开的战略竞争奠定安全基础。国家知识产权安全战略应当坚持以下基本原则。

首先，要坚持总体国家安全观的指导。由于知识产权安全风险的传递性，知识产权安全的治理不能仅顾及知识产权领域的国家安全风险，其治理过程应考虑知识产权风险的演化与传递对国家经济安全、科技安全、粮食安全等领域造成的影响。例如，在专利转化率低的真正原因不甚明确情况下，《专利法》第四次修订新增设的"产权激励"条款，可能导致由国家财政资助的涉及国家安全、国家重大利益的科技项目所产生的专利权流失到个人手中，进而被外国控制，形成知识产权安全风险。如果该专利具有重大经济价值，导致产业链发展受到制约，则可能危及经济安全。若该专利是某重大科技成果的基础专利，则我国后续研发成果的实施都将受其制约，进而形成科技安全风险。其次，要坚持安全与发展平衡的理念。国家总体安全观中强调"既重视发展问题，又重视安全问题"，"安全是发展的前提，发展是安全的保障"。坚持安全与发展平衡的理念就是要避免知识产权安全工作"一刀切"。应审慎使用知识产权安全风险话语，警惕泛安全化可能带来的不良后果。例如，在知识产权对外转让工作中，如何制定知识产权对外转让的安全审查程序、标准及材料都与我国知识产权发展工作密切相关。过于烦琐的知识产权安全审查程序、过于严苛的审查标准、过于复杂的审查材料都会恶化我国营商环境，违背"放管服"改革的要求，同时损害企业创新研发的积极性。最后，要坚持基于"人类命运共同体"的知识产权国际安全理念。当前，部分西方国家奉行实用主义政策，安全观念仍停留于零和博弈的传统认识，而一些中小国家采取传统的大国平衡术，试图通过调动和利用大国安全矛盾受益。基于"人类命运共同体"的知识产权国际安全理念是对西方国家安全观的超越。它昭示了中国制定对外政策和处理国际安全问题的价值观和基本原则。这一理念表明，在我国倡导的新型国际关系下，合作的安全、共同的安全、可持续的安全是能够实现的。我国支持本国新冠疫苗企业向发展中国家进行技术转让、开展合作生产，就是对这一理念的践行。

（2）以强化知识产权保护为战略重心。

从总体国家安全观的角度看，应当以强化知识产权保护作为维护知识产权领域国家安全的战略重心。虽然我国在知识产权创造、运用与保护等多个环节都面临新的安全挑战，但很多环节的安全问题都与知识产权保护密切相关。例如，重点产业被"卡脖子"是由关键技术领域的知识产权创造与布局能力不足直接引发的，但进一步分析可以发现，这一问题与我国知识产权保护力度不足也存在很大关系。专利是以公开换取法律对创新成果的刚性保护，若知识产权保护力度不足、专利侵权成本低，就会造成专利权人的研发成本与研发收益不对等，最终导致企业不愿意投入高额费用进行研发，损害企业的知识产权创造能力。长此以往，整个产业甚至国家的创新生态都会受到严重破坏，最终就表现为产业发展的关键技术被"卡脖子"。以知识产权保护为重点环节，应当关注当前我国知识产权保护中常见的维权案件举证难、周期长、成本高与赔偿低等问题。虽然我国专利法第四次修订中引入了"侵权惩罚性赔偿制度"，但在举证责任认定、侵权损失计算、降低诉讼成本、缩短诉讼周期等方面还有很多问题亟待解决。为了更好地维护知识产权领域国家安全，必须不断强化知识产权保护力度，依法严厉打击知识产权领域违法犯罪行为，通过完善知识产权法律法规和加强知识产权司法保护体系建设等途径遏制知识产权侵权行为，完善知识产权诉讼证据规则，增强知识产权司法救济的及时性、便利性和实效性❶，使知识产权保护制度能够切实维护国家安全。

（3）以知识产权国际化为宏观战略环境。

从总体国家安全观来看，当前我国的知识产权发展战略应当更加重视国际化。一方面，随着科技与经济发展逐步实现全球化，现阶段的很多知识产

❶ 葛晓燕．总体国家安全观下的知识产权司法保护战略路径［N/OL］．（2019-1-3）［2022-10-25］．http://ip.people.com.cn/n1/2019/0103/c179663-30501370.html，2019.

权安全问题都与国际化竞争息息相关，例如，重点产业的"卡脖子"风险、海外知识产权纠纷等安全问题都是由知识产权国际竞争所引发。另一方面，很多知识产权安全问题也需要依赖于国际化途径去解决。例如，有些海外知识产权侵权纠纷是借助国际仲裁机构去解决。因此，知识产权国际化是由现阶段维护知识产权领域国家安全的实际需求所决定。知识产权国际化至少需要做到以下几个方面：一是尽可能利用多边国际平台，如世界贸易组织（WTO）和世界知识产权组织（WIPO）等，积极参与 WTO/TRIPs 与 WIPO 框架下知识产权国际规则的制定与完善，提升我国在全球知识产权治理中的话语权，从话语体系上为我国争取知识产权竞争优势，维护国家整体安全。二是深度参与全球知识产权治理，借助"一带一路"建设等平台，主导或积极引领知识产权国际规则制定，如通过多边协议的方式与"一带一路"共建国家建立知识产权域外管辖与司法协同机制，维护我国的海外安全利益。三是建立海外知识产权安全风险治理机制。随着我国不断深化对外开放，越来越多的企业选择走出国门，国内企业在海外面临的知识产权侵权诉讼风险、"337 调查"风险、知识产权布局风险等问题日益突出。有必要进一步完善海外知识产权安全风险治理机制，从海外知识产权纠纷信息收集与报送、纠纷案件业务指导、风险防控培训与纠纷应对资源协调等方面为国内企业提供维权服务，切实保障我国的海外安全利益。

2. 完善知识产权安全法律制度与政策

知识产权安全法律制度是知识产权安全治理的主要手段。运用法治手段治理知识产权安全问题是知识产权安全的基本特征，是依法治国的基本要求。现行知识产权安全规范法律效力较低，难以应对复杂的国际知识产权安全环境。

完善知识产权安全法律制度应当抓住《中华人民共和国知识产权基本法》（以下简称《知识产权基本法》）的制定窗口。现有各知识产权部门法以私法规范为主体且均在近期有过修订，在其中加入有关国家安全的条款较为困难，也违背民法的体系性要求。2019 年 11 月，中共中央办公厅、国务院办公厅印发的《关于强化知识产权保护的意见》，再次提出研究制定知识产权基础性法律的问题。该意见对知识产权事务中的全局性、长远性、根本性问题作出规定，为知识产权的现代化国家治理及知识产权创造、运用和保护的战略实施，提出法律上的活动依据和行为准则，是公法领域的基础性法律。作为公法的《知识产权基本法》应当承接知识产权安全治理的主要规范，明确公权介入私权运行的基本原则，同时以立法链接的方式，赋予有关机关制定具体知识产权安全审查行政法规、部门规章的权力，从而形成完整的知识产权安全治理法律体系。

3. 建立公私协同的知识产权安全风险信息知识库

应当建立知识产权管理部门引领、知识产权服务主体和知识产权所有人广泛参与的公私协同的知识产权安全风险信息库。知识产权安全风险信息库主要为知识产权安全风险治理体系提供情报（知识）来源，包括：一是知识产权安全风险情报库。其功能是搜集国内外与知识产权安全相关的政策文件、新闻报道与重大项目等，为制定维护国家安全的知识产权安全风险治理体系提供情报支撑。二是知识产权安全风险信息检索数据库。知识产权安全风险信息检索数据库功能是收集国外知识产权安全风险信息来源涉及主体及利益集团的基本信息，为知识产权安全风险的识别、衡量及应对等提供情报支持。三是知识产权安全风险信息相关的媒体及期刊数据库。相关媒体和期刊是了解知识产权安全风险前兆的重要信息来源，构建知识产权安全风险信息相关媒体及期刊数据库，有助于从民情舆论及专家观点角度明晰风险来源。四是知识产权安全风险治理人才数据库。其功能是收录国内外知识产权领域顶级学者的信息，便于随时跟踪这些学者的研究动态，从其中挖掘有用的知识产权安全风险信息。五是知识产权安全风险治理体系开源信息库。知识产权安全风险治理体系开源信息库并不是一个固定的数据库，而是指与知识产权相关的开源信息所组成的信息集合，包括互联网、电视、广播、报纸等公开媒介上与知识产权相关的信息。但这些开源信息一般都具有零散与非结构化的特征，所以需要专业的知识产权情报工作人员进行整理后才方便使用。

4. 优化知识产权安全风险分析方法与工具

知识产权安全风险治理涉及科技、经济与法律等多个领域，需要用到多个领域的分析方法，例如，与产业竞争情报相关的分析方法，有五力模型、

SWOT 分析、钻石模型等；❶❷ 与知识产权政策情报分析相关的方法，有政策组合分析、政策文本分析等；❸ 与知识产权和经济数据相关的分析方法，有计量经济分析、社会网络分析、专利文本分析等。❹❺ 知识产权安全风险治理常用的分析工具可能包括但不限于数据挖掘工具（如网络爬虫类工具）、数据处理工具（如数据统计类工具）、数据分析工具（如信息计量工具、可视化分析工具与机器学习类工具等）。当然随着理论研究与实务研究不断发展，与知识产权安全风险治理相关的分析方法与工具也在不断变化和更替，本文仅仅列举了目前常用的分析方法与工具。知识产权安全风险治理分析方法和工具需要组合运用，一些复杂的情报工作可能还需要同时运用多种分析方法与工具，这些分析方法与工具为知识产权安全风险治理体系构建提供重要支撑。

5. 建立企业知识产权安全合规体系

构建企业知识产权安全合规体系是私营部门参与知识产权安全治理的重要方式。如前文所述，知识产权的私权属性决定了企业参与国家知识产权安全治理的必要性。以合规激励、督促企业进行自律管理，以弥补、配合国家法律规范，是现代监管理念的最新发展。❻ 目前，中央企业全面推动的《中央企业合规管理指引（试行）》，为知识产权安全合规体系的建立奠定了基础。

知识产权安全合规的基础是有"规"可合。因而，完善知识产权安全法律制度与政策是企业知识产权安全合规的前提。在知识产权逐渐成为国家间竞争工具的时代，增强企业知识产权安全合规意识、完善企业相关合规流程、明确企业合规义务是国家知识产权安全治理的重要组成部分。具体来说，首先，应当增强企业的知识产权安全合规意识，在出口高新技术产品、转让关

---

❶ 肖连杰，成洁，蒋勋. 大数据环境下国内情报分析研究方法研究 [J]. 情报理论与实践，2020，43（2）：40-47.

❷ 王静宜，徐敏，祝振媛，等. 情报分析中的方法应用研究 [J]. 情报理论与实践，2020，43（1）：33-41.

❸ 张涛，马海群. 一种基于 LDA 主题模型的政策文本聚类方法研究 [J]. 数据分析与知识发现，2018，2（9）：59-65.

❹ 陈云伟. 社会网络分析方法在情报分析中的应用研究 [J]. 情报学报，2019，38（1）：21-28.

❺ 包翔，刘桂锋，杨国立. 基于多示例学习框架的专利文本分类方法研究 [J]. 情报理论与实践，2018，41（11）：144-148.

❻ 李本灿. 企业犯罪预防中合规计划制度的借鉴 [J]. 中国法学，2015（5）：177-205.

键技术、参与并购等环节，审慎评估知识产权安全风险，依法向有关单位申报、备案并接受安全审查；其次，在涉及知识产权安全的业务流程中设置合规审查节点，未经合规审查的业务流程禁止推进；最后，应当明确内部管理人员的合规义务与相应的责任。

6. 加强知识产权安全风险治理人才培养

知识产权安全风险治理人才是知识产权安全风险治理体系构建的关键。知识产权安全风险治理涉及安全学、情报学、法学、管理学、经济学等多个学科门类的知识，因而知识产权安全风险治理人员也需要复合型知识背景。短期来看，可从情报学、管理学、法学与经济学等学科中选择专业化人才，加入知识产权安全风险治理工作队伍中。从长期来看，随着知识产权安全风险治理的重要性日益提升，可针对知识产权安全风险治理设立单独的人才培养机制。2020 年 12 月，国务院学位委员会、教育部正式发布关于设立"交叉学科"门类的通知，并将"国家安全学"设立为交叉学科门类下的一级学科。随着知识产权对国家安全的影响越来越大，未来国内高校及科研院所可以尝试依托"国家安全学"的学科建设平台，设立知识产权安全研究方向，甚至建立专门针对知识产权安全风险治理的复合型人才培养学科体系，为国家知识产权安全治理体系注入新鲜血液。

知识产权与国家安全的关系及对策研究[*]

知识产权与国家安全的关系及对策研究*

——⁂——

一、引言

2014 年 4 月习近平总书记首次提出总体国家安全观的概念，同时习近平总书记在十九届中共中央政治局第二十五次集体学习中也强调："要维护知识产权领域国家安全"。随着国际竞争格局的演化，经济安全与科技安全在总体国家安全体系中占据核心地位。基于时代与国家的要求，本文有三项研究意义。第一，在宏观层面，厘清总体国家安全观下，知识产权安全与科技安全、经济安全的内在关系与定位；第二，系统梳理科技领域上升至国家安全层面的知识产权问题，形成相关对应清单，并分析上述知识产权安全问题发生的现状及原因；第三，坚持统筹安全与发展兼顾的理念，从个人、企业、产业和国家四个维度研判提出科技领域强化知识产权安全治理的对策建议，为有效维护科技领域知识产权安全提供决策支撑。

本文包括三大部分：对国家安全、科技安全、经济安全与知识产权安全的定义，科技安全风险的内容与成因，规避科技风险的初步方案。其中，科技安全风险的内容与成因的论述部分，从微观和宏观两个角度分析个人、企业、产业、国家在科技领域中出现的涉及知识产权的国家安全风险。根据风险的具体描述与评估，本文最后一部分将从知识产权安全视角，进行对策规划。

---

 * 本文是 2021 年中国知识产权研究会自主立项课题成果，作者是张武军、王润华、张唯玮、董喜俊、章洁桦、武伟、李赟、栗萌、张竟哲。

二、国家安全角度下，知识产权安全的内涵及三者之间的关系

（一）知识产权安全、科技安全、经济安全的内涵

本文在参考学界对国家安全的定义基础上❶，结合科技领域中所涉及的知识产权风险，对知识产权安全做如下定义：知识产权安全是指以创造、运用、保护为代表的知识产权实施环节得到充分认可与保护，在个人、企业、产业、国家的多个层面上，相对处于没有危险和不受内外威胁的状态，以及保障持续安全状态的能力。

知识产权一头连着创新，一头接着市场，是科技与经济结合的纽带与桥梁。❷知识产权是当今经济全球化条件下国际竞争中日益重要的优势，知识产权作为一种科技成果产权的分配制度，对一国的科技安全、经济安全及其他多个领域的安全和利益问题将都产生重要的影响。❸知识产权安全推动着以科技创新为主导的市场经济持续累进增长，最终有利于整个国家的经济发展与安全、科技发展与安全。

在总体国家安全观的语境之下，科技安全是指国家科技体系完整有效，国家重点领域核心技术自主可控，国家核心利益和国家安全不受危害，以及保障持续安全状态的能力。❹科技安全已经成为影响国家安全的重要因素，是国家安全的重要组成部分，同其他领域的安全共同构成国家安全体系。

经济安全，是一国经济发展的必要前提。❺国家经济安全，是指经济全球化时代一国保持其经济存在和发展所需资源有效供给、经济体系独立稳定运行、整体经济福利不受恶意侵害和非可抗力损害的状态和能力。一国的国民

---

❶ 马怀德. 国家安全的法律保障——学习贯彻《中华人民共和国国家安全法》［J］. 求是，2016（4）：36-38.

❷ 谷业凯. 在更高起点推动知识产权事业发展［EB/OL］.（2021-11-18）［2022-5-20］. http：//jyh. wuhan. gov. cn/pub/wxb/wlcb/wwtj/202111/t20211118_1854341. shtml.

❸ 望海楼. 维护知识产权领域的国家安全［EB/OL］.（2022-04-18）. https：//baijiahao. baidu. com/s？id=1685019025315806964&wfr=spider&for=pc.

❹ 张武军. 知识产权与国家安全的关系及对策研究［R］. 2022：5-7.

❺ 张少军. 中国经济安全的风险识别与保障之策［J］. 江苏行政学院学报，2021（3）：41-46.

经济发展和经济实力处于不受根本威胁的状态。

（二）知识产权安全与科技安全、经济安全的联系

如图 1 所示，科技安全、经济安全与知识产权安全相辅相成，共同促进。知识产权制度是保护本土创新的规范，保证本国技术支配国际市场、保持重要产业优势地位和国家安全的重要公共政策。对国家经济安全、科技安全等各领域的安全和重大利益都产生了重要的影响。当科技创新与经济深度融合，推动关键核心技术融入实体经济，实现高水平自立自强的内在要求，方能实现知识产权保护和知识产权国家安全的最终目标。

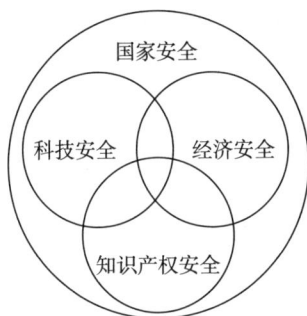

图 1　知识产权安全与科技安全、经济安全之间的关系

三、国家安全层面存在的知识产权风险

（一）个人层面存在知识产权人才培养不足与科研人才流失的风险

知识产权管理人才培养不足。知识产权管理，是指为了促进自主创新和形成自主知识产权，推动知识产权的创造、管理、保护和运用，由专门的知识产权管理机构及其人员利用法律法规、经济和技术等方式方法所实施的有计划、组织、领导和控制的活动，而知识产权管理人才即指同知识产权创新创造主体直接相关联的企业知识产权管理中的知识产权人才。知识产权管理人才目前主要存在几方面问题：学历教育与职业需求脱节、知识产权从业人员的专业能力不足、企业知识产权人才培养意识不足。

知识产权法律服务人才涉外能力偏弱。法治人才既是法治建设的重要组成部分，也是法治建设的重要力量。涉外法治人才培养是涉外法治建设的重要基础和保障，对服务"一带一路"建设、参与全球治理和涉外法治建设等都具有十分重要的意义。目前，我国最典型的涉外法律服务人才，莫过于涉外律师。涉外律师，是指从事涉外诉讼、涉外仲裁或涉外非诉讼法律服务业务的律师。当前，我国正面临涉外知识产权专业人才严重短缺的现实，现有的人才储备还远远不能满足深度参与知识产权全球治理的实际需要。截至2020年年底，我国共有律师51.3万人，但能承担高端涉外法律业务的律师匮乏❶，具体而言，我国涉外知识产权人才培养面临的问题主要是数量不足和素质不高、承担涉外法律服务的能力偏弱、地域分布不均衡、人才培养机制落后。

知识产权执法模式较乱。由于知识产权保护的客体明显不同于其他物权或者财产，具有无形性特点，世界各国普遍采取特殊的保护制度和程序，在知识产权保护方面，实行"行政执法+行政准司法+司法裁判"的综合保护手段，这也是国际通行的做法，我国知识产权保护也采用这种"双轨制"的模式。❷ 知识产权保护也是行政综合执法的重要内容，但是知识产权行政执法存在政出多门、执法主体不统一、执法权限不明、执法标准难以统一、与司法程序难以融合等问题。此外由于教育和地域的原因，知识产权行政执法缺乏专业的执法队伍，有的地区也缺乏专业人才。

（二）企业遭遇商标品牌流失，长臂管辖，商业秘密、数据信息泄露等风险

市场经济环境下，作为创新主体的企业连接着知识产权原始创造与市场应用转化。科研人员作为知识产权原始创造主体，同自主创新共同构成企业高质量发展的核心竞争力。当企业在行业内通过自主创新实现重大技术突破，形成自主知识产权，进而成为战略性新兴产业发展过程中关键知识产权的创造与运用主体时，企业层面的知识产权安全将直接影响产业层面的知识产权

---

❶ 张法连. 加快涉外法治人才培养体系建设 [N]. 人民日报，2021-03-25 (019).

❷ 李伟民. 知识产权行政执法与司法裁判衔接机制研究 [J]. 中国应用法学，2021 (2)：100-123.

安全。

外资并购我国企业，导致我国少部分知识产权资源的流失。在世界经济受挫之时，中国仍保持了良好的经济发展态势，国内投资法律制度不断完善，吸引了大量外资在中国进行并购投资，导致中国许多知识产权出现流失的现象，企业的商标权、专利权乃至商业秘密被侵犯。当年的"活力28""白猫""霞飞""小护士""扬子"等品牌被合资后，外资利用我们的市场和销售渠道，宣传自己的品牌，打压中国原有品牌。❶驰名商标作为一种知识产权资源，外资并购中驰名商标的流失意味着我国知识产权资源的流失，影响到我国相关企业的利益，进而影响企业所在产业。

企业知识产权领域遭遇域外长臂管辖。当前，美国已经将中国视为"首要战略竞争对手"之一，千方百计打压中国快速提升的综合国力已成为美国全球治理战略体系的主线任务。其中，美国立法、司法和执法机构滥用"长臂管辖权"对企业进行恶意打压，已使华为、中兴通讯、中远海运、中国银行等中国各行业龙头企业深受其困。其中中兴案反映了我国企业在知识产权领域面临的内生性和外生性两方面的风险问题：首先，从内生性风险角度，部分企业同时存在知识产权意识淡薄与核心技术匮乏、创新能力不足的问题。其次，从外生性风险角度，随着中国企业"走出去"，美国为了阻击和遏制中国，经常滥用"337条款"，对中国企业进行恶意长臂管辖。部分企业暴露出知识产权保护法律意识淡薄、不了解他国知识产权法规政策、应对知识产权跨国诉讼不及时等问题。

我国企业商业秘密保护与管理不善。在贸易全球化和供应链互联互通背景之下，商业秘密所包含的技术信息、商业信息作为企业无形资产的重要组成部分，在市场竞争中发挥了越来越重要的作用。核心技术的泄露不仅导致企业创新成果被公开，丧失技术优势，更会对国家科技安全造成威胁。内部保护管理不足与外部风险交织对企业商业秘密保护构成威胁。从内部来看，企业商业秘密范围界定模糊及缺乏有效管理，从外部来看，商业间谍行为构成对国有企业商业秘密保护的外部威胁。

---

❶ 胡宏雁. 跨国并购中的国家安全审查问题及应对——知识产权的利益考量视角 [J]. 北方法学，2020，14（6）：116-122.

企业滥用用户信息引发数据风险。目前，国内网络安全占信息化的投入比例约为3%，而欧美等发达国家均在10%以上，部分超过15%。所以，我们还有很大的提升空间，尤其是在云安全、大数据安全、隐私合规、新技术应用等方面，目前国内的硬件安全方面投入较多，而软件服务等安防方面投入较少。互联网企业需要通过大数据的方式精准画像来提供服务，因此直接或间接地掌握了大量的数据，这些数据是否安全，已经成为不可忽视的问题。一旦数据使用、存储不当，就会被"别有用心"的人或机构利用，从而带来国家安全层面的风险。

（三）产业层面存在的知识产权运用与转化不足风险

产业与个人、企业、国家层面密不可分，随着科学技术的进步，产业升级，诸如新能源、人工智能、生物医疗等新兴科技成果的不断涌现与广泛应用，我国经济社会飞速发展，并呈现出日益多元化的趋势。企业最先进的技术是买不到的，一味靠技术引进就永远难以摆脱技术落后的局面，只有通过保护知识产权，才能激励个人创新，从而使企业盈利，产业升级。

人工智能产业层面存在的知识产权风险。人工智能作为21世纪三大尖端技术之一，在制造业、交通运输、健康、教育等许多领域为社会和经济的发展带来重大影响，具有巨大的应用价值。整体来看，我国人工智能产业发展势头猛进，与美国的差距也在不断缩小，但同时也暴露出我国人工智能产业在基础创新与研发，以及法律规制与调整方面存在的问题、风险，基础科技研发能力和协同创新性不足，缺乏高端人才储备与完善的培育机制。此外技术发展引发知识产权法律规制新问题，如人工智能主体地位对伦理标准的冲击，人工智能生成物的权利归属与利益分配及人工智能产品侵犯他人知识产权。

新能源产业层面存在的知识产权风险。专利战略涉及技术、经济及法律三方面内容。总体上看，我国新能源产业专利战略比较零散，全面性和系统性不足。新能源是初步开发利用或正在积极研究，有待进一步推广使用的能源。在新能源产业中，存在新能源行业巨头缺乏自主知识产权问题。

生物医药产业层面存在的知识产权风险。生物医药产业是生物产业中的主导产业，是保障国家安全、国民健康、生物安全的基石。近年来，全球范围内生物医药产业发展迅猛，已成为众多国家经济与社会发展的战略重点。但是，目前生物医药产业依然存在着知识产权风险，主要包括产业链卡脖子问题和产业整体创新力依旧不足问题以及人才短缺问题。

（四）国家层面存知识产权与国家战略融合不足的风险

个人、企业和产业三个层面，是构成国家层面的基础。个人层面所面临的人才培养、人才流失问题不仅影响国家知识产权涉外诉讼人才储备，也会使国家在对知识产权规则制定过程中缺乏可用人才；企业层面涉及的长臂管辖等问题，对于我国制造强国战略的顺利推进也会产生阻碍；产业层面所涉及的人工智能等产业，同样给国家的数字经济发展带来了严峻挑战。相较于其他三个层面，国家层面的知识产权激励与保护更加侧重于宏观层面。

数字经济战略实施过程中可能会有知识产权风险。数字经济与知识产权安全有着不可分割的紧密联系。二者的融合主要表现在三个方面：数字经济创新成果离不开知识产权制度的保护，数字经济对知识产权保护的观念和规则产生了影响，数字技术为知识产权保护带来了便利。但是知识产权风险也随之产生，具体而言：数字经济内在发展与知识产权外部约束存在矛盾；数字经济的快速变化对知识产权的安全提出了更高要求；数字经济的全面渗透性需要更有实效的知识产权安全。

制造强国战略实施过程中的知识产权风险。当前，在制造强国战略的指引下，中国制造业正在向着由中国制造向中国创造转变，中国速度向中国质量转变，中国产品向中国品牌转变。❶ 而知识产权在推动制造业转型升级过程中的基础支撑和保障作用还需得到进一步提升。目前制造业核心知识产权有效供给不足，只有不断增强科技领域基础研发和创新水平，加强制造业核心知识产权有效供给，我国制造业关键核心技术受制于人的局面才能得到根本扭转，才能有利于制造业发展质量的提高。此外，自主知识产权标准产业化推广与应用缺乏强有力的统筹推进机制，自主知识产权标准的产业化推广与

---

❶ 国务院关于印发《中国制造 2025》的通知（国发〔2015〕28 号）［EB/OL］．（2015-5-19）［2022-10-15］．http：//www.gov.cn/zhengce/content/2015-05/19/content_9784.htm.

应用单纯依靠产业主管部门或者某一地方政府，已难以实现，亟须进一步加强从国家战略层面跨地区、跨部门、跨界别的资源聚合，构建自主知识产权标准产业化推广与应用协同推进机制，促进自主知识产权标准的国家意志得到统一贯彻和有效实现。

国际知识产权规则制定中的知识产权风险。知识产权不仅是国内发展的战略性资源，同时也是国际贸易的"标配"和国际竞争的核心要素，具有天然的国际性、全球性。知识产权全球治理以知识产权国际规则为最主要表现形式和治理手段。随着国际社会对知识产权治理的重视与日俱增，知识产权国际规则也在不断演化。从改革开放40多年的历程看，中国在很长一段时间里被动地充当了"规则接受者"的角色，中国的国家利益在国际规则中未得到充分的体现。再加上中国的发展中国家身份，导致中国在知识产权全球治理中长期处于被治理者的角色。因此，对于我国而言，积极参与新一轮国际知识产权规则的制定，事关国家经济安全，事关中国能否在知识产权全球治理中的角色转换，成为全球治理的积极参与者甚至推动者。面对全球知识产权治理失衡乃至治理失灵的困局，我国目前整体处于被动跟随和接受的状态。❶ 这种知识产权全球治理的失衡乃至失灵将极大地限制中国"以我为主"地实施知识产权战略和建设知识产权强国。

知识产权涉外诉讼中的知识产权风险。随着我国科技创新实力的崛起和全球制造业的迁移，我国知识产权涉外司法保护正因此遭遇管辖困境，具体问题主要涉及标准必要专利、禁诉令。对于标准必要专利，问题包括授权专利产出成本高且与定稿标准对应难度大，以及由标准必要专利引起的诉讼涉及问题复杂。对于禁诉令，建立禁诉令制度的必要性与可行性欠缺、禁诉令在国际法上缺乏合法性及运行机理缺乏合理性是当今知识产权涉外诉讼中存在的主要风险。

---

❶ 祝雅柠. 论新领域新业态背景下知识产权保护对象的理性扩张——基于知识社会理论的反思[J]. 华中科技大学学报（社会科学版），2021，35（6）：87-96.

四、涉及国家安全层面的知识产权问题对应措施

（一）提升知识产权创造水平

1. 对于企业应采取以下措施防止科研人才流失

（1）合理安排科研人才。

松下幸之助说："如何合理使用人才，充分发挥每个人的潜能，赢得员工的献身精神、留住人才、实现企业长久稳定的发展，是企业建设的一个重要内容。"合理使用人才，企业首先要能识别人才，为人才竞争创造条件，扬弃"随大流"，通过竞争与激励，使人才脱颖而出。古人云"骏马能历险，犁田不如牛"。因此，除了要有"伯乐识千里马"的识贤之举外，企业还必须依事用人，用人之所长，把人才放在最合适的地方，使人才真正最大限度地得以合理使用。海尔集团为了识别并留住人才，在员工中实行"赛马"制，让每个员工都有工作动力和压力在"赛马"过程中增长才干，并在充分调查研究的基础上制定了15种"赛马"规则，作为考核人、使用人、奖励人的主要依据。由于有了明确的"赛马"规则，建立健全了能者上、平者让、庸者下的公平竞争机制，自然就留住了尖子人才。

（2）提供科研人才充足的发展空间。

企业为优秀人才提供成长与发展空间，保证其自身的不断提高，可以帮助人才充分发挥和利用其潜能，更大程度地实现自身价值，提高工作满意度；同时会令他们感受到个人职业前景乐观，从而增强对企业的归属感和责任感，自觉地留在企业，竭力为企业服务。这是企业依靠事业留人。西门子执行副总裁兼人事部总监博德介绍说："西门子不仅仅依赖于用高薪留住人才。对于员工，发展机会才是最重要的，公司会为员工提供尽可能多的发展机会，帮助员工实现职业目标。"他还介绍说："西门子雇佣员工更多考虑他们的长期规划，会给予他们很多的机会和发展空间，希望员工与公司一起成长。在西门子，员工流动率中自愿离开的比例远低于市场水平。"企业为人才营造"海阔凭鱼跃，天高任鸟飞"的环境，他们就能更有效地发挥作用，更好地为企

业服务。

（3）营造良好的科研文化氛围并形成较强的凝聚力。

首先，要营造良好的科研文化氛围。健康向上的科研文化是成功与否的基石，是能否留住人才的关键。其次，还要与科研人员互相沟通，理解彼此的价值观和道德标准。美国著名的管理咨询师郝尔曼在他的《留住员工心》一书中提道："无论是现在还是未来，成功的公司都必须基于坚实的道德准则，公司的价值观将被视为积聚人才和留住人才的生命线。"这一观点表明，科研的核心价值观不但已成为科研机构吸引人才的重要砝码，而且也已逐渐成为科研机构聚留优秀人才的向心力。IBM 公司就是凭借其"尊重个人，给予顾客最好的服务和追求优异工作表现"的原则和信念，构成公司特有的企业文化，积聚了大批优秀的人才。

2. 对于高校应采取以下措施防止科研人才流失

（1）营造良好的高校科研人才评价文化生态。

高校科研人才是立教之本、兴教之源，也是科研人才评价改革的关键主体。第一，要深入贯彻"以人为本"理念。要聚焦育人主责主业，完善高校科研人员的人格，构建有利于科研人才全心从教、潜心育人、安心治学的文化生态。第二，要树立全面评价的理念。既注重科研结果评价，又注重科研人才的素质评价、科研过程评价，遵循科研和人才发展规律，真正营造科研人才潜心从事前沿性、突破性、颠覆性研究的良好氛围。

（2）因人设岗。

对稀缺型的核心科研人员，设立量身订制的岗位。这有利于激励人才，留住人才。根据马斯洛需求层次理论，人的需要由生理需要、安全需要、归属与爱的需要、尊重的需要、自我实现的需要 5 个等级构成。高新技术人才考虑更多的是尊重需要和自我实现需要。每一个科研人员都有希望获得成就感，通过干大事创大业，展示自己的才能，为科研机构做出贡献，从而赢得社会的尊重。

（3）支付有竞争力的薪资和福利。

生理需求是人的第一需求，人们都追求更体面、更舒适、更宽裕的生活。这种生活方式的基础是经济收入。要根据效率优先、兼顾公平的原则，使人才得到的收入报酬和享受的福利待遇与其经历、能力、业绩挂钩，做到恰如其分，公平合理，并且随着劳动生产力的提高而提高，这有待于企业设计和实施能有效激励人才的薪资报酬制度。

（4）创新科研人才评价标准。

科研人才作为高质量发展的战略资源，建立健全的人才评价体系日益重要。评价标准的设置，既要与时俱进，又要树立问题导向、价值导向。要坚持以师德、师风为第一标准，实行师德不合格"一票否决制"，既评人才"产出"的成果表现，也评其"产出"过程的真实表现。要突出社会性，重点评价学术贡献、社会贡献，既看个人的创新成果，也看对他人、对社会的贡献。要体现分类评价，结合行业实际，形成特色化、精准化评价指标；全面落实和推行代表作制度，不片面追求论文和成果数量，重质不重量。

（二）提升知识产权运用水平

1. 对于知识产权规则制定中存在的知识产权风险，我国可通过以下途径予以应对

（1）提出知识产权规则制定的"中国理念"。

中国深度参与全球知识产权治理离不开科学理念和系统理论的指引。知识产权制度虽起源于西方，是资本主义创造的文明成果，但并不专属于西方，而属于全人类。中国深度参与全球知识产权治理，必须提出和构建中国的知识产权观和知识产权全球治理观，将其深刻融入当前的全球秩序和话语体系，抓住全球知识产权治理体系变革的时代机遇，加速实现中国知识产权外交政策、制度规则与知识产权国际规则发展变革的密切对接和深度融合，转换自身在全球知识产权治理中的角色，与全球各国在持续的合作实践中构建治理共同体共同应对人类的风险挑战，为中国和世界的共同繁荣持续贡献力量。❶

党的十八大以来，以习近平同志为核心的党中央洞察百年未有之大变局，提出人类命运共同体的理念。这是中国向全球治理提供的总思路，代表了中国积极参与全球治理的哲学基础、理念形态和核心原则。这不仅提供了中国对外交往的先进的理念指导，也将引领中国深度参与全球知识产权治理的根

---

❶ 习近平. 论坚持推动构建人类命运共同体 [J]. 北京：中央文献出版社，2018：383.

本方向。❶ 全球化时代，世界各国密切联系在一起，彼此都无法抽身独立。任何一国发生的重大危机将会迅速地向全球其他国家蔓延，进而危及整个国际社会。因此，知识产权全球治理必须从全人类的共同利益和福祉出发，坚持人类命运共同体理念，构建以合作共赢为核心的新型国际关系。在此理念指引下，中国将致力于推动全球知识产权治理对话协商、共建共享、合作共赢，使全球规则朝着开放包容、平衡有效的方向发展，不断促进各国合作创新、繁荣发展。

具体在知识产权领域，首先，人类命运共同体理念倡导建立共商共建共享的全球治理格局，开放包容原则即是这一内涵的体现。全人类共同创新和福祉是知识产权治理的目标，治理必须基于大多数国家普遍认可和接受的规则共识。知识产权国际规则的形成必须经历全面的利益诉求表达、充分协商和民主表决，才能保证其体现的是全球绝大多数国家尤其是发展中国家的意愿。因此，中国参与全球知识产权治理，将坚持共建共商共享，不搞单边主义、以大压小，始终坚持多边主义，以对话解决争端、以协商凝聚共识。❷ 其次，人类命运共同体理念强调共同的义利观，要求知识产权治理必须坚持平衡普惠原则。只有共同、可持续的发展才是良性发展。为此，中国参与全球知识产权治理必将秉持开放精神，推进全球各国互帮互助、互利共赢。例如，支持 WIPO 发挥知识产权国际规则制定的主平台作用；支持 WTO 进行必要改革，但应维护多边贸易体制关于非歧视和开放两个核心价值。❸ 知识产权全球治理就是要协调好本国利益、他国利益与全人类共同利益之间的关系。知识产权强国应主动承担大国责任，积极推进全球知识产权治理体制和规则的优化，推动各国的合作创新与繁荣发展。

（2）提出知识产权规则制定的"中国方案"。

知识产权规则制定的"中国理念"是宏观层面的策略，将其转换为制度实践和治理实践，离不开实施机制的辅助和支持。只有通过有效的实施机制，

---

❶ 吴汉东. 中国知识产权法律变迁的基本面向 [J]. 中国社会科学，2018（8）：108-125，206-207.

❷ 张明. 知识产权全球治理与中国实践：困境、机遇与实现路径 [J]. 江西社会科学，2020，40（3）：195-202.

❸ 万勇. 知识产权全球治理体系改革的中国方案 [J]. 知识产权，2020（2）：17-25.

才能推动规则制定。目前，全球产业链正面临断裂与重构的新形势。在这一新形势下，产业链中核心技术的知识产权的授权标准、运营模式和保护规则等都将面临新一轮的国际协调与协作。从目前全球知识产权治理互动格局来看，中国深度参与全球知识产权规则制定应当从国际治理、区域治理和双边治理多维度展开。

一方面积极维护现行知识产权全球治理规则的多边框架体系。由于历史原因，现行知识产权治理的多边框架体系因利益失衡饱受诟病，但完全将之推翻重来既不现实也不可行。从全球发展实践来看，以 WTO 的 TRIPs 协议和 WIPO 管理下的知识产权国际条约体系为核心构建起来的知识产权国际规则体系仍然是实现全球贸易自由化和推动知识产权保护一体化最重要的工具，在协调发展中国家与发达国家分歧、统一知识产权保护水平中发挥了重要作用，广大发展中国家已经在历史实践中逐步适应了这一体系。❶ 因此，中国参与全球知识产权治理，首要任务就是积极维护和发展知识产权多边合作体系，加强 WIPO、WTO 等国际框架和多边机制中的合作，以此为基础，积极推进与经贸相关的多边知识产权对外谈判，不断推动既有国际规则的完善。❷

另一方面积极推动或参与区域性知识产权合作体系规则制定。全球知识产权治理的"碎片化"已经成为不可逆转的趋势，为掌握新一轮知识产权国际规则制定的话语权，中国不能置之不理，只能相向而行，积极融入和发展双边和小多边知识产权对话机制。未来我国应进一步扩大知识产权国际合作网络，深入推进知识产权多双边对外谈判，以"一带一路"共建国家或地区为基础，积极搭建知识产权治理地区性平台。❸

2. 对于知识产权涉外诉讼中存在的知识产权风险，可通过以下途径予以应对

（1）对于禁诉令问题。

总体上，禁诉令的实施原则应持谨慎谦抑的态度。最高人民法院《关于

---

❶ 马忠法，王悦玥.“一带一路”倡议下的知识产权国际协调法律制度［J］. 上海财经大学学报，2022，24（2）：122-136

❷ 马忠法，王悦玥.“一带一路”倡议下的知识产权国际协调法律制度［J］. 上海财经大学学报，2022，24（2）：122-136.

❸ 易继明. 新时代中国特色知识产权发展之路［J］. 政法论丛，2022（1）：3-18.

审查知识产权纠纷行为保全案件适用法律若干问题的规定》第 7 条中关于审查行为保全申请应当综合考量的因素，可以作为禁诉令实施的考量因素的重要参考。❶ 司法礼让与禁诉令具有一定的紧张和矛盾关系。在基本面上，禁诉令会涉及域外司法机关的司法管辖权，不发出禁诉令原本是最好的司法礼让。但发出禁诉令对于我国法院而言应当是不得已而为之的行为，这种考量本身就是一种司法礼让的姿态，考量禁诉对象对我国法院判决执行的实际影响。如果不采用禁诉令限制当事人行使司法请求权将可能导致我国法院判决难以执行，应当发出禁诉令。如果域内的诉讼结果与当事人的域外诉讼没有直接关联，可认定为禁诉令缺乏其必要性。禁诉令的作用不是单纯维护一方当事人的利益，而是从司法权及我国司法权威性的角度来考虑的。我国司法虽然保障和实现当事人的正当权利，但不是当事人非正当利益的手段和工具。

（2）对于标准必要专利问题。

在标准必要专利权垄断行为造成知识产权制度利益失衡，正常市场经济制度遭到破坏的不利后果方面，欧盟和美国有在先的经历，欧盟的竞争法和美国的反托拉斯法体现了对这种垄断行为处理的基本态度和解决路径。为了能更加有效地应对国际贸易和竞争中由标准必要专利引起的垄断行为，可以积极研究和借鉴其相关立法，并根据实际情况和政策需要，探索一些新思路和思考角度，完善细化标准必要专利垄断行为的规制办法。❷

在科技行业国际化激烈竞争的大背景下，中国须在残酷的商业竞争中吸取国外科技优势企业经验，增强自身实力，并不断参与国际组织工作，提升专利标准制定的话语权。

3. 对于数字经济战略中存在的知识产权风险，我国可通过以下途径予以应对

（1）提高对数字经济时代知识产权保护重要性的认识，加强整体规划。

牢牢把握数字经济的特点，做好知识产权保护的全面谋划，特别是各国都在探索数字时代知识产权保护方式之际，如能推动中国的方案转化为国际

---

❶ 张卫平. 我国禁诉令的建构与实施 [J]. 中国法律评论，2022（2）：173-185.

❷ 多米尼克·布鲁诺. 欧洲专利制度经济学——创新与竞争的知识产权政策 [M]. 张南，译. 北京：知识产权出版社，2016.

通行的规则，既可以提升我国互联网领域的治理水平，也可以抓住机遇，赢得互联网时代国际话语权。因此，应充分发挥互联网技术在统筹构建司法、行政、仲裁、监督的四轮驱动的知识产权保护格局中的推动作用，加强国内外的沟通、交流，做好顶层设计和整体布局。

（2）结合数字经济时代知识产权发展的新需求，完善相关制度体系。

当前，市场主体对基于互联网形成的新技术、新模式提出了强烈的保护诉求，人工智能、"互联网+"、大数据及区块链等新业态、新领域的相关规定呼之欲出，因此应系统梳理该领域出现的新情况，加快研究修订或出台相关政策，应对新问题新形势。例如，欧盟委员会出台的《欧盟数字服务法案（草案）》（*Draft EU Digital Services Act*）引入一系列针对数字服务在欧盟范围内的新义务责任，进一步加强了规范。❶

（3）夯实数字经济时代知识产权发展的智力基础，建设复合型人才队伍。

在经济快速发展的时代，从事知识产权研究的人才需要具备对创新的敏锐度，尤其在数字经济时代，理解互联网的特点和数据安全性等问题将有助于提高规则制定的前瞻性和合理性，因此应着力培养具有宏观视野、技术能力、创新意识的"三合一"复合型人才、高端人才；推动法律思维与技术背景深度融合，使其能够在瞬息万变中抓住普遍规律和关键主线，拓展研究思路的深度和广度。

4. 对于制造强国战略中存在的知识产权风险，我国可通过以下途径予以应对

（1）依托国家科技重大专项和《中国制造 2025》的重点工程，加强关键核心技术知识产权积累与战略储备。

瞄准国家重大战略需求和未来产业发展制高点，深入推进和实施国家科技重大专项、高端制造业重大科技计划和制造业创新中心建设工程等，力争在集成电路、新一代移动通信、大数据、智能机器人、节能与新能源汽车等领域，积累和储备一批关键核心和共性技术的知识产权。在《中国制造2025》重点发展领域及"互联网+"的关键环节增强国家重大科技专项和重

---

❶ 湖北省知识产权局. 知识产权保护助推数字经济发展［EB/OL］.（2021-2-5）［2022-10-5］. ht-tps：//www. sohu. com/a/448870737_120207620.

点工程的知识产权主导能力和战略储备能力，依托国家重大科技项目和重点工程有效积累、储备一批拥有核心技术的知识产权。❶ 加快国家制造业创新中心建设，扎实构筑制造业创新中心的知识产权积累与储备能力。深入实施工业强基工程，支持骨干企业、高校和科研院所联合研发，积累和储备一批具有竞争力的关键核心共性技术的知识产权。组织重点行业研究院、国家企业技术中心、国家重点实验室、国家工程技术中心等机构，面向国际制造业的国际竞争需求，实施重大关键技术、工艺、关键零部件和先进基础制造件的知识产权战略储备，形成一批具有产业化导向的关键核心技术专利组合，以此为基础有效运用专利、著作权、集成电路布图设计、商业秘密等不同类型的知识产权，构建关键共性技术保护体系。

（2）加强战略统筹与协同推进，有效推进自主知识产权标准产业化推广与应用。

适应全球制造业竞争赛场转换和我国制造强国建设的需要，加强对知识产权协同运用的战略统筹，着力突破自主知识产权标准产业化推广与应用的体制、机制障碍，着力构建自主知识产权标准产业化推广与应用的长效推进机制；在《中国制造2025》重点发展的领域及"互联网+"的关键环节设立国家知识产权战略基金，组建知识产权运营公司，支持知识产权运营机构面向重点产业国际竞争需求，收储关键核心技术专利，反制、遏制跨国公司对我国重点产业的专利收购和专利滥用；支持各类创新主体和市场主体结合"一带一路"倡议和国际产能合作，推进我国自主知识产权标准的产业化推广与应用；支持行业组织、产业联盟跟踪、研究和发布自主知识产权标准的产业化推广与应用的态势，指导和支持我国企业协同运用自主知识产权标准占据产业和技术变革制高点。加强制造强国建设知识产权政策的顶层设计，协同推进知识产权政策与创新政策、产业政策、财政金融政策等政策措施的衔接融合，集成和聚合各类知识产权资源，着力推动技术研发、知识产权运用、标准化建设、质量品牌建设、成果转移转化与产业化应用融合发展。依托国家制造业创新中心、产业技术公共服务平台和众创空间，建立联合防卫、风

---

❶ 张义忠. 建设制造强国急需筑牢知识产权根基［EB/OL］.（2016-11-14）［2022-10-5］. ht-tps：// mp. weixin. qq. com/s/x1i8g31POy77jh-OVVph-A.

险分担、开放共享的知识产权协同运用机制。

（3）加强制造业创新中心知识产权能力建设，培育知识产权领域领军企业。

结合《中国制造 2025》中制造业创新中心建设工程的实施，分类分领域地培育海外知识产权布局领军企业，拓宽我国制造业海外专利布局的产业覆盖面。鼓励和支持已经"走出去"或即将"走出去"的制造业企业加快海外知识产权布局，形成产业控制力和主导力。❶ 支持自主创新能力较强的企业适时将核心技术申请基本专利，加强标准必要专利的积累与应用，形成具有产业影响力的关键技术标准，增强我国骨干企业布局国际专利的前瞻能力，抢占国际制造业竞争高地；支持跟随型企业跟踪分析国际专利实力强的公司的基本专利，引导其围绕基本专利申请大量应用层面的从属专利，有效构筑有控制力的外围专利网，突破国外专利包围；鼓励和支持集成创新能力强的企业在国外基本专利基础上开展二次研发，形成新的有控制力的基础专利，增强我国制造业国际竞争主导能力。

（三）提升知识产权保护水平

1. 对于企业商业秘密问题，可通过三种方法进行完善保护

（1）推动商业秘密专门立法进程。

解决我国企业商业秘密保护存在的共性问题，注重在专门立法中专章规范具有公益性质、国资性质的企事业单位商业秘密保护的内容。

（2）修订《中央企业商业秘密保护暂行规定》。

根据行业性质、管理方式或受侵害后造成的损害后果不同，对中央企业涉及的商业秘密进行分类，专门明确国有资产领域商业秘密的管理要求，包括范围界定、保密期限、人员知悉范围等。同时建议在《中央企业商业秘密保护暂行规定》规定之上由国务院制定专门的行政法规，不仅包括对中央企业，还包括对国资控股、地方国有企业等主体的商业秘密管理与保护进行规范。

---

❶ 张义忠. 强化知识产权运用是制造强国建设的"标配" [J]. 中国工业评论，2016（5）：36-41.

（3）形成完备的商业秘密保护法律体系。

结合前述立法的完善，对《反不正当竞争法》《中华人民共和国民法典》（以下简称《民法典》）"合同编"，《中华人民共和国刑法》（以下简称《刑法》）《民事诉讼法》做出相应的调整和完善，形成一套较为完备的商业秘密保护法律规范体系，充分发挥好各类法律手段在保护商业秘密、打击商业秘密侵权和违法犯罪行动中的作用，织密织牢商业秘密保护的法网。

2. 对于企业滥用用户信息所产生的知识产权风险，可通过两种方法进行完善保护

（1）完善数据出境安全评估制度。

为融入全球化数字经济的发展，我国应通过立法，在数据安全的基础上，确保数据的跨境流动。数据分级分类管理是实现数据流动的前提，安全评估机制则是数据流动的守门员。

首先，整合、制定关键基础设施、重要数据的目录。我国关于数据安全评估的法律、文件规定较为零散，缺乏统一、明确的标准，增加了数据安全评估的不确定性。现阶段迫切需要统筹相关部门整合关键信息基础设施、制定重要数据、核心数据的目录，根据适用场景的变化随时进行完善、更新、公布。并以此为基础，对我国境内重要数据、核心数据进行重点保护，并在出境审查时进行严格对照。其中，重要数据标注应当以可能影响国家安全、社会公共安全、公民个人利益为标准。根据数据来源的多元化、复杂性，将重要数据认定的负责部门交由各领域、各行业的主管部门负责更为专业。[1] 同时，应当落实上述主管部门在数据出境安全评估中的主体作用，参与网信部门组织的数据安全评估工作，并承担重要数据认定异议程序的复核责任。

其次，数据安全评估部门应当通过实质审查的方式，对数据出境是否存在风险进行判断。《个人信息和重要数据出境安全评估办法（征求意见稿）》采用客观数量标准，将"50万人以上""超过1000GB"作为衡量是否需要组织安全评估的门槛。该征求意见稿将平台掌握超过"100万"用户个人信息作为启动数据出境审查的标准。但是，该客观数量标准可能会遗漏诸多影响国家安全的数据，抑或是过度阻拦不具备威胁风险的数据出境。从数据技术

---

[1] 刘金瑞. 数据安全范式革新及其立法展开［J］. 环球法律评论，2021，43（1）：5–21.

角度出发，通过数据分析、挖掘技术，非个人数据的聚合可能形成具有识别性的数据，碎片化、不具有敏感性的数据也可分析出敏感信息，海量数据聚合甚至可能挖掘出影响国家安全的信息。因此，安全评估部门除了组织相关领域专家按照关键信息基础设施与重要数据目录进行评估以外，还应当通过模型计算的方式对出境数据进行实质审查。例如，对出境数据被非法利用或被挖掘出的涉密信息的可能性进行实际检测、验算。只有经过实质性风险审查的数据，才能被允许出境。

最后，中国作为数据大国，应当积极主动参与到全球数据跨境规则与评估方案的制定中，把握全球数据战略的先机。积极从我国利益出发，以多边参与、多方参与为原则，签订符合我国数据保护立场的双边、多边条约，积极与国际社会现有立法进行衔接。同时，积极利用"一带一路"发展平台，落实我国数据安全保护的域外效力，为企业数据出境提供保障。

（2）加强对数据垄断企业的法律规制。

首先，数据过于集中不仅会增加数据存储的风险，还可能增加其易损性。由于大量涉及国计民生的数据集中掌握在特定企业手中，一旦企业数据安全管理制度失灵或被他人恶意攻击，我国国家安全、个人隐私所面临的风险也呈指数级暴增。

以滴滴公司为例，作为互联网时代运输业的新兴产物，滴滴公司改变了整个出租车行业的运行现状，在网约车行业占据龙头地位。按照正常的网络效应，平台越大，可能吸引加入平台的人数就越多，其所掌握、生产的数据体量就更加庞大。在平台用户达到一定体量之后，用户数据与平台发展便可能形成正向循环关系。也就是说，平台所掌握的用户数据越多，就能通过数据分析进行精准服务、提升用户体验，进而吸引更多的客户。然而，平台用户增多也可能造成负面影响，例如，平台服务水平下降导致用户流失。❶ 但前者的影响更为显著。由于平台企业两端用户间交叉网络外部性的存在，容易产生"赢家通吃""一家独大"的情形。企业在本行业领域占有的份额就会越来越重，甚至可能对本行业的其他企业或者可能进入本行业的企业产生竞争壁垒。滴滴公司在 2015 年与快的公司合并，2016 年收购优步中国之后，迅

---

❶ 丁晓东. 论数据垄断：大数据视野下反垄断的法理思考 [J]. 东方法学，2021（3）：108-123.

速成为网约车界的利维坦，占据所有网约车行业绝大部分的市场份额。滴滴公司掌握的驾驶员或乘客的个人信息、地理信息、车辆信息等重要信息，以及从中可能挖掘、衍生出的其他海量信息的价值无法计算。

其次，监管部门可以通过反垄断审查避免产生数据超级企业。其目的在于不将所有鸡蛋都放在一个篮子里，避免数据过于集中带来数据安全风险的扩大。根据国家市场监督管理总局《关于平台经济领域的反垄断指南（征求意见稿）》与国务院印发的《国务院反垄断委员会关于平台经济领域的反垄断指南》，说明治理大数据领域的反垄断已经非常有必要。2021 年 7 月 13 日，国家市场监督管理总局基于《中华人民共和国反垄断法》（以下简称《反垄断法》）《经营者集中审查暂行规定》，禁止虎牙公司与斗鱼国际控股有限公司合并，避免腾讯在游戏直播中占据垄断地位。因此，市场监管部门在平台企业治理与监管中，应当积极进行反垄断审查权，防止经营者过于集中，维持市场的竞争生态。另外，对于已经做大、做强的平台企业，互联网审查部门应当加大对网络基础设施与数据安全的主动检查、定期检查、突击检查的力度，在事前确保数据安全。

3. 对于人工智能技术发展引发的知识产权法律规制和保护新问题，可通过以下方式确保人工智能产业健康发展

完善人工智能数据治理领域的法律规则，建立针对细分场景的细则和指引标准，构建建立算法综合治理体系。完善行业监管体制，提升监管技术手段，建立公开透明的智能技术监管体系，引导加强对算法设计、数据采集与流转、产品开发和应用等全流程监管。❶ 在明确政企责任边界的基础上引导企业加强自律，保障数据采集、存储和流转的合法性与安全性。引导制定技术风险防范预案，建立人工智能国家技术安全管理清单制度，消除核心技术外流与被控制的风险。❷ 重视加强人工智能在信息网络安全方面的应用，全方位提升网络与信息安全防护能力。

---

❶ 韩秋明，李修全，王革. 英国智库 NESTA 的技术预测研究——人工智能技术面临的问题及对策［J］. 全球科技经济瞭望，2018，33（7）：11-18.

❷ 芦婷婷. 中国人工智能产业发展的竞争力及发展策略——基于钻石模型的分析［J］. 经济论坛，2020（12）：18-26.

4. 对于新能源等新兴产业层面的知识产权风险，可通过两种方法进行完善保护

（1）完善战略性新兴产业领域的知识产权审查标准。

建立健全专利与商标的审核绿色通道和软件著作权快捷登记通道，提升对相关重要专利审核质量管理的关注度，大力支持战略性新兴产业的创新科技及时获取稳定性强的知识产权。

（2）构建新能源产业联盟知识产权集群管理系统。

现阶段面向政府部门、行业组织、企业及服务机构等，以专业化、定制化服务为核心。构建新能源产业知识产权数据库并开展信息服务、信息发布、分析预警、分析评议、维权援助、知识培训、工作交流等服务。它的推广应用可为知识产权集群管理工作的模式探索、优化、完备提供案例支撑，实现新能源产业知识产权集群管理的网络化、流程化和智能化，保证联盟知识产权信息有效传递和共享，增强企业自主创新和知识产权保护能力，提高新能源产业的核心竞争力。❶

5. 对于外资并购中的知识产权风险，可通过三种方法引导企业提升知识产权保护意识

（1）从政策角度明确对于外资的合理利用。

从立法规制的角度来说，针对外资并购中的驰名商标流失现象，我国仅有前述《商务部关于外国投资者并购境内企业的规定》作为保护驰名商标的商标法层面的法律依据。《外商投资法》确立了"准入前国民待遇加负面清单"作为外资管理模式，反映出当前我国扩大开放、吸引外资的态度。然而，该法第 22 条仅强调了"保护外国投资者和外商投资企业的知识产权"，而对我国企业自身的知识产权保护未提及。从实际情况看来，我国资金短缺、国内居民储蓄和外汇储备居高不下、产业结构偏差较为突出的情形已经有所好转，如果继续给予外资企业过于倾斜的优惠政策，将不利于我国驰名商标的保护。因此，应当进一步规范外资优惠政策，引导和规范外资并购方向，避免加剧驰名商标流失现象。

---

❶ 蔡然. 新能源产业知识产权集群管理系统构建与应用［J］. 科技展望，2015，25（11）：176.

（2）进一步细化外资并购规制，增强相关法律制度的权威性、可操作性。

关于外资并购国家安全审查制度问题，2018 年国务院办公厅发布了《知识产权对外转让有关工作办法（试行）》，要求安全审查中要涉及知识产权对外转让审查，即在外资并购中引起的知识产权权利人变更或实际控制人变更可能被界定为知识产权对外转让，从而需要接受审查。然而，《外商投资法》第 35 条仅对安全审查作出原则性规定，虽然立法层级较高、权威性较强，但是缺乏可操作性。在这部具有划时代意义的《外商投资法》生效之前，学者认为这部法律应当能够实现如下两个目标：其一，明确国家安全审查的重要性，在合理利用外商投资的同时，能够引导外资并购审查切实做到维护国家安全、社会秩序和公共安全；其二，对外商投资管理作出更为细致、更具可操作性的指导，统一目前分散的法律法规和部门规章。[1] 从目前来看《外商投资法》仅完成了前者。

（3）丰富在外资并购中保护驰名商标方面的实践。

商务部《关于外国投资者并购境内企业的规定》第 12 条规定了外国投资者并购中有涉驰名商标或中华老字号企业的应向商务部报告，实际上在实践中我国政府很少援引这一规定。[2] 因此，我国应当通过适用前述规则，以实践来明确我国意欲保护驰名商标的态度，保护我国的相关产业和品牌发展。

6. 对于企业遭遇他国长臂管辖的困境，可通过三种途径予以应对

（1）积极参政议政和建言献策，寻求我国立法、司法和行政部门的支持与帮助。

对于中国企业而言，仅凭其自身实力不可能从根本上对抗美国滥用域外"长臂管辖权"。在以往案例中，即使是中兴通讯、中国银行等国内行业顶尖企业，也只能被迫接受美国法院的长臂管辖并服从其判决。因此，我国应推进域外适用法律体系建设，加大国内法制度供给，为对抗和反制美国"长臂管辖"提供法律依据；另外通过政府决策咨询机制，积极建议相关部门对美国违反中国法律的企业和个人积极实施"对等司法管辖"。

---

[1] 马方. 系统构建国家安全法治实施体系 [J]. 理论探索，2022（1）：12-22.
[2] 潘志成. 析商务部禁止可口可乐收购汇源的相关理由 [J]. 法学，2009（7）：81-88.

（2）在事前预防上加强企业合规管理制度建设，强化企业日常经营中的法律意识。

中国自加入 WTO 后，从事涉外业务的企业一般均已建立起了较完备的合规管理制度，可以在一定程度上预防和管控海外法律风险。但事实上即使是没有任何涉外业务的中国企业也面临被美国"长臂管辖"的风险，而这部分企业正是最需要强化法律意识，加强企业合规管理制度建设的对象。从中国企业面临被美国"长臂管辖"的主要风险来看，中国企业应该重点加强在尊重美国企业知识产权、履行与美国企业间的合同义务、保障输美产品质量、尊重美国企业和个人合法权益、避免垄断和不正当经营行为、遵守美国出口管制规定等方面的合规管理制度建设，对可能触犯美国法律的敏感业务实行预先审查机制。

（3）在事后应对上避免侥幸心理和抵触情绪，聘请专业法律团队积极应诉。

面对美国的"长臂管辖"，在中国从立法上正式阻断美国对中国涉案企业的"长臂管辖权"之前，积极应诉是中国企业最明智的选择。中国企业一旦被诉，就应该聘请有丰富美国诉讼经验的专业法律团队处理案件，积极配合调查，正确陈述案件事实，争取与起诉方达成和解或争取美国法院宽大处理。

7. 对于企业商业秘密中的知识产权风险，可通过以下途径予以应对

（1）强化商业秘密实施的审查和监控。

国有企业应当在明确商业秘密范围、保密期限、人员知悉范围等工作的基础上，形成商业秘密目录清单，切实做好商业秘密的标密工作，保证涉及商业秘密的信息能够准确完整地标识在企业内部文件资料中。同时，在商业秘密传递过程中强化审查管理，定期对商业秘密台账、流转记录等进行检查，特别是要建立商业秘密去向信息反馈机制，由输出人员负责，对因履行合同、技术合作等事宜需由外界人员接触、占有商业秘密的，持续跟踪对方履约情况，要求对方人员做出书面说明或承诺，及时收回涉及商业秘密的载体资料。❶

---

❶ 赵子龙. 国有企业商业秘密保护的法律问题研究 [J]. 现代商业，2020（20）：127-129.

（2）加强人力资源管理中的商业秘密管理工作。

有效保护企业的商业秘密要紧紧抓住"人"这一关键因素。❶ 首先，要营造全员保密守法的良好氛围。坚持不懈对全体员工进行商业秘密保护的法律法规及企业规章制度的宣传教育，切实加强涉密人员的商业秘密保护和管理业务培训，持续深入开展"以案释法"活动，将技术秘密保护理念融入企业文化之中，潜移默化地影响员工，增强其保密守法的自觉性。其次，抓好人力资源管理环节的商业秘密管理。充分了解从他方引进人员在原任职单位的工作背景，要求其对在原单位承担的保密义务和竞业限制义务做出书面申明，并合理安排其在本单位的科研任务及工作职责。根据员工所从事工作的保密程度，决定是否与其签订竞业限制协议，明确竞业限制的具体范围、期限、补偿费数额、支付方法、责任追究等。对负有竞业限制义务的人员，要建立监督和追踪机制，全面准确掌握和评估其履约情况，做好责任追究。❷ 最后，还要做好日常工作中的员工保密管理。建立完善商业秘密保护的奖惩机制；明确员工在劳动合同中的保密义务。加强技术人员参与技术研发活动的全过程管理，做好研发记录、试验记录册等基础资料的存档管理。对其他员工要做好其可能接触技术秘密的痕迹留存，如做好相关会议纪要、会议签到记录、研讨记录的存档管理等。

（3）完善商业秘密保护的软硬件设施建设，通过信息化技术和专有设备等手段强化保密措施。

建立和使用技术管理运用平台，采用权限设置进一步规范技术研发、设计、生产等环节中涉密技术资料与信息的流转、存储和使用。规范试验现场、核心装置的参观、访问管理；对专有核心技术和经营信息载体的重要管制区域及敏感地带配置门禁和"全天候"摄像监控系统等。

（4）构建完善的商业秘密法律风险防范机制。

首先，要注重将技术秘密保护和专利权保护有机结合。对适合进行专利保护的以及适合作为技术秘密保护的技术及要点进行甄别并制定不同策略，做好专利、技术秘密的保护策略，统筹安排，协同保护。其次，要加强技术

---

❶ 潘胜. 中央企业技术秘密法律风险防范分析［J］. 当代石油石化，2019，27（7）：40-44.

❷ 章继文. 技术秘密转让合同标的条款设计［J］. 石油化工设计，2015，32（1）：62-64，8.

秘密法律风险预警。做好科研项目立项前的查新工作，避免侵权。做好工程设计阶段的工作分工安排，杜绝国内外技术交叉污染。完善技术秘密分析评议机制，重点针对人才引进、国际参展、产品和技术进出口、技术成果转化利用等活动开展技术秘密风险评估。加强对重大知识产权案件的跟踪研究，及时发布风险提示。再次，充分发挥合同约定对防范技术秘密法律风险的积极作用。制定完善各类技术合同示范文本，编写风险防范指引，针对现实存在的问题和技术开发、许可、转让的不同特点，明确每一类合同的风险防范重点。最后，全力做好技术秘密侵权案件的应对处理。坚持具体案件具体分析，制定完善法律应对的最优方案。对于恶意泄密、内外勾结、非法侵权等行为，通过民事、行政、刑事等手段，多措并举主张权利。对于因涉嫌侵权他人技术秘密引发的纠纷，要积极收集自主研发等方面的证据。推动建立同国外企业的沟通、协调、磋商机制，努力争取处理成本最小化和处理效果最优化。❶

8. 对于企业滥用用户信息所产生的知识产权风险，可通过两种途径予以应对

（1）平台企业应当根据法律法规、执法案例等内容，建立符合企业服务特色与属性的合规计划。

企业走出面临的海外执法风险，也是企业数据合规应当重视的问题。在数据保护方面，企业应当严格按照《中华人民共和国网络安全法》（以下简称《网络安全法》）、《数据安全法》《个人信息保护法》等执法，按照《个人信息和重要数据出境安全评估办法（征求意见稿）》《数据出境安全评估指南》等文件，根据自身属性建立数据收集、使用、出境的合规体系，制订员工手册。尤其是在数据出境管理上，企业无论是为了经济利益进行的数据流动，还是作为外国执法部门数据调取的对象，均应当严格遵守数据合规体系的规定，依法履行数据出境自评、报请评估等规定。在公司高管角度，应当承诺守法、合规经营，明确数据安全管理的重要性与法定义务；在公司员工管理角度，应当制定员工行为准则、建立数据安全管理定期培训制度、签署数据保密协议等；从企业经营角度，应当定期界定企业经营行为、IPO 程序、相

---

❶ 潘胜. 中央企业技术秘密法律风险防范分析 [J]. 当代石油石化，2019, 27 (7)：40-44.

关企业行为的法律边界，明确禁止企业违法违规行为。❶

（2）各级政府网信办应当主动介入大型企业（超过 100 万用户）的数据合规管理。

除了上述防范体系之外，企业还应当建立完整的数据安全监控体系。主要的内容包含：控制管理、审计、投诉处理与报告责任，并针对投诉事务设立专门的调查官。企业所在地的省、市一级网信办可以向企业派驻工作人员，专门负责企业合规体系的监控，并直接对接数据合规负责人。

首先，驻企工作人员可以对企业的具体业务、项目进行随机检查，对数据保护的不合规行为可以随时要求企业整改。

其次，驻企工作人员应当作为监督者参与企业数据保护投诉的调查。该工作人员不仅可以展开针对普通工作人员的调查，还可以是针对董事、经理等高级管理人员。长期以来，企业独立董事作为监督者，由于受雇于企业，一直面临着身份不中立的质疑。由网信办工作人员担任监督者，还能解决监督者中立的难题。

最后，对数据出境难以监督的难题，与其以企业主动汇报、网信部门抽检为主要安全评估启动模式，不如将网信办工作人员直接置于企业之中，主动参与数据管理，能够更好地在事前对数据流动进行控制。

9. 对于生物医药产业层面存在的知识产权风险，政府应在三个方面对企业进行支持，加强产业链短板环节研发生产与应用

（1）建立生物医药领域协同创新技术攻关联盟。

（2）围绕生物医药产业链短板环节，组织高校、科研院、企业建立材料、芯片、装备等覆盖多学科、多领域的联合研发攻关项目联盟，围绕产业链关键环节进行基础研究与技术攻关。

（3）加快审评审批制度改革。

针对企业更换产业链关键环节国产原辅料，设立独立通道加速审批，提高国产产品的应用可及性。设立独立通道加速审批，提高国产产品的应用可及性。

---

❶ 陈瑞华. 大数据公司的合规管理问题［J］. 中国律师，2020（1）：86-88.

（四）提升知识产权管理水平

1. 对于知识产权管理人才缺失引发的知识产权风险，可通过三种途径予以应对

（1）国家教育部门应深入推进知识产权专业学位教育，充分发挥高校在知识产权人才培养中的重要作用。

在知识产权专业人才的培养方面，国家教育部门应当充分认识专业学位教育是培养知识产权强国建设急需紧缺人才的重要途径，积极落实并支持引导知识产权专业在高校的设立与发展，加快推进设置知识产权专业学位，充分发挥高校在知识产权人才培养中的重要作用，满足知识产权强国建设对高层次人才的需要。科学设置知识产权专业学位课程体系，将知识产权基础理论学习与实务技能培训紧密结合，重点培养知识产权人才的实践能力。推动央地共建知识产权学院、研究院，探索知识产权人才培养新路径。❶

（2）高校应积极落实知识产权专业人才的培养，明确知识产权人才是知法律、懂经营、能管理的复合型应用型人才。

高校在落实知识产权人才培养过程中，应当明确培养目标，注重理论和实践的结合，明确知识产权人才是知法律、懂经营、能管理的复合型、应用型人才；配备多学科、跨学科的教学团队和资源，集聚整合法学、管理学、科学技术基础理论等教学力量；在课程设置方面，设置多层次的课程体系，包含法学和管理学基础知识、知识产权必修课程（知识产权基本法律和国际条约、知识产权文献检索、知识产权侵权及救济等）、知识产权特色课程（知识产权管理、专业代理人培训、企业知识产权战略、财务管理、市场营销等），形成完备的课程培养模式；在教学内容和方法上实现创新和突破，研究如何在本科培养方案中将知识产权相关学科理论知识体系进行有机整合，并在教学中加强实践实务教学，包括专利信息检索、专利申请和审查、专利申请文件的撰写等实务技能培训；加强硬件设施建设，包括建立相关信息数据库和实验室等。

---

❶ 国家知识产权局. 知识产权人才"十四五"规划 [EB/OL]. (2022-1-7) [2022-10-20]. https：//www.cnipa.gov.cn/art/2022/1/7/art_65_172685.html.

（3）企业应加大对知识产权专业人才的引入与培养，提升知识产权管理队伍建设的意识。

企业在知识产权管理人员专业性不足的情况下，企业领导层面首先应当提升知识产权管理队伍建设的意识，积极引入知识产权专业人才，特别是招收知识产权专业的高校本科毕业生和研究生。同时在内部加强培训，对现有的科技人员、管理人员和相关岗位人员进行在职培训。具备相应条件和规模的企业，应当积极探索建立适用于不同层次、不同对象的系统完整的培训服务体系，不断提升知识产权管理人才实务化专业水平。例如，探索建立针对三类员工的知识产权分层次培训体系：全体员工的基础岗位培训、中高层管理人员的知识产权管理制度培训、技术研发人员以及知识产权专业人员的全方面专业培训，包括研发项目的知识产权管理、研究成果的保护、权利的申请和维护、侵权预防和风险控制等内容。切实提升知识产权管理人才在企业知识产权战略管理、法制管理、市场管理、动态管理及国际化管理方面的能力。

2. 对于知识产权法律服务人才的缺失引发的知识产权风险，高校、律师事务所、司法行政机关可通过三种途径予以应对

（1）要培养涉外律师人才的外语应用能力。

第一，加强对法律英语的培训。随着经济全球化发展的不断深入，我国与世界上诸多国家建立了经济合作关系，并采用国际通用规则开展合作，国际规则基本都是用英文撰写，只有熟练掌握法律英语并能准确快速地翻译，才能更好地解决涉外经济合作中遇到的法律问题。一方面要积极发挥律师协会的行业培养功能，组织一批涉外法律实践经验丰富的优秀律师，建立专门的涉外律师培训团队，传授法律英语的使用方法和技巧；另一方面充分发挥高校英语人才的作用，加强涉外律师培养基地建设，聘请法学教师中精通法律英语的人才开展法律英语培训。

第二，加强对小语种的培训。随着我国"一带一路"倡议进程不断加速，我国与"一带一路"共建国家之间的法律实务越来越多，迫切需要精通小语种的涉外律师对企业进行指导。目前，我国能够用小语种提供法律服务的涉外律师少之又少，因此需要加强对小语种法律人才的培养。可邀请小语种国家律师事务所驻我国分支机构的律师进行语言培训，并建立长期合作关系。

另外，发挥高校留学人才的优势，聘请有小语种国家留学经历的优秀法律人才授课，建立专门的师资队伍。

（2）要培养涉外律师人才的法律专业能力。

第一，熟练运用国际规则处理涉外法律事务。首先，要完善国际法律相关内容的培训，将国际经济法、国际公法、国际私法等传统国际法律学科进行细分，有计划有步骤地对涉外律师进行培训。其次，加强对国际法律规则的研讨和分析，推进各高校之间国际法专业教学人才和涉外律师事务所之间的合作，系统梳理国际法律知识运用的重点，特别是法律程序、裁判机构、适用范围等基本知识。最后，律师应及时关注国际规则的变动。由于一些国家因各种原因退出或者保留了部分条约，对该部分信息应及时更新，在处理涉及该国企业法律实务时予以区别对待。

第二，精准理解外国有关立法精神和法律内涵。一国的立法精神是立法的指导性思想，也是法律文化的内涵。由于不同国家的政治环境、经济制度和文化底蕴不同，其法律制定的出发点也不同。了解和掌握国家的立法精神，有利于理解该国法律制度的精髓，也有利于更好地学习和适用该国法律。首先，在培养涉外法律人才的过程中，适当加入国外立法方面的有关知识，从外国的政治、文化、历史的角度深入了解该国的法律环境和立法制度，特别是不同种族、不同宗教的国家法律思想和理念导致的立法区别。其次，要深入学习不同法系的特点，如英美法系主要以判例法为主，涉外律师无疑要加强对该国判例的研究。大陆法系以法典为主，大部分法律都以规范性法律文件的形式出现，势必要求涉外律师加大对法条的研究力度。最后，在理解立法精神的基础上，精准掌握该国的法律内涵，并准确转换为国际语言或者中文，从而为我国企业提供更好的法律服务，避免因法律词汇理解不到位、翻译不准确导致法律风险或法律争端。

第三，通晓外国司法程序和法律逻辑。不同的国家有其特有的司法程序，在培养涉外律师过程中，应着重培训国外法律的程序规定，明确各类司法机关的管辖范围，特别是联邦制国家，应重点明晰联邦与各地区司法机关的管辖案件种类，以及跨地区案件的管辖所属机关。不同国家其法律逻辑存在区别，有些在国内形成的证据在国外未必会被采纳，符合国内证据推理的法律逻辑，在国外未必会被认可。在涉外律师培训中，应准确把握国外法律逻辑的推理方式，在处理涉外民商事纠纷时，精准选择证据种类和运用证据的证明力，以便高效解决法律问题。

（3）要培养涉外律师人才的国际化视野。

第一，培养多元文化素养和跨文化适应本领。作为涉外律师，其面对的是来自世界各国不同肤色的人群，要懂得尊重和适应对方的文化理念、风土人情和交际习惯。一是加强世界文化的学习，既包括发达国家的社会文化，也包括发展中国家的社会文化，特别是涉外服务对象国家的文化，重点注意因文化差异带来的文化敏感点，在处理涉外法律事务中要谨慎对待。二是了解并尊重国外的生活习惯和工作习惯。避免引起交流障碍，造成沟通不畅。

第二，培养在国外环境下的法律实践能力。应积极创造出国锻炼的机会和平台，律师主管部门发挥主导作用，继续完善出国培训计划，按批次将有意愿出国的律师送往国外培训深造，学习外国语言和法律，处理国外法律事务，感受国外文化背景，了解国外真实的国情社情，增强涉外律师的国际化视野。

（4）要建立完善涉外律师人才的科学评价体系。

第一，严格政治评价。涉外律师必须具备坚定的政治立场和正确的政治方向，拥护中国共产党的领导，坚持中国特色社会主义道路，增强"四个意识"、坚定"四个自信"、做到"两个维护"，政治上无任何不良记录等。政治合格是对涉外律师人才的首要评价要素。

第二，规范业务评价。一是建议由律师管理部门组织常态化的业务能力考核，测试涉外律师的业务水平。组织资深涉外法律专家成立考核评审委员会，通过各种方式对涉外律师的基本业务知识进行考核，考核内容涵盖涉外法律知识、外语知识、涉外实践能力等，合理确定各部分内容所占的量化比重，以量化分数的形式评价涉外律师的业务水平。二是建立专门涉外法律职业资格制度。现有的律师职业资格建立在国家统一法律职业资格考试的基础之上，不能够满足对涉外法律能力的考察，对涉外法律人才评价的针对性不强，建议建立涉外法律职业资格考试制度，在考试内容和形式上兼顾对涉外法律人才知识与能力的评价。三是将法律英语证书（LEC）考试纳入考核评价体系。目前，国内比较权威的外语类法律证书是法律英语证书。该证书的考试以英美国家的法律知识为主要测试内容，突出法律英语的运用，增加法律英语翻译测试。将法律英语考试纳入涉外法律人才评价体系能有效考核被测者的法律英语的应用能力。另外，随着我国国际合作的不断加强，"一带一路"建设的不断深化，还可尝试推行小语种法律证书的考试，全面对接各国法律业务，满足不同语种国家对于涉外法律服务的需要。

（5）要加强人才培养的国际合作。

涉外律师人才培养须紧跟国际形势，锻炼涉外律师跨地区、跨部门、跨文化的法律实践能力。坚持政府主导，加强国际合作，构建多层次全方位的国际合作机制，提高涉外律师人才的培养效果。

第一，加强政府间合作，构建涉外律师人才培养的国际平台。深入挖掘涉外律师人才培养的国际合作。例如，大力推动与上海合作组织、亚洲太平洋经济合作组织、"一带一路"共建国家等政府间的沟通洽谈，在发展经济合作的同时，建立涉外律师人才联合培养机制，鼓励优秀律师走出去，促进多边法律事务信息共享。可以学习借鉴上海通过"互联网+涉外法律服务"模式，探索建立"涉外法律服务云平台"的做法，政府可建立法律资源共享平台，采集各类企业和个人涉外法律服务需求，集聚涉外法律服务人才、机构、信息资源数据，形成涉外法律服务采购及供应体系，同时与国外诸多司法部门实现信息互通，畅通共享渠道，有效促进涉外律师人才的培养效率。

第二，加强律协组织间的国际合作，实现优势互补。律师协会是涉外律师人才的主要培养机构，国内律师协会可与国外律师培训机构建立合作关系，探索律师交流机制，采用国际研讨会、国际律师业务讲座、涉外律师培训会等方式，邀请国外知名律师赴内地授课交流，提高国内律师的国际视野和知识储备。鼓励有实力的律师事务所到海外发达国家和发达地区设立分所，鼓励涉外律师积极参与国际交流活动，积极参加国际律师组织，促进涉外律师与国际环境的深度融合，实现优势互补。

第三，加强国内外高校科研院所之间学术合作，提高涉外律师培养水平。我国高校与国外高校之间的合作对于完善涉外律师师资队伍至关重要。涉外律师人才的培养，不仅仅针对律师群体，也应该从在校法学学生的教育做起。鼓励我国高校与国外高校合作办学，或采用建立法律研究中心、建立涉外法学教育联盟、短期交流等方式进行合作，邀请外教和国外优秀学者进行学术交流和法学探讨，实现培训师资人才的良性互动。

3. 对于知识产权执法人员的缺失，市场监督管理机关和知识产权行政机关可通过以下途径予以应对

（1）加强专业人才培养，建立专业执法队伍。

国家保护知识产权的力度和信心达到了空前的高度，面对日益复杂的知识产权领域新形势，传统的执法队伍难以应对新的变化，知识产权领域专业审判的经验应该为我们的知识产权行政执法所借鉴。当前比较紧迫的问题是知识产权领域专业人员的数量与实际需求之间存在着较大的差距。加强知识产权人才培养是加强知识产权保护的根基和基本保障，加强知识产权人才和队伍建设也是国家知识产权战略的重要内容。提高知识产权保护离不开专业人才的参与，而知识产权本身是一个复杂的多学科的体系，不仅涵盖了计算机、生物技术、人工智能等新兴学科，还涉及传统科学技术的多个领域，是一门具有很强专业性、综合性相互交融的现代技术学科。因此，在未来的知识产权执法及司法裁判领域，亟须打造一支既有法学专业素养又有知识产权相关领域专业技术知识的人才队伍。首先，要从知识产权各自部门以及法院知识产权领域审判人员的准入门槛入手，可将上述部门的录取要求进行调整，除去需要通过统一的司法考试资格外，可以适当增加具有理工科背景人才的招录数量；其次，在日常工作中，要加强对法院工作人员以及知识产权行政管理部门工作人员的专业知识技术培养；最后，还可从高等教育入手，在法学专业教学中可尝试开设知识产权类相关课程，培养法科学生的理工科思维；同时也可以培养理工科学生的法学知识，通过加强法学与理工学科交叉学科人才的培养力度，从而为知识产权领域提供人才储备。

（2）将执法主体和权限适度上移，建立跨区域知识产权行政执法队伍和执法组织。

知识产权的专业性呼唤建立更加高端的知识产权行政执法队伍，知识产权司法审判早已实现了专业法官、专业审判、专业律师代理的良好发展局面。

国家最初在北京、上海、广州等地设立知识产权法院，是出于知识产权案件专业性的考虑，也是出于经济水平与知识产权发展间关系的考虑，这是对知识产权案件的集中管辖，是提高司法保护水平的重大举措。2018年，知识产权案件管辖进行重大改革，涉专利、动植物新品种、计算机软件等知识产权案件，一审由地方中级人民法院的知识产权庭进行专业审理，二审直接

提级由最高人民法院知识产权法庭审理，这是贯彻中央加大知识产权保护力度，提高知识产权案件审判质量的具体体现。知识产权行政执法重心下移与知识产权专业审判上移存在矛盾，给行政执法与司法裁判衔接造成直接障碍。建立跨区域知识产权行政执法队伍和执法组织是历史的必然，不仅能满足社会的客观需要，而且能实现与知识产权司法裁判的高效衔接。

专题三：
商标品牌培育和保护

编者按

　　商标品牌是国家经济高质量发展的战略性资源，是品牌经济的核心要素。"十四五"时期，实施商标品牌战略是知识产权融入产业创新发展的重要举措之一。随着中国企业"走出去"步伐的加快，海外商标纠纷层出不穷，企业随时面临出口产品商标侵权、商标被抢注等知识产权问题所带来的挑战。如何立足新发展阶段，加强商标品牌知识产权保护和海外布局，培育具有全球影响力的品牌，已成为企业面临的重要问题。本专题中，专家学者从社会热点、企业实践、政策研究等角度，分别围绕跨境电商领域的商标权保护、商标品牌保护与国际化等主题展开探讨。

跨境电商新业态下的商标权保护问题研究*

一、引言

随着互联网技术的发展，社会经济模式不断发生变革与转型，近年来，以跨境电商为代表的新业态正在逐渐成为经济发展的重要推动力。自 2017 年以来，我国跨境电商规模 5 年增长近 10 倍，截至 2021 年年底，我国货物贸易进出口总值达 39.1 万亿元，其中跨境电商进出口 1.98 万亿元，同比增长 15%。表明跨境电商贸易已成为我国进出口贸易的重要组成部分，也展现出我国外贸转型的新发展态势，这对于我国深化改革和扩大开放具有深远的意义。但与此同时，跨境电商中的法律问题也在不断涌现，其中商标侵权尤为突出。区别于传统贸易模式，跨境电商贸易融合了互联网信息传播的无形性与外贸交易的跨地域性，这对保护无形财产商标增添了诸多困难，也为传统的法律理论和规则适用带来了挑战。在跨境电商贸易中，商标权的地域性与商品流通的跨地域性、商标使用意志的主观性与行为结果的客观性、商标载体的有形性与商标商誉的无形性之间的矛盾复合存在，这就在无形中增加了商标侵权纠纷处理的难度。例如，在我国商标法对于境外商标使用行为是否绝对不予规制，在商标侵权混淆可能性的认定是否也应当坚持地域性原则，

＊ 本文是 2021 年中国知识产权研究会自主立项课题成果，荣获第十二届全国知识产权优秀调查研究报告暨优秀软课题研究成果征集活动二等奖，作者是谢小勇、马宁、孙玮、张艳、何为、马莉、崔雯、苏泽祺、章洁桦、王丽丽、唐丹蕾、张君毅。

平行进口问题应持以何种态度等方面，这些问题的回答直接关系跨境电商商标权侵权问题的解决，更关系跨境电商产业的发展。实际上早在 2018 年《电子商务法》修订时，立法机关即尝试对跨境电子商务的相关法律责任作出规定，但在该法草案的送审过程中，关于跨境电子商务的部分几易其稿，最终也未能确定，这也反映出相关问题的复杂性。

跨境电商作为近年来我国经济发展当中的"新业态"，加强对跨境电商平台的知识产权保护成为当下知识产权强国建设中的重要议题，在政策层面引起了高度重视。2020 年 11 月 4 日，习近平主席在第三届中国国际进口博览会开幕式发表主旨演讲时指出，中国将推动跨境电商等新业态新模式加快发展，培育外贸新功能。2021 年 7 月，国务院办公厅发布《关于加快发展外贸新业态新模式的意见》强调，"完善跨境电商发展支持政策"，"研究制定跨境电商知识产权保护指南，引导跨境电商平台防范知识产权风险"。2021 年 9 月，中共中央、国务院印发《知识产权强国建设纲要（2021—2035 年）》提出，建立健全新技术、新产业、新模式知识产权保护规则。同年 10 月，国务院印发《"十四五"国家知识产权保护和运用规划》，进一步明确要求研究建立针对进口贸易的知识产权境内保护制度，完善电子商务领域知识产权保护机制。

跨境电商新业态的发展为商标法理论和规则的适用带来了挑战，也为相关问题的探讨提供了新的契机。在此背景下，课题组拟对跨境电商贸易中的商标侵权问题进行系统研究，总体涉及管辖、侵权认定与责任承担三大主要内容，以现有规则和司法实践为切入点，探析我国实践中处理此类纠纷的问题与症结，并结合相关理论尝试提出应对思路，以期对相关研究与制度建设提供参考。

二、跨境电商及其商标权法律问题概述

（一）跨境电商的基本界定

从广义上来看，跨境电商泛指利用互联网技术进行的跨境商务活动。区别于境内贸易，跨地域性是跨境电商的重要特征，理论上这一特征既可能发

生于不同国家之间，也可能是不同法域之间，根本原因在于不同的立法所引发的法律适用和权利冲突。典型的跨境电商例如 2018《商务部　发展改革委　财政部　海关总署　税务总局　市场监管总局关于完善跨境电子商务零售进口监管有关工作的通知》（以下简称为《六部门通知》）中规定的跨境电商零售进口，指中国境内消费者通过跨境电商第三方平台经营者自境外购买商品，并通过网购保税进口或直购进口运递进境的消费行为。其中，主要涉及四方主体，跨境电商零售进口经营者、跨境电商第三方平台经营者、境内服务商和消费者。

《六部门通知》从行政监管层面对跨境电商相关主体做出了界定，实践中的商标侵权纠纷中则主要涉及三方主体，按照交易流程依次为境外商标权人、跨境电商经营者及境内商标权人。根据境外商标权人与境内商标权人的关系不同，可以将侵权纠纷分为两类：第一类是境外商标权人与境内商标权人之间存在着许可使用合同关系，后者是前者的独占许可使用权人。此时，境内商标权人享有在境内的专有使用权，对于境内商标侵权行为有权进行制止。第二类是境外商标权人与境内商标权人之间没有关联关系。一般而言，商标法基于防止消费者混淆的宗旨，要求相同或类似商品上相同或近似的两个商标只能由同一个主体所有，因此，传统贸易中通常不会出现容易导致混淆的相同或近似的两个商标的共存。但由于商标权的地域性，两个相同或近似的商标却可以分别由境内和境外两个不同的权利主体持有，并且相互之间不产生冲突。跨境电商贸易打破了这种权利之间互不干扰的格局，境外商标商品通过跨境电商经营者的宣传和进口流通到境内市场，由此便可能侵犯到境内商标权人的利益，引发新的纠纷。因此，跨境电商商标侵权的产生，主要就表现为跨境电商贸易对于商标权地域性的突破所导致的两个合法权利之间的冲突，这也正是跨境电商贸易中商标侵权与传统商品贸易的主要区别之处。

（二）跨境电商的行为模式

按照跨境电商贸易的交易链条，整个商品流通的过程可能包括商品宣传行为、商品购买行为、商品进口销售行为与终端消费行为，其中终端消费者主要为个人所用，因此，不构成侵权性使用。实践中主要争议集中在前三种行为。

1. 商品宣传行为

在跨境电商贸易中，商品宣传是贸易活动的起点，跨境电商经营者将境外商标商品置于网站进行广告宣传，从而获取消费者的认知和兴趣。一般而言，经营者在广告宣传中使用的都是真实的商标和商品，因此消费者在看到该广告宣传时即可将商标与商品对应起来，并在二者之间建立联系。跨境电商贸易的出现实际上与长期以来存在的海外代购现象直接相关，在一定程度上可以说前者就是后者的变体，在一般的海外代购情形中，境内消费者委托他人在境外购买某件商品，然后由该受托人将商品寄回或直接交付给境内消费者。跨境电商贸易则是将境外商品信息上传至电商平台供消费者选择，再由跨境电商经营者统一购买。有所区别的是：其一，跨境电商贸易中商品宣传的范围更加广泛，能够产生分散式的宣传效果，而传统海外代购中由于只是小部分群体的代购活动，因此宣传效果较为集中。其二，海外代购模式实现的是销售端与消费者终端的直接联系，在这一过程中不会有销售环节以外的其他公众参与或知晓，因此，从严格意义上来讲并不能认定该商品进入了市场自由流通领域，而在跨境电商贸易中，商品的网上宣传行为实际上希望呈现出如同境外购物的效果，商品就如同进入流通领域，商品宣传行为也就是商品流通的初始环节。根据《商标法》关于商标使用的规定，商标使用包括将商标用于广告宣传和展览的行为，广告宣传和展览之所以属于商标使用，是因为此类行为能够发挥商标识别商品来源的功能，使消费者建立起商品与权利人之间的联系。因此，在跨境电商商标权纠纷中，境内商标权主体会以此宣传行为可能导致消费者产生直接或间接混淆为由主张侵权。

2. 商品购买行为

商品购买行为，是指跨境电商经营者从商标权人处购买真实商标商品再进行进口销售，整个交易环节包括了境外商标权人的销售行为与跨境电商经营者的购买行为，实践中，经营者的购买行为可以分为非现货交易和现货交易情形，非现货交易由消费者提出所需的商品信息再由经营者据此进行购买，这也就是传统的海外代购情形，而当下跨境电商贸易则主要表现为现货交易，即由经营者首先发布境外现货商品信息，消费者进行选购后再由经营者购买相应商品。跨境电商的商品购买行为以买卖合同的成立及商品所有权的转移为标志，这一环节主要发生在境外，因此，不存在国内市场流通的情形，但不可否认的是，在这一环节中商标仍然发挥了识别功能，因为跨境电商经营者正是因为识别了商标背后的价值，才选择了购买相应的品牌产品，此时的商品销售也是境外商标权人自己的商标使用。但由于地域性的存在，境外的商品交易行为很难影响到国内市场，因此在进入消费者的国家市场之前，商标仅处于非面向市场的内部流动状态。❶ 从我国法上来看，商标侵权的前提要求存在混淆可能性，这种行为并未导致商品流通因此也不会造成混淆。然而，对于商品购买行为并不能孤立定性，而应当将其置于整个跨境电商贸易之中，此时可以认定商品购买行为实际上是为之后的商品进口销售行为做准备，如果此后的进口销售行为构成侵权，那么这里的购买行为也应当构成侵权。

3. 商品进口销售行为

跨境电商商品进口销售行为主要涉及的是平行进口问题。实践中，商品的进口与销售之间往往相互关联，进口往往是以境内销售为目的，因此，如果销售行为构成商标侵权，则进口行为同样构成侵权。由于《商标法》并未对此作出规定，在跨境电商贸易中如果境外商标权人与境内商标权人并非同一主体或者二者之间具有一定的联系，这种进口行为并不符合平行进口的基本要件，如果存在混淆可能性，则可能会被认定为商标侵权。

总体而言，跨境电商贸易中主要涉及广告宣传、商品购买与进口销售等行为，尽管从交易环节上可以相互区分，但基于行为之间的关联性，在侵权问题的处理中，仍应当考虑到各个行为之间的关系，避免出现行为之间的相互割裂。

（三）跨境电商中的商标权保护问题

随着跨境电商贸易规模的不断扩大，商标权法律纠纷也日渐突出。例如，2016 年美国婚礼服产业协会联合诸多婚纱设计公司，向美国伊利诺伊州东北区地方法院提起了诉讼，控诉中国 3000 多家跨境电商经营者使用了他们产品的图片和商标，销售假冒产品，侵犯其知识产权；2020 年 6 月 29 日，京唐港海关发现唐山乾丰数贸科技有限公司（境内服务商）以保税跨境贸易电子商

---

❶ 孔祥俊. 商标使用行为法律构造的实质主义——基于涉外贴牌加工商标侵权案的展开［J］. 中外法学，2020（5）.

务向海关申报进口运动鞋涉嫌侵犯株式会社爱世克私"asics（图形）"商标权，之后受到了京唐港海关的行政处罚。据中国海关总署的统计数据显示，近年来，在跨境电子商务贸易中，侵犯商标权的产品已占据了所有侵权产品总量的98.48%，由此可见，加强跨境电商中的商标权保护，防范商标侵权风险具有现实必要性。而由于跨境电商问题的特殊性与复杂性，传统商标法理论在应对中也面临着新的问题，总体包括三个方面：

第一，由于跨境电商贸易往往发生在多个国家或地区主体之间的贸易，不受地域、国界限制，但商标权却具有明显的地域性，这种跨地域性与地域性之间的冲突导致司法实践中首先应当确定跨境电商商标侵权的管辖问题。

第二，互联网信息传播的无形性与商标权依附对象的物理属性之间也存在着冲突，从而也影响了传统商标法语境下商标知名度及商誉的认定。这种跨地域性的商标商誉的流通能否作为评判商标使用的依据，这种行为能否造成相关市场的消费者混淆进而构成商标侵权，这些也都是在跨境电商商标侵权案件中出现的司法难题。此外，跨境电商贸易中涉及的另一个与法律政策之间关联的问题就是平行进口，我国法上关于平行进口的合法性素来存有理论和实践中的争议，随着跨境电商贸易的飞速发展，这种现象也会越来越多，因此，平行进口的合法性认定也应当朝着规范化和统一化的路径发展。

第三，跨境电商贸易中的平台也发挥了重要的作用，因此，在侵权案件的审理中，关于平台的责任承担也应当成为一大研究重点。

综合上述分析，总体上可以将跨境电商商标权法律问题概括为三点，即跨境电商商标侵权纠纷的司法管辖、跨境电商商标侵权认定及平台责任承担问题，本文也将主要围绕这些问题展开。

三、跨境电商商标侵权的司法管辖

（一）跨境电商商标侵权司法管辖问题概述

司法管辖问题是处理跨境电商商标侵权纠纷的源头。由于跨境电商贸易涉及不同地域的多个交易主体，因此就会出现管辖权的问题，与此同时互联网技术降低了物理空间的限制，使商标信息得以突破了地域限制而自由流动。随着商标在互联网平台使用，商标权人的商标信息可能先于产品或服务传播到世界各地，此时依赖商标所开拓的消费市场也就无法局限于某一特定地域，互联网环境下各种商标信息的碰撞直接冲击了传统商标争议案件的管辖规则。

有学者认为，针对涉外互联网环境下商标侵权案件的管辖可以借鉴最高人民法院对网络著作权纠纷以及网络域名纠纷中关于管辖权问题的相关规定，即以被告住所地或者侵权行为地管辖为一般原则，而在侵权行为地的判断上，要求被控侵权行为必须与被控侵权行为地存在实质的联系，而不仅仅是商标信息无"目的"的到达。❶ 也有学者认为，针对互联网的跨地域性与商标权地域性的矛盾，在解决时应当重视物理空间的核心地位，在此基础上考虑如何兼顾互联网的新特性，另外还要重视商标使用的意义，只有商标的使用才能发挥商标本身的功能，因此要注重现实中商品和服务的商业影响。❷

从司法实践来看，我国目前并未出现相关案例，但类似的问题在国外已有先例，如在法国的 SG2vBrokat 案❸，美国的 Playboy v Chuckleberry 案❹等。可以预见的是，随着我国对外开放的深化，涉外商标管辖问题将越来越突出。本文也将在现有研究的基础上对我国法和比较法上的相关规定和实践进行全面考察。

（二）我国法上跨境电商商标侵权的司法管辖

1. 跨境电商商标侵权案件的涉外性

关于涉外知识产权案件的认定标准，司法实践中主要根据《最高人民法

---

❶ 徐伟功，郝泽愚. 互联网时代涉外商标侵权管辖法律问题研究 [J]. 吉首大学学报（社会科学版），2018（5）.

❷ 戴文骐. 论互联网环境下的涉外商标侵权准据法 [J]. 特区经济，2015（9）.

❸ 在该案中，原告在法国注册取得了商标"Payline"，被告则在德国注册取得了商标"Brokat-Payline"，并在其网站上予以宣传。原告向法国法院起诉侵权，被告则提出其德国注册与法国注册时平等的，并且今后不会在法国使用。但法国法院认为，被告在网络上使用商标的行为效果是及于全球的，当然在法国境内造成了对原告商标权侵害结果，应当适用法国商标法，最后支持了原告的诉求。

❹ 在该案中，被告在意大利注册了"Playmen"商标并在其意大利服务器的主页上使用，原告则拥有在美国的"Playmen"商标，原告主张被告违反其在美国法院取得的相关禁令，主张侵权，美国法院则认为禁令生效的范围是美国境内，因此被告的行为不构成侵权。

院关于适用〈中华人民共和国民事诉讼法〉的解释》（以下简称《民诉法解释》）第522条❶，从民事法律关系的主体、客体、法律事实三要素来判断一个民事案件是否为涉外民事案件，只要其中一个要素涉外，即属"涉外民事关系"或"涉外民事案件"。

根据《六部门通知》对跨境电商贸易相关主体定义可以看出，参与主体包括跨境电商零售进口经营者（以下简称跨境电商经营者），具体指自境外向境内消费者销售跨境电商零售进口商品的境外注册企业，为商品的货权所有人，即明确为境外注册企业。同时，根据该文件对跨境电商零售进口行为作出的定义，指中国境内消费者通过跨境电商第三方平台经营者自境外购买商品，并通过网购保税进口或直购进口运递进境的消费行为，交易行为实际上发生在境外。因此，跨境电商零售进口贸易模式下，存在主体和法律事实可能具有涉外因素的情形，当发生侵犯商标权行为时，则具有涉外侵犯商标权案件的属性。

2. 我国涉外知识产权侵权案件管辖

目前，我国没有专门的涉外知识产权案件管辖的相关规定，因此实际采用的为一般涉外民商事纠纷的管辖权确定规则。根据《民事诉讼法》《民诉法解释》相关规定，侵犯我国知识产权的侵权纠纷原则上由侵权行为地法院和被告住所地法院管辖。关于侵权行为地的内涵，《民诉法解释》第24条规定包括侵权行为实施地、侵权结果发生地。商标法相关司法解释也有相关规定，《最高人民法院关于审理商标民事纠纷案件适用法律若干问题的解释》第六条规定，因侵犯注册商标专用权行为提起的民事诉讼，由商标法第13条、第57条所规定侵权行为的实施地、侵权商品的储藏地或者查封扣押地、被告住所

---

❶ 该条规定："有下列情形之一，人民法院可以认定为涉外民事案件：（一）当事人一方或者双方是外国人、无国籍人、外国企业或者组织的；（二）当事人一方或者双方的经常居所地在中华人民共和国领域外的；（三）标的物在中华人民共和国领域外的；（四）产生、变更或者消灭民事关系的法律事实发生在中华人民共和国领域外的；（五）可以认定为涉外民事案件的其他情形。"

地人民法院管辖。另外，专利法、著作权法等相关司法解释亦有进一步规定。❶ 此外，从 OPPO 与夏普标准必要专利许可纠纷案等司法实践中可以看出，我国对于涉外知识产权纠纷同时也会根据"合理联系"原则来处理，即如果纠纷与中国存在合理联系，中国法院进而对案件享有管辖权。❷

综上所述，涉外知识产权侵权案件管辖权的确定可以依据多种连接因素，具体包括被告住所地，被告在我国领域内没有住所的，可以由侵权行为地、可供扣押财产所在地或者代表机构住所地等人民法院管辖。

3. 跨境电商商标侵权的司法管辖

跨境电商商标侵权问题本质上属于涉外知识产权侵权纠纷，但由于互联网因素的介入，对传统涉外知识产权侵权纠纷的管辖规则带来很大挑战。首先，互联网的全球性推动国际贸易的发展。随着全球国际经济的一体化，知识产权的流动性也逐渐增强，许多知识产品打破国界进入他国市场。但由于各国或各地区的市场仍旧有一定划分，客观上体现出不同的市场主体可能基于不同原因，就相同或者类似的商品或者服务，使用相同或者近似的商标，商标的地域性限制与贸易产品的国际流通之间的就会产生矛盾，商标权益冲突问题愈发凸显。其次，传统的司法地域界限因互联网环境变得模糊，商标信息一旦上传至网络，便能迅速地传播到世界任何地方，因此，互联网环境下商标侵权行为地变得十分复杂，不再具有唯一性且不能仅凭某一地理位置

---

❶ 《最高人民法院关于审理专利纠纷案件适用法律问题的若干规定》第 5 条规定了针对侵犯专利权诉讼，侵权行为地包括：被诉侵犯发明、实用新型专利权的产品的制造、使用、许诺销售、销售、进口等行为的实施地；专利方法使用行为的实施地，依照该专利方法直接获得的产品的使用、许诺销售、销售、进口等行为的实施地；外观设计专利产品的制造、许诺销售、销售、进口等行为的实施地；假冒他人专利的行为实施地。上述侵权行为的侵权结果发生地。《最高人民法院关于审理涉及计算机网络著作权纠纷案件适用法律若干问题的解释》第 1 条规定了针对网络著作权侵权纠纷案件，侵权行为地包括实施被诉侵权行为的网络服务器、计算机终端等设备所在地。对难以确定侵权行为地和被告住所地的，原告发现侵权内容的计算机终端等设备所在地可以视为侵权行为地。最高人民法院关于适用《中华人民共和国民事诉讼法》的解释第 25 条对信息网络侵权行为的侵权行为地给予进一步明确，即实施地包括实施被诉侵权行为的计算机等信息设备所在地，侵权结果发生地包括被侵权人住所地。《最高人民法院关于审理涉及计算机网络域名纠纷案件适用法律若干问题的解释》中第 2 条规定：涉及域名的侵权纠纷案件……对难以确定侵权行为地和被告住所地的，原告发现该域名的计算机终端等设备所在地可以视为侵权行为地。

❷ 参见最高人民法院（2020）最高法知民辖终 517 号民事裁定书。

加以确定。据此，网络环境下商标侵权案件的侵权行为地判断难度加大，且引起很多争议。

以目前立法情况来看，我国还没有系统的关于网络知识产权侵权案件管辖权的立法，因此涉外网络商标侵权案件的管辖权规则主要适用上文提到的涉外知识产权侵权案件的管辖规则，一定情况下可以参考最高人民法院出台实行的涉及互联网侵权案件的管辖规定，围绕以下因素予以确定。

（1）跨境电商经营者相关因素。

在跨境电商贸易商标侵权纠纷中，跨境电商经营者作为商品销售商承担直接侵权责任。根据《六部门通知》相关规定，该主体是境外注册的企业。基于该主体的性质，我国法院无法依据被告住所地进行管辖。根据《民事诉讼法》第272条规定，如果在我国领域内有可供扣押的财产，或者在我国领域内设有代表机构，可由可供扣押财产所在地或者代表机构住所地人民法院管辖。此外，侵权行为地可以作为管辖连接点。进一步来看，跨境电商经营者的行为包括商品销售及在电商平台上的宣传、展示。基于前述具体行为表现，侵权行为地可以涵盖以下地点：

第一，根据《民诉法解释》第25条规定，管辖连接点可以是实施被诉侵权行为的计算机等信息设备所在地与被侵权人住所地（属于侵权结果发生地）。其中，跨境电商经营者所售商品线上宣传、展示行为利用的是跨境电商平台，因此，跨境电商平台背后的服务器等设备应属于被诉侵权行为的实施场所，该服务器等信息设备如果设置在中国大陆，则中国法院便享有管辖权。另外，被侵权人住所地视为侵权结果发生地，当被侵权人（原告）在中国大陆有住所，则相应住所地的中国法院便享有管辖权。该条款规定的适用前提为信息网络侵权行为，对此司法实践存在不同认识。例如，在杭州米欧有限公司与宁波拓普森有限公司侵害实用新型专利权纠纷案中，最高人民法院指出：第25条规定的信息网络侵权行为指的是侵权人利用互联网发布直接侵害他人合法权益的信息的行为，主要针对的是通过信息网络侵害他人人身权益及侵害他人信息网络传播权等行为，仅仅在案件事实中出现网站平台或者双方通过微信等涉网络相关的方式沟通，抑或双方系通过信息网络平台进行被诉侵权产品的交易，不能认定为构成信息网络侵权行为。❶ 在青岛橡六输送带有限公司侵害发明专利权纠纷案中，最高人民法院也持有一致的审判思路。❷ 按照此种思路，跨境电商贸易引发的商标侵权纠纷，管辖连接点的确定无法适用《民诉法解释》第 25 条。但也有法院持不同的审判观点和结论，比如汕头市华美塑料模具实业有限公司、宁波利时日用品有限公司等侵害实用新型专利权纠纷案，浙江高院认为，原告指控被告的被诉侵权行为指向其在阿里巴巴网站上销售被诉侵权产品，该行为通过网络实施、发生于网络领域，信息网络系该行为最为重要的手段、载体和传播渠道，故该行为可以依照《民诉法解释》第 25 条确定管辖。❸ 因此，在电商平台上实施的销售侵权产品的行为可以认定为"信息网络侵权行为"。

第二，跨境电商进口商品收货地法院管辖。将收货地作为网络知识产权侵权案件的管辖连接点的依据主要包括《民诉法解释》第 29 条和第 20 条。❹ 例如，在慈溪市豪特佳电器有限公司与上海飞科电器股份有限公司侵害外观设计专利权纠纷案中，江苏省高院认为，卖方将产品向买方交付时，双方交易行为最终才完成，收货地是销售行为的结果发生地。❺ 在靖江市森蓝贸易有限公司与石狮市日久军警装备有限公司侵害实用新型专利权纠纷案中，福建省高院认定原告住所地（即收货地）作为合同履行地，构成侵权结果发生地。❻ 但司法实践中，对于收货地能否作为管辖连接点也存在很大争议，如金利来（中国）有限公司与深圳市天秀电子商务有限公司侵害商标权纠纷案中，法院审理认为网购收货地并非侵权行为的实施地或结果发生地。❼ 2019 年浙江高院发布的《涉电商平台知识产权案件审理指南》第 5 条同样指出：知识产权侵权案件中，原告通过电商平台购买被指控侵权产品的，网购收货地既

---

❶ 参见最高人民法院（2019）最高法知民辖终 13 号民事裁定书。

❷ 参见最高人民法院（2021）最高法知民辖终 2163 号民事裁定书。

❸ 参见浙江省高级人民法院（2018）浙民辖终 168 号民事裁定书。

❹《最高人民法院关于适用〈中华人民共和国民事诉讼法〉的解释》第二十条规定：以信息网络方式订立的买卖合同，通过信息网络交付标的的，以买受人住所地为合同履行地，通过其他方式交付标的的，收货地为合同履行地。合同对履行地有约定的，从其约定。

❺ 参见江苏省高级人民法院（2019）苏民辖终 43 号民事裁定书。

❻ 参见福建省高级人民法院（2017）闽民辖终 131 号民事裁定书。

❼ 参见北京市西城区人民法院（2015）西民（知）初字第 15582 号民事裁定书。

不是合同履行地，也不是侵权地，因此，地理管辖不应由网购收货地确定。但在温州雅帅日用品有限公司与利洁时（中国）投资有限公司侵害商标权纠纷案中，上海市高院却认为购收货地为被控侵权行为的结果发生地。❶

之后，最高人民法院先后作出两份较为典型的管辖权异议裁定，结论均认定网络购物收货地不能作为确定管辖权的依据。在周乐伦、广东马内尔服饰有限公司与新百伦贸易（中国）有限公司不正当竞争纠纷案中，最高人民法院认为，侵犯知识产权案件中，由于附着了商标或者其他权利的商品具有大范围的可流通性，如何确定侵权行为地有不同于一般民事纠纷案件的特殊性。根据《关于审理商标民事纠纷案件适用法律若干问题的解释》第6条规定，在侵犯商标权案件中，除了大量侵权商品的储藏地及海关、工商等行政机关依法查封、扣押侵权商品的所在地外，不再依据侵权结果发生地确定管辖。❷ 在象山倪氏堂医学科技有限公司与张任珍侵害商标权纠纷案中，最高人民法院直接指出网络购物收货地通常不宜作为侵权行为地，即收货地不能作为案件管辖连接点。❸

诚然，对于《民诉法解释》第25条的限制主要针对国内网络侵权案件可选择的管辖连接点较多，以保证管辖的确定性、避免当事人随意制造管辖连接点、造成管辖制度的混乱。然而如果是针对涉外网络商标侵权案件，尤其因国际网站引发的商标侵权纠纷，商品销售商和网站设备所在地很可能均位于境外，此时实际可选择的管辖连接点非常有限。

（2）基于跨境电商平台确定管辖法院。

跨境电商平台因提供空间供销售商展示、推广商品，因而可能成为帮助侵权人承担连带责任。即便跨境电商平台对实质损害结果往往予以免责，但通过以往司法实践可以看出，通常不影响其作为被告之一，以其所在地法院进行管辖。根据《六部门通知》相关规定，平台运营主体是在我国境内办理工商登记的国内企业，由此可以看出，平台运营主体作为被告之一将明确案件由我国法院管辖，进一步讲，根据《民事诉讼法》第29条规定，跨境电商

❶ 参见上海市高级人民法院（2016）沪民辖终230号裁定书。

❷ 参见最高人民法院（2016）最高法民辖终107号裁定书。

❸ 参见最高人民法院（2020）最高法民辖9号民事裁定书。

平台运营主体所在地法院可享有案由管辖权。

（3）基于境内服务商确定管辖法院。

根据《六部门通知》规定，跨境电商零售进口的参与主体还包括境内服务商。境内服务商是指在境内办理工商登记，接受跨境电商经营者委托为其提供申报、支付、物流、仓储等服务，具有相应运营资质，直接向海关部门提供有关支付、物流和仓储信息，接受海关部门、市场监管部门的后续监管，并承担相应责任的主体。根据《商标法实施条例》第 75 条规定："为侵犯他人商标专用权提供仓储、运输、邮寄、印制、隐匿、经营场所、网络商品交易平台等，属于商标法第 57 条第（6）项规定的提供便利条件。"据此，只要市场经营单位实施了上述任一种行为，均属于《商标法》第 57 条第（6）项规定的提供便利条件，需要承担侵权责任。综上，跨境电商进口贸易所涉境内服务商因可能成为帮助侵权人而作为被告之一，则根据《民事诉讼法》第 29 条规定，境内服务商所在地法院可享有案由管辖权。

（三）比较法上跨境电商商标侵权的司法管辖

1. 美国针对跨境电商商标侵权的管辖规则

美国系普通法系国家，存在联邦司法权和州司法权并立的特殊情况，其管辖规则比较复杂，但可以分为两个方面。

（1）对人管辖。

对人管辖分为两种，普遍管辖与特定管辖。如果属于普遍管辖，则法院对于该主体在任何地域的行为的诉请均具有管辖权。即使所诉行为完全发生在外国，也不影响其管辖权。一般情况下，美国法院对"与法院地有系统和持续接触"的主体具有普遍管辖权。在没有普遍管辖权的情况下（如在法院地没有住所的情况），法院必须对被告有特定管辖权。其法理基础是"长臂管辖"规范，主要审查所诉事项是否与法院地有关联，例如，是否与法院地主体有关联，损害结果是否在法院地等。在网络案件中，通过案例，法院确立一种分级标准，即将网站分为积极（active）、消极（passive）和居中（intermediate）。积极的网站的情形是被告与法院地居民形成合同行为，并通过网络传送相关的文件或信息；消极的网站的情形是被告只是将信息放在网上而被法院地用户看到，既没有与法院地居民的商业行为，用户也无法与网站交互；居中的情形是，行为人虽然没有通过网站与法院地居民产生合同商业行为，但法院地的用户可以与网站进行交互。符合上述积极网站行为的情形，美国法院对被告有特定管辖，但对消极网站行为的情形下的被告没有特定管辖。针对居中的情形，就要根据具体因素进行分析，看是否存在由美国法院管辖的必要利益。

以纽约州为例，法院在评估对外国被告的属人管辖权采取两步法。首先，以法院地国的法律来确定管辖权是否适当。纽约的长臂法规第 302（a）（1）条："法院可以对任何非住所人行使属人管辖权……他亲自或通过代理人在州内进行任何商业活动或在任何地方签订合同以在州内提供商品或服务。"具体到跨境电子商务领域，纽约州法院首先确认了实际发生了的网络销售行为可以作为确认管辖恰当的依据。例如，在 Poof-Slinky, LLC v. A. S. Plastic Toys Co. 一案❶中，一家美国玩具公司指控一家位于中国的商家在全球速卖通上销售假冒商品。原告通过样品购买的行为成功说服法院认可了管辖权的恰当性。针对电商网站的特殊性，纽约州法院进一步认定了即使没有实际交易发生，基于电商网站的高度交互性也可以确定管辖的适当性。例如，在 Smart Study Co. v. A Pleasant Trip Store 案❷中，原告将阿里巴巴速卖通上的 100 多家商家全部告上法庭，但仅对 10% 左右的商家做了测试购买。针对剩下 90% 的商户，法院仍然确认了管辖权的适当性，其理由是，一方面，阿里巴巴速卖通是一个纽约州消费者可以与其"高度互动的网站"（即可以从上面购买商品），而另一方面被告则都是经常性卖家、而非偶尔拍卖商品的用户。

其次，考察行使管辖权是否符合正当程序。这需要分析被告是否与法院地国有足够的最低限度的联系，以及鉴于本案的情况行使属人管辖权是否合理。由于跨境电商行为都存在直接向法院地提供商品和服务的商业活动，所以均符合最低限度的联系。至于合理性判断，法院一般会考量五个因素：行使管辖权对被告人的负担；法院地国在审理案件中的利益；原告获得方便、有效救济的利益；州际司法系统在获得最有效的争议解决方面的利益；国家

❶ See Poof-Slinky, LLC v. A. S. Plastic Toys Co., Ltd., 2020 WL 5350537 (S. D. N. Y., 2020).

❷ See Smart Study Co., Ltd. v. A Pleasant Trip Store, 2020 WL 2227016 (S. D. N. Y., 2020).

在推进实质性社会政策方面的共同利益。虽然法院罗列了众多参考因素，但在具体针对跨境电商行为的案件中，纽约州法院均无一例外地确认了管辖的正当性，似乎存在一种先立结论再找理由。例如，在 Smart Study Co. v. A Pleasant Trip Store 案中，法院因为被告不出庭，则得出了结论"由于被告选择不出庭，因此没有任何证据表明这里的管辖权是不合理的"，似乎有意忽略了被告的不出庭恰恰是因为行使该管辖权对被告造成很大的应诉负担才导致的；而在 Poof-Slinky, LLC v. A. S. Plastic Toys Co. 案中，由于本案中被告参与了庭审，所以法院就采取了另外的论据引证管辖的正当性，即"原告对被指控的商标侵权获得救济有强烈的利益，本案是解决双方争议的'最有效途径'"。这似乎暗示了美国法院对于跨境电商案件管辖权的热切追逐，这一方面可能归因于美国法院长期的"长臂管辖"传统，但也不排除存在对跨境电子商务纠纷裁决权的争夺。

（2）对事管辖，即是否对争议事项具有管辖权。

对事管辖权是要求特定法院有权审理向该法院提出的特定类型的案件。在美国，法院体系分为州法院和联邦法院两个体系。州法院和联邦法院没有上下级管辖，其各自依据联邦法律和州法律的规定审理特定类型的案件，可能会有重合。大多数州法院是具有一般管辖权的法院，而联邦法院的管辖权则有限，国会定义了它们有限的主体管辖权。为了在联邦法院提起诉讼，原告主张必须找到宪法或国会规定的特定类型。由于商标侵权是基于联邦法律的案件，需由联邦法院管辖。所以联邦法院需要具体审查其是否对所诉的争议事项具有管辖权。根据兰哈姆法，如果被告的行为"发生在国会可能合法监管的商业领域"，则联邦法院对该行为具有管辖权。所以审查的关键在于明确"国会可能合法监管的商业领域"的范围有多大。

根据案例确定的规则来看，只要货物进入美国领土领域，相关行为就处于"国会可能合法监管的商业领域"。此外，如果法院认为某行为可能"影响"美国的商业（US Commerce），即使该行为完全发生在国外，美国联邦法院也可以具有管辖权。例如，在 Ocean Garden, Inc. v. Marktrade Co., 案❶中，被告在墨西哥卖表，因为消费者将在墨西哥所买的表带回了美国，被法院认

---

❶ See Ocean Garden, Inc. v. Marktrade Co., Inc., 953 F. 2d 500 (9th Cir. 1991).

定为对美国商业有影响，从而肯定了管辖权。鉴于此，举轻以明重，对跨境电商的情形，美国法院完全可以具有管辖权。

2. 欧盟针对跨境电商商标侵权的管辖规则

（1）欧盟层面立法针对管辖权的一般规定。

依据《布鲁塞尔协定》和《欧盟商标条例》，欧盟对商标侵权的管辖包括一般管辖和特殊管辖。一般管辖适用于：《欧盟商标条例》第125条：对于EU商标侵权案件应当向被告住所所在成员国的法院提起，没有住所地向其建立的经常性居住地/经营地法院提起。被告既在欧盟没有住所地也没有建立经常性居住地，在原告住所地法院或者其经常性居住地法院提起。原被告都没有住所地或经常性居住地的，在欧盟知识产权局所在的成员国提起。《布鲁塞尔协定》第4条：①不论被告国籍如何，成员国内有住所地的应当在住所地人民法院提起诉讼。②不是成员国国民的，在被告在成员国内的经常性居住地人民法院起诉。特殊管辖适用于：《欧盟商标条例》第124（5）及第126条规定：除了（提起的是）声明不侵犯欧盟商标的诉讼外，也可以在侵权行为发生地或所受威胁地成员国的法院提起诉讼。《布鲁塞尔协定》第7（2）在与侵权、违法或准违法有关的事项中，在有损害事件发生地或可能发生地的法院。

因此，在《欧盟商标条例》规定了可以对不在欧盟成员国境内的被告享有管辖权的情况下，只要第三人的行为侵犯了欧盟国内商标权人的商标专用权，那么原则上是享有管辖权的，同时管辖的法院不限于被告住所地，也可以侵权行为发生地或者受侵权行为威胁地（没有顺序限制）。但是考虑到网络侵权的特殊性，在司法实践中会对网络上使用商标的管辖权作出一定限制。

（2）欧盟法院通过案例对跨境电商管辖规则的细化。

从司法实践来看，欧盟成员国的法院不对所有的网络上的使用注册商标的宣传行为行使管辖权。例如，在AMS Neve v Heritage Audio-2019案中，欧盟法院认为对于《欧盟商标条例》第97（5）条（最新125条），法院必须满足侵权行为是在其领土内实施的。❶ 这意味着广告或提供商品销售是在广告或

---

❶ See AMS Neve v. Heritage Audio（C-172/18）.

要约所针对的消费者或贸易商所在领土内实施的侵权行为，不能因网站具有在外国的可访问性就认定享有管辖权，除非该商标的使用行为是故意针对某一国家的消费者。

至于如何认定网站是否针对某一特定国家的消费者，在 Peter Pammer v. Reederei Karl Schlüter GmbH & CoKG 案❶中，欧盟法院得出的结论是，网站仅具有可访问性或说明外国商人的电子邮箱、地理位置、电子邮箱或者没有区号的电话号码，不能够证明商人有意在某成员国内进行商业活动。法院必须对每个案件进行审查，其中可参考因素包括：

①明确说明他在一个或多个指定的成员国提供服务；

②投资赞助链接服务，使他能够简化居住在其他成员国的客户访问他的网站；

③活动具有国际性质，例如旅行社等；

④在他的网站上注明一个带有国际前缀的号码；

⑤使用除成员国域以外的一级域，商人的总部或使用其他一级域，如"com"或"EU"；

⑥说明一个国际客户包括居住在其他成员国的客户；

⑦起点在其他或多个成员国的营业地点的路线描述；

⑧声明一个国际客户，包括居住在其他成员国的客户，特别是有评估可能性的客户；

⑨允许客户使用他们自己的语言或货币，如果他们不同于规定的语言或货币。

此外，欧盟法院不认为国外网站的唯一可访问性或说明商人的外国电子或地理地址或说明没有外国前缀的电话号码是关键因素。

针对跨境电商贸易中的网络销售的行为，因为包含将产品运输到他国，第三人完全可以通过设置账户密码、运送范围等内容规避在特定地域的销售，所以网络销售行为很难被认定为不是针对某一国家的消费者。就此问题，在 eDate Advertising v. X a Oliver Martinez，Robert Matinez v. MGN Limited 案中，欧盟法院指出《布鲁塞尔协定》规定的"有害事件发生或可能发生的地方"是

---

❶ See Peter Pammer v. Reederei Karl Schlüter GmbH & CoKG（C-585/08）.

指与起因事件的发生地和损害发生地。❶ 欧盟采取利益中心标准：此类地点可以是例如居住地、与其他成员国有密切联系的其他地方、工作地点等。法院有权根据利益中心的标准确定全额赔偿。此外，奥地利公司 Wintersteiger 要求禁止德国公司 Products4Uasa 在 google. de 搜索引擎内使用 Wintersteiger 商标的法律诉讼中欧盟法院指出：《布鲁塞尔协定》7（2）规定的"损害发生或可能发生损害的地方"是指与导致损害的事件发生地和损害发生地。因此，原告可以依据上述标准确定的管辖权起诉。❷ 在商标权案件中，法院不得不承认由于商标的保护只是在其注册国范围内享有，商标权受到损害的前提是商标在一国内受到保护，所以商标注册地的法院是最适合审理是否违背商标权的案例。所以，对于跨境网络销售行为中侵犯商标权的行为，欧盟法院一般可享有管辖权。

（四）对我国跨境电商商标侵权管辖规则完善的启示

通过上述研究可以看出，确认对跨境电商商标侵权问题的管辖权存在较强的必要性。

首先，确认本国管辖权是保护本国消费者的必然选择。美欧均对针对本国消费者销售的跨境电商所涉商标侵权行为确认了管辖权的行使，在抛开复杂的法律和制度上的差异外，两者在判定条件上基本一致，即相关产品或服务的消费对象是否为本国居民，这凸显了对行使管辖权的根本目的在于更好地保护本国消费者的合法权益。众所周知，在消费行为的天平两端，消费者往往处于信息和经济等各方面的劣势地位，而在跨境电商贸易中，这种行为将因为卖家处于另外一个国家的物理间隔而被进一步放大。如果不允许权利人在本国维权，则无疑会削弱对消费者的保护。

其次，我国如果放弃对跨境电商贸易的管辖权，在美国、欧盟均积极确认管辖权的背景下，则无异于将最终裁判权拱手让人，受制于人。在针对我国的跨境电商贸易中，如果发生了侵权行为，有实力的权利人势必会用脚投

---

❶ See eDate Advertising v. X a Oliver Martinez, Robert Matinez v. MGN Limited（Joined Cases C-509/09 and C-161/10）.

❷ See Wintersteiger v. Products 4U Sondermaschinenbau（C-523/10）.

票，在卖家所在地国家，如在美国、欧盟等寻求救济。这样美国、欧盟的法院就可以针对中国消费者的交易行为的侵权认定设置规则、对电商平台的责任设定规则。长此以往，我国作为一个电商产业大国，如果不掌握规则制定的主动权，势必将给未来电商产业的持续蓬勃发展蒙上阴影。

最后，跨境电商贸易是"一带一路"建设的重要推动力，我国在跨境电商领域通过司法案件的积极探索，有利于统一跨境电商纠纷的处理标准，为"一带一路"保驾护航。近年来，我国与多个"一带一路"共建国家形成了互惠共赢的利益共同体。2015 年至今，跨境电商贸易的发展与"一带一路"的建设相互推进，帮助众多中小企业走出国门。同时，跨境电商贸易发展给沿线贸易的供应链带来改变，提高了国际贸易的效率和发展水平，也便利了共建国家居民的生活。在此背景下，我国作为"一带一路"项目发起国及电商业态的主要输出国，如果拒绝对跨境电商侵权的管辖权，可能会使相关纠纷在"一带一路"共建国家出现无法处理或标准不一的各种问题，不利于维持贸易的稳定性及可预期性。

四、跨境电商中的商标侵权认定

（一）跨境电商商标侵权中的商标使用问题

"商标的使用"在我国法上有着明确的界定，这也往往成为研究商标使用的起点，学界也普遍将这里"商标的使用"等同于"商标使用"，根据《商标法》第 48 条对"商标使用"的界定，商标使用应当是"用于识别商品的来源"的使用方式。商标使用这一概念在我国法上具有规范意义，因此也就必须以我国商标法的适用为前提。在跨境电商贸易中，许多跨境电商网站服务器都位于境外，跨境电商经营者在平台上使用真实商标进行广告宣传，或者直接在其经营店铺上使用商标权人的商标来表明自己的产品为真品或者自己与商标权人之间存在授权许可关系，其根本目的是通过商标标识商品来源从而吸引消费者，但由于商标法地域性的存在，对于这样一种域外的"商标使用"所造成的消费者混淆能否利用我国商标法认定构成侵权存在理论上的争议。此外，对于之后的商品进口销售行为是否构成商标使用，实践中也存在分歧。

对于是否构成商标使用的认定直接影响到侵权抗辩的援引。在上海禧贝案中，原告上海禧贝拥有 HAPPYBELLIES 商标的独占许可使用权，被告北京背篓公司则从美国进口带有 HAPPYBELLIES 商标的商品并进行宣传。法院认为，北京背篓公司在销售时并未改变商品的原始状态，其使用包含 HAPPY-BELLIES 标识的商品图片、文字系在销售过程中对商品的展示、宣传，故应当认定北京背篓公司是一种销售行为，仅应对销售行为负责。而其所销售的商品系通过正常的经营行为取得，因此可以通过合法来源抗辩免责。❶

然而在丹纳赫西特传感工业控制有限公司诉赵某某等侵害商标权纠纷案中法院得出了不同的结论。该案原告是"BINDICATOR"商标在中国的专用权人，被告向美国公司进口确带有"BINDICATOR"标识的产品。法院认为，首先，基于商标保护的地域性，外国公司在我国境外生产制造被控侵权产品本身并不侵犯我国注册商标专用权，但被告进口被控侵权产品至我国并在境内销售直接导致该产品在涉案商标受保护的法域内从无到有；其次，被告虽然未直接从事生产制造被控侵权产品行为，但实际上是在我国境内首先使用被控侵权产品的主体，从商标法保护的意义上，被告作为进口商的行为后果与生产者的行为后果是一致的。因此，在本案中丹纳赫西特公司的行为构成使用侵权，不能适用合法来源抗辩。❷

综合上述分析可见，对于跨境电商贸易中的相关行为能否认定为商标使用及商标使用侵权，司法实践中并没有统一的裁判标准。

（二）跨境电商商标侵权中的混淆可能性问题

我国《商标法》第 57 条将商标侵权的认定标准分为两种，一种是"在同一种商品上使用与其注册商标相同的商标"，另一种是"在同一种商品上使用与其注册商标近似的商标，或者在类似商品上使用与其注册商标相同或近似的商标，容易导致混淆的"。据此，混淆可能性成为与商标近似、商品类似并

---

❶ 参见北京市朝阳区人民法院（2015）朝民（知）初字第 46812 号。

❷ 参见上海市第一中级人民法院（2014）沪一中民五（知）终字第 78 号民事判决书。

列的一种侵权构成要件。然而学理与实践中存在的争议在于如何界定相似性认定与混淆可能性之间的关系。主流观点认为，在商标和商品"双相同"的情况下作出的推定，无法通过证明不存在混淆可能性予以推翻，而在商标近似或商品类似的情形下，则可以通过证明不构成混淆可能性推翻侵权。❶

对于混淆可能性认定一般以特定市场的相关公众为认定范围，根据《最高人民法院关于审理商标民事纠纷案件适用法律若干问题的解释》的规定，人民法院认定商标相同或者近似应当以相关公众的一般注意力为标准；相关公众是指与商标所标识的某类商品或者服务有关的消费者和前述商品或者服务的营销有密切关系的其他经营者。而在司法实践中，混淆可能性认定除了法律规定的商标近似、商品类似以及相关公众等规范因素外，更多的非规范性因素也越来越受到法院的关注。尤其是以涉外定牌加工为代表的跨境商标使用行为的出现，使得规范性因素在相关案件的处理中显得论证不足，法院更多地诉诸法政策等予以说理论证，导致混淆可能性的认定变得更为复杂。例如，在"PRETUL"商标案中，被告按照委托人要求生产挂锁，在挂锁上使用"PRETUL"相关标识并全部出口至墨西哥。法院认为该批挂锁并不在中国市场上销售，也就是该标识不会在我国领域内发挥商标的识别功能，不具有使我国的相关公众将贴附该标志的商品，与莱斯公司生产的商品的来源产生混淆和误认的可能性。❷ 而在"HONDA"商标案中，最高人民法院又指出商标法规定的"容易导致混淆的"一语，指的是如果相关公众接触到被诉侵权商品，有发生混淆的可能性，并不要求相关公众一定实际接触到被诉侵权商品，也并不要求混淆的事实确定发生。被诉侵权商品运输等环节的经营者即存在接触的可能性。而且，随着电子商务和互联网的发展，即使被诉侵权商品出口至国外，也存在回流国内市场的可能。同时，随着中国经济的不断发展，中国消费者出国旅游和消费的人数众多，对于"贴牌商品"也存在接触和混淆的可能性，因此，应当认定具有混淆可能性。❸

区别于传统贸易模式，跨境电商贸易会对相关公众的识别和判断产生影

---

❶ 王太平. 商标侵权的判断标准：相似性与混淆可能性之关系 [J]. 法学研究, 2014 (6).
❷ 参见最高人民法院 (2014) 民提字第 38 号民事判决书。
❸ 参见最高人民法院 (2019) 最高法民再 138 号民事判决书。

响，一方面跨境贸易相关公众的认知难度有所提升。跨境电商贸易的实际上是对消费环境的一种拟制，这种环境的拟制增加了商品的可及性。当消费者在境外购买时，境外消费环境、门店装潢及购买体验等相关因素，都会影响到消费者对于商标的识别，在较大程度上避免了通过对境内相同或近似商标产生联想而发生混淆。从通信理论的角度来看即意味着在商标信息传播过程中更为通畅，不存在过多干扰的噪声。❶ 但在境内购买的情况下，除了跨境电商经营者本身的广告宣传外，消费者在购买的过程中面临的干扰因素会更多，例如，电商经营者的信息、网址域名、近似商标商品的联想等通信噪声都可能会影响消费者的判断从而增加消费者的识别成本，削弱了厂商与消费者之间的通信效果，甚至造成混淆。另一方面，相关公众的范围发生了扩大，互联网技术扩大了商标商品的传播范围，使一般公众更容易接触到境外商标商品。在海外代购或者海外实体店购买的情形下，相关消费者相对于国外一般公众而言具有更高的识别能力，尤其是海外代购情形，消费者一般是在对海外产品信息具有一定了解之后，才委托代购人进行购买。但在跨境电商贸易中，商品信息由经营者主动提供，消费者需要以更高的注意程度进行识别，尤其是对于没有过海外代购或境外购买经验的消费者，更容易产生混淆。例如，在 UGG 案中，法院认为代购服务是指卖家根据买家的委托，在海外及港澳台代为购买指定的商品（该商品为非现货）的服务。而淘宝代购与传统的代购的区别点在于，前者是委托人提供需代购的商品信息，代购者根据指示完成代购事务，而淘宝代购则是代购者预先发布可提供代购的商品信息，再根据下单情况完成代购行为。被告不是单纯地根据下单人的任意指示完成代购行为，而是提前发布了供代购的海外商品信息，下单人根据其发布的信息进行下单确认，法院认定这种行为属于"现货代购"，其行为侵犯了在中国享有商标专用权人的权利。❷

正是基于上述两个方面，跨境电商贸易在实践中容易造成消费者混淆。然而，与传统商标侵权所造成的消费者混淆有所区别，由于跨境电商经营者设立于境外，尽管商品宣传和销售行为可能造成消费者混淆，但这些行为主

---

❶ 王太平. 商标侵权的判断标准：相似性与混淆可能性之关系 [J]. 法学研究，2014 (6).
❷ 参见杭州市余杭区人民法院 (2016) 浙 0110 民初 16171 号民事判决书。

要发生于境外，而混淆结果发生于境内，此时就出现了行为与结果的分离，如果基于境内混淆而认定境外行为构成商标侵权，实际上也就违反了地域性原则的基本要求。而这也是当下跨境电商商标侵权问题处理的一个难点。

（三）跨境电商商标侵权中的平行进口问题

跨境电商贸易是经济全球化深化的产物，其发展促进了商品市场的融通，也易于引发平行进口问题。根据权利穷竭理论，知识产品首次合法销售之后，知识产权人便不能对其主张权利，也不能阻止销售商进行进一步的销售，而基于各国市场之间的价格差异，销售商会选择将商品从低价国销往高价国，此时由于不同地域的商标权人不同，则必然会产生权利和市场的冲突，规定知识产权国际穷竭的国家往往支持平行进口，而规定权利国内穷竭的国家则往往认定平行进口构成侵权。对于平行进口的态度取决于一国基于自身经济发展水平所贯彻的贸易政策，因此 TRIPs 协议对此持以开放态度，由各国根据自身的国情作出相应的规定。我国长期以来作为低价国，平行进口问题在我国法上并不突出，但近年来随着我国经济水平的提升，尤其是跨境贸易的发展，平行进口的问题在我国也逐渐引起关注。

境内外商标权人之间主要存在两种关系：第一种是境内商标权人与境外商标权人为同一主体，境外商标权人在境外申请注册商标后又在境内申请注册商标；第二种是境内商标权人系境外商标权人的排他或独占许可使用人。这两种情况下，商标权人的根本利益都具有同一性，此时销售商从境外购买商标商品后进入国内销售，主要是因为境内相较于境外存在价格优势。但这种平行进口行为也不可避免地会对境内主体的市场利益造成损失，主要是因为境内主体与境外主体的产品往往存在差异，如生产加工商、原料、气候等因素的选择，由于处于不同的地域，这种因素必然会有不同，并直接影响到商品的品质。如果平行进口商进口的商品优于境内商标权人的商品，并且价格相对低廉，则必然会对境内商标权人的市场产生冲击，因此即便是利益统一也可能会发生争执。由于我国法上并未对平行进口问题作出规定，因此，引发了大量的纠纷和司法争议。

尽管我国法上并未对平行进口问题作出规定，但司法实践中已经涌现出大量的案例。例如，在米其林诉谈国强商标侵权案中，原告米其林集团将自己的商标在中国进行了注册，后被告在长沙市雨花门店销售从日本进口的带有此商标的商品。法院认定该轮胎并未经过国家质量认证，尽管是真实产品，但仍可能使中国消费者对原告的产品质量和商业信誉产生怀疑，因此构成商标侵权。❶ 再如，在"不二家"案件中，虽然涉案产品来源于日本"不二家"公司，且其使用的外包装上附着了与商标权人商标相同或近似的商标，对于相关公众而言，可能不会造成混淆，但被告未经许可将公司糖果擅自分装到不同包装盒，且这些包装盒与不二家公司对包装盒的要求有明显的差异，损害了涉外商标的信誉承载功能，因此构成商标侵权。❷ 这表明在境内境外商标权人为同一主体时，平行进口的合法性主要取决于进口商品的品质是否会对境内商标权人的商誉产生影响，而在境内外商标权人非同一主体，而只是存在授权许可关系时，这一因素同样重要，例如，在大西洋 C 贸易咨询有限公司与北京四海致祥国际贸易有限公司侵害商标权纠纷案中，大西洋 C 公司系德国库斯亭泽公司在中国商标权的独家许可使用权人，被告四海致祥公司未经许可进口库斯亭泽公司所产啤酒，法院认为在涉案商品为真实的情况下，商品的流通行为既不会造成消费者混淆误认，也不会损害商标权人的商誉，不应当认定为侵权行为。❸ 由此可见，尽管境内商标权人与境外商标权人之间都存在着利益关联，但由于商品的品质问题，尽管是来源于同一或关联主体的商品，因不同地域的环境与质量标准不同，平行进口依然可能被认定为侵权。

总体而言，法院在认定平行进口合法性时主要考量几个因素：其一，境内外商标权人的关系，如果是同一权利人或存在授权许可关系的情形则更易认定为不构成侵权；其二，是否为真实产品，商标权人授权销售其真实产品是平行进口行为合法性的前提；其三，是否会损害境内商标声誉。基于商标具有的品质保证功能，从消费者的利益出发，如果同一商标下的商品质量发生变化，就会破坏相应商标的质量同一性保证功能，应当予以禁止。❹ 这实际上就类似于欧美法上的实质性差异原则，即如果国外产品与国内产品之间存

---

❶ 参见长沙市中级人民法院 (2009) 长中民三初字第 0073 号民事判决书。

❷ 参见杭州市余杭区人民法院 (2015) 杭余知初字第 416 号民事判决书。

❸ 参见北京市高级人民法院 (2015) 高民 (知) 终字第 1931 号民事判决书。

❹ 李士林. 商标质量功能论证与立法抉择 [J]. 法治研究, 2013 (2).

在实质性差异，即使国外产品是由美国商标权人或与其有关联关系的人生产，也不得进口该商品。通过这些既有的因素可以看出，我国法上对于平行进口采取一种有条件接受的态度。

（四）比较法层面上的跨境电商商标权侵权认定

1. 美国针对跨境电商的商标侵权认定

在侵权认定中，美国法院一般依照《兰哈姆法案》的规定对侵权成立与否做出判定。具体而言，法院需要进行两步测试：第一步，审查原告所主张的商标是否受到法律保护；第二步则是审查被告的商标使用行为是否会导致消费者对产品来源的混淆，法院一般考量如下八个因素：①商标的强度；②商标的相似性；③产品之间的接近性及其竞争力；④有证据表明原告可以通过开发产品在被控侵权人产品的市场上销售来"弥合差距"；⑤消费者实际混淆的证据；⑥恶意的证据；⑦产品各自的质量；⑧相关市场消费者的成熟度等。由此可见，在侵权的判定审查中，美国法院并没有对于跨境电商的案件设置特殊的规则，既没有对是否属于国内的商标使用做特别的检查，也没有将被控侵权产品是否在出口国合法使用作为判定侵权的抗辩考量因素。因此，在管辖权确认后，美国在对跨境电商贸易中的侵权行为判定与普通侵权并没有实质上的不同。

2. 欧盟针对跨境电商的商标侵权认定

由于欧盟法院仅审理法律适用问题，而不审理侵权实体认定问题，所以在之前有关管辖问题的案件中，欧盟法院并没有进一步就商标侵权做出判定，因此也缺乏相关侵权判定规则的参考。在欧盟法院从没有出现过有关跨境电商侵权案件判定规则是否需要设置特别要求的案例，例如是否要判定属于境内的商标使用，进口地国家的合法使用是否可以作为不侵权认定的考量因素等。从《欧盟商标法规定》的相关条文设置来看，也很难能看到其对跨境电商商标侵权行为有特殊的规定。我们有理由相信欧盟国家应当是采取的类似于美国的做法，即在管辖确定后，并不会对跨境电商贸易中的商标侵权判定设定特殊规则，而是采用与国内商标侵权案件同样的标准进行审查。

（五）我国法层面上跨境电商商标侵权认定的问题解决

通过上述研究可以看出，欧美在确定管辖之后，在商标侵权认定的问题上充分尊重了知识产权地域性原则，并没有与国内商标侵权案件的判定有任何特殊的规则。这其实也符合法律的一般逻辑，通过管辖确定了国内法管辖，就适用国内法侵权判定的标准。而我国在跨境电商问题的侵权实体认定问题上出现争议，主要原因就在于我国独有的"海淘"模式的跨境电商零售进口。所谓"海淘"指的是将本用于在他国市场上出售的商品转销售入本国。这种情况对中国的跨境电商贸易而言是一个比较独特的行为，既源于国人对外国品牌的更多信任，也来源于特殊税率制度安排下的价格优势。反观欧美，基本不存在将原用在中国市场销售的产品不做修改直接转入欧美市场销售的情况。这种海淘模式的差异，使中国即使在确定了本国法院管辖后，仍然可能在实体侵权认定时存在挑战。

本文认为，在跨境电商问题的处理上，应当坚持三项原则：其一，立足本国利益，无论是商标使用行为还是销售行为，只要其损害了社会公共利益，对本国消费者造成了混淆可能性，就应当将这种行为视为我国法上的商标侵权行为，正如在管辖问题中引入"针对本国消费者"的因素一样，在实体判定上也可以引入这一元素，即如果商家的产品是针对本国消费者销售的，就不能再援引在他法域下合法来源作为抗辩。毕竟，跨境电商经营者需要经过各种审核，需要通过特殊的平台渠道，使用的推销语言是中文，只能销售给中国消费者，所以卖家很难否认他不知道这些商品是针对中国消费者的。在引入这个因素后，无须在对其行为是否发生在域外、是否在域外合法等问题进行审查，正本清源。其二，立足社会公共利益，不应当仅以这种纯粹的市场行为对国内商标权人的市场带来挑战即认定该行为构成侵权，而应立足于社会公共利益，在该行为符合国内质量、包装及适用等强制性标准的情况下，并且通过合理的方式表明来源，即应当认定该行为的合法性。其三，坚持有限市场干预，即如果某种行为仅仅损害了商标权人的市场布局，或者根本上可归因于商标权人自身的市场布局冲突，那么该行为就不应当由法律来予以规制。

五、跨境电商商标侵权中的平台责任

（一）我国法上跨境电商商标侵权中的平台责任

1. 我国法上关于跨境电商平台责任的相关规定

关于跨境电商平台商标侵权责任的承担散见于《民法典》《中华人民共和国电子商务法》（以下简称《电子商务法》）《商标法》以及相关司法解释当中。《民法典》第 1195 条❶、第 1196 条❷、第 1197 条❸构成了网络服务提供者的"通知—删除"规则体系，一方面明确了平台在侵权发生时应尽的义务以及承担相应责任的情形，另一方面则设置了平台免责的避风港规则。《电子商务法》也作出了类似的规定，对于电子商务平台设定了平台责任。同时，《商标法》第 57 条第 1 款第（6）项规定，故意为侵犯他人商标专用权行为提供便利条件，帮助他人实施侵犯商标专用权行为的属于侵犯注册商标专用权。《商标法实施条例》第 75 条规定，为侵犯他人商标专用权提供仓储、运输、邮寄、印制、隐匿、经营场所、网络商品交易平台等，属于商标法第 57 条第（6）项规定的提供便利条件。此外，最高人民法院在 2020 年印发的《关于审理涉电子商务平台知识产权民事案件的指导意见》也对上述规定做出了进一步细化。

---

❶ 该条规定：网络用户利用网络服务实施侵权行为的，权利人有权通知网络服务提供者采取删除、屏蔽、断开链接等必要措施。通知应当包括构成侵权的初步证据及权利人的真实身份信息。网络服务提供者接到通知后，应当及时将该通知转送相关网络用户，并根据构成侵权的初步证据和服务类型采取必要措施；未及时采取必要措施的，对损害的扩大部分与该网络用户承担连带责任。权利人因错误通知造成网络用户或者网络服务提供者损害的，应当承担侵权责任。法律另有规定的，依照其规定。

❷ 该条规定：网络用户接到转送的通知后，可以向网络服务提供者提交不存在侵权行为的声明。声明应当包括不存在侵权行为的初步证据及网络用户的真实身份信息。网络服务提供者接到声明后，应当将该声明转送发出通知的权利人，并告知其可以向有关部门投诉或者向人民法院提起诉讼。网络服务提供者在转送声明到达权利人后的合理期限内，未收到权利人已经投诉或者提起诉讼通知的，应当及时终止所采取的措施。

❸ 该条规定：网络服务提供者知道或者应当知道网络用户利用其网络服务侵害他人民事权益，未采取必要措施的，与该网络用户承担连带责任。《电子商务法》也作出了类似的规定，对于电子商务平台设定了平台责任。

2. 我国法上跨境电商平台责任的司法实践考察

鉴于侵权行为延伸至国内，一旦涉及商标侵权，不管境外注册企业，还是境内服务商均有可能成为跨境电商平台的责任承担主体。

一般而言，跨境电商平台对于平台所销售的商品负有审查义务。例如，在恒利公司诉杰薄斯公司等案中，法院认为，作为跨境购物网络平台的经营者，特别是当经营者本身也是共同销售者的情况下，对于网络平台所销售的商品，应当以审慎的态度审核境外商品是否侵害中国注册商标专用权。[1] 实践中，法院会审查电商平台是否尽到合理、审慎的审查义务，特别是当跨境电商平台销售的为具有一定知名度的大众品牌，电商平台抗辩不知晓是侵权产品的空间极小。

在童年时光公司诉北京麦乐购公司[2]中，被告主张其并非涉案产品的实际销售主体，仅为提供跨境电子商务交易服务的第三方平台。但法院综合既有事实和证据认定，被告虽然经营了涉案网站，但同时系涉案产品的销售者、产品信息发布者，并且提供网购保税区、物流配送等，因此，应当承担侵权责任。由此可见，尽管境内服务商虽然提供的是报关、仓储、开具发票等行为，但作为跨境电商经营者，对于其提供的商品是否侵害他人知识产权有合理的注意义务，其提供的产品一旦涉及商标侵权，应当承担侵权责任。

如果跨境电商平台仅为进驻的商家提供网络平台服务，不参与具体业务的经营，责任的承担将有所不同。如在北京飞彩海河公司诉阿里巴巴公司案中，法院认为，原告通过被告平台提出的众多侵权投诉的实际处理者并非被告，原告未举证证明天猫国际平台实际参与侵权产品的经营，不构成故意为他人侵权行为提供便利条件，不属于商标侵权。[3] 又如，在浙江瑞崎公司诉周云云、浙江淘宝公司案中，法院认为，原告通过律师函方式向淘宝公司投诉侵权商品信息时未提交相关证明材料，故未构成有效通知。淘宝公司复函要求其补正投诉材料并重新投诉并无不妥，并且淘宝公司已向原告披露了卖家

---

[1] 参见广东省高级人民法院（2017）粤民再 288 号民事判决书。

[2] 参见北京市东城区人民法院（2016）京 0101 民初 13177 号民事判决书；北京知识产权法院（2018）京 73 民终 760 号民事判决书；北京市高级人民法院（2021）京民再 80 号民事判决书。

[3] 参见北京市海淀区人民法院（2018）京 0108 民初 27010 号民事判决书。

有效身份信息。淘宝公司已尽到作为网络平台服务提供者的义务，故不承担帮助侵权责任。[❶]

（二） 比较法上跨境电商商标侵权中的平台责任承担

1. 美国针对跨境电商平台的商标侵权认定

美国以《数字千年版权法案》（DMCA）为蓝本，引入避风港原则，即中立网络服务提供商不对第三方侵犯版权的内容负责，除非知道侵权内容、他们没有迅速删除此类内容。虽然 DMCA 不适用于商标侵权，但基于共同责任和替代责任的类似原则已在美国适用。

电子商务平台责任的标志性案例是 Tiffany v. eBay。[❷] Tiffany 在注意到 eBay 上出售了数千件假冒的 "Tiffany" 银质珠宝后，对 eBay 提起诉讼。双方主要就 eBay 在遏制侵权方面应发挥的作用存在分歧。虽然 Tiffany 希望 eBay 采取预防性过滤措施以避免侵权，但 eBay 坚称其法律责任仅限于删除明确通知的内容。Tiffany 因此对 eBay 提起诉讼，指控其直接和共同的商标侵权、商标淡化、不公平竞争和虚假广告。美国第二巡回法院驳回了 Tiffany 的所有主张，认为对于商标间接侵权责任的成立，网络服务提供者关于其服务被用于假冒侵权商品销售这一事实的认知状态必须超过一般的程度。易贝没有调查经其平台所售商品真实性，或采取进一步措施以阻止假冒侵权商品销售的法定义务。相反，监控、识别需从易贝网站上移除的侵权商品销售链接的负担应由蒂芙尼承担。

2. 欧盟针对跨境电商平台的商标侵权认定

有关电子商务平台的责任问题，主要由欧盟的《电子商务指令》所规定。《电子商务指令》并非仅仅针对电子商务平台，而是针对所有电子商务活动的参与主体，其中中立的服务提供商被称为中间服务商（Intermediary）。而根据中间机构所提供的服务类型的不同，又将其区分为三种，即提供单纯传输服务的中间服务商（第 12 条），提供缓存功能的中间服务商（第 13 条），以及提供主机服务的中间服务商（第 14 条）。

[❶] 参见浙江省杭州市余杭区人民法院（2016）浙 0110 民初 17254 号民事判决书。

[❷] See Tiffany (NJ) Inc. v. eBay Inc., 600 F.3d 93 (2d Cir. 2010).

电子商务平台所提供的服务被认定为系提供主机服务，故其相关的责任推定适用《电子商务指令》的第 14 条，该条规定："（1）若提供的信息社会服务包括存储由服务接受者提供的信息，成员国应当确保服务提供者不因根据接受服务者的要求存储信息而承担责任，条件是：（a）提供者对违法活动或违法信息不知情；就民事赔偿责任方面，提供者只需对明显存在违法活动或违法信息的事实不知情；或者（b）提供者一旦获得或者知晓相关信息，就马上移除了信息或者阻止他人获取该信息。（2）如果服务接受者是在服务提供者的授权或控制之下进行活动，则本条第 1 款不适用。（3）本条不应当影响法院或行政机关根据成员国的法律制度，要求服务提供者终止或者预防侵权行为的可能性。本条也不影响成员国制定管理移除信息或者阻止他人获得信息的规定的可能性。"此外，《电子商务指令》的序言还对免责条款的适用进行了进一步的限制，即"本指令中规定的免责条款仅适用于以下情况：信息社会服务提供商的活动仅限于操作和提供对通信网络的访问的技术过程，在该通信网络上传输或临时存储了第三方提供的信息，且唯一目的是使传输更有效率；该活动仅具有技术，自动和被动的性质，这意味着信息社会服务提供商既不了解也不控制传输或存储的信息"。

在具体实践中，欧盟法院在 2011 年的 L'Oreal v. eBay 一案❶中，作出了一系列对《电子商务指令》条款的关键解释，确立如下重要的原则：电子商务平台是否适用避风港规则的关键在于其是否在具体交易中起到了积极作用，从而使其能够知晓或者控制其所存储的信息。所谓的积极作用，是指"对特定的销售行为提供帮助，尤其是优化许诺销售产品的展示或者进行推销"。即使电子商务平台并未在具体交易中扮演积极作用，针对有瑕疵的权利人通知，仍应以勤勉人的标准来认定电子商务平台是否应当知道侵权行为的存在。如果在个案情况下，作为一个勤勉的运营商应当知道侵权行为存在而没有采取删除侵权链接等必要措施的，即使通知有瑕疵，也应当排除避风港规则的适用，认定其构成商标侵权。避风港规则仅适用于损害赔偿，不影响权利人对于平台上侵权行为寻求禁令的权利。在网络交易平台商标侵权案件中禁令救济的内容不应仅仅限定于删除侵权信息，还应当包括要求侵权人采取合理措

---

❶ See L'Oréal SA and Others v. eBay International AG and Others（C-324/09）.

施防止侵权再次发生。但禁令的内容应有一定的限制，禁令需要是有效、适当、劝阻性的，但是不能给合法的交易造成障碍。

（三）我国法上跨境电商平台责任的规则完善

我国法已经构建起以"通知—删除"为核心的平台责任规则，要求电商平台经营者在知道或者应当知道的情况下，或者在接到知识产权权利人的侵权通知后，要及时采取删除、屏蔽、断开链接、终止交易和服务等必要措施，否则应当与平台内经营者就相关损失承担连带责任。在此基础上，一方面由于跨境电商平台在该产业中的主导地位，其通过跨境电商贸易可以获得大量利益，另一方面则是因为在政策地位上，跨境电商产业相较于国内电商产业而言具有其特殊性，应当受到更加严格的监管。而平台对于实现有效监管具有其便利性和可行性，因此，在跨境电商商标权保护中，即应当要求跨境电商平台在商标权保护中采取更加有效的预防措施来防范侵权发生。而在侵权发生之后，同样应当要求平台作出积极应对，从而保障商标权人和消费者利益。

六、跨境电商商标权保护的制度完善与风险应对

（一）跨境电商商标权保护的制度完善

1. 立法层面：跨境电商知识产权保护的法律体系构建与规则优化

《知识产权强国建设纲要（2021—2035）》提出，新技术、新经济、新形势对知识产权制度变革提出了挑战。因此，要加快新领域新业态知识产权立法，适应经济社会发展形势需要。在立法层面，跨境电商知识产权保护问题涉及《民法典》《商标法》等实体法及《民事诉讼法》等程序法，其规范呈现出零散性和冗杂性的特点，而且主要以部门规章或者指导意见的形式出现，虽然我国在2018年出台了电子商务法，但是电子商务法中缺少涉及跨境电商知识产权侵权的相关规则。

相关规范供给不足的现实局面直接导致了司法裁判的适用困难以及裁判

标准的不统一。随着跨境电商贸易的发展，其知识产权保护问题也日益紧迫。跨境电商知识产权保护问题是一个体系性问题，需要从全局的角度系统考察其制度规范的构建问题，因此有必要在现有法律规范的基础上，针对跨境电商领域的特殊问题，例如，管辖、侵权认定及平台责任等问题出台相应司法解释或者行政法规，完善相关法律制度，回应现实需要。

2. 行政层面：跨境电商商标权行政保护的力度强化与救济多元化

行政保护具有主动性和及时性的特点，在跨境电商商标权保护中可以发挥先行性的作用。在跨境电商知识产权保护问题上，首先应当充分发挥海关等部门的行政监管职能，对涉嫌商标侵权产品予以及时查扣，加大监管力度，从源头上遏制侵权产品的入境。其次，应当发展和完善跨境电商商标侵权法律援助制度，为需要的海内外经营者提供帮助。例如，近年来全国各地已经建立了上百家知识产权保护中心与知识产权维权援助中心，应当充分发挥其知识产权服务职能，为遇到侵权风险的经营者提供帮助。最后，有关部门也可以针对跨境电商贸易发展制定引导性行业规范，建立跨境电商企业行会，并积极发挥其组织协调作用，把跨境电商企业组织起来，不定期开展知识产权培训，邀请经验丰富的专家给跨境电商企业培训知识产权方面的相关知识。邀请有应诉经验的企业来分享经验，交流信息，及时发现问题，有针对性地解决企业遇到的问题，共同应对国际竞争。

而从部门设置来看，我国没有设立专门的监管部门来负责监督和管理跨境电商知识产权，分管的部门比较多，管理较为分散，不利于跨境电商知识产权的管理。政府应当统一协调，设立或指定专门的跨境电商知识产权监管部门，或设立专门的综合执法机构，制定相关的执法程序，规范侵权责任判定和纠纷处理等。

3. 司法层面：全球化视野下知识产权侵权司法管辖权的合理扩张

在经济全球化的背景下，跨境电商贸易已经成为我国对外经济发展的重要组成部分，这也意味着本土化利益逐渐向域外延伸，尤其是互联网贸易更是在一定程度上突破了有形的国界，也对域外知识产权保护提出了新的要求。而我国目前主要遵循地域管辖原则，面对互联网知识产权侵权案件反映出一定的僵化和缺陷。尤其跨境电商贸易下，交易行为主要发生在境外，意味着部分侵权行为并不在我国地域范围内，如果严格按照地域管辖原则，则将会出现我国法院丧失管辖权的状况，这将不利于对我国消费者的保护及维护我国国家司法主权。随着跨境电商贸易的发展，我国也亟须完善涉外互联网知识产权管辖制度、厘清管辖依据。正如本文所呈现，我国司法管辖权规则在传统规则基础上也可借鉴域外国家的先进经验进行适度扩张，以解决新环境下司法管辖面临的新挑战。具体到涉外互联网商标侵权纠纷，在不脱离传统涉外知识产权侵权管辖权理论前提下，可以引入"最低限度联系原则"，即寻找到侵权行为与我国的具体联系，主要包括侵权行为对我国境内当事人产生一定影响，包括如我国消费者可以进入和浏览被告的网页、我国消费者是目标用户，具有针对性地向我国消费者提供信息或服务，混淆误认的结果可能产生于我国境内等，原则上我国法院应当对案件有管辖权。

在具体管辖规则上，首先，建议增加适用原告住所地管辖原则。在互联网侵权案件中，原告所在地明确，能够有效地解决被告所在地在境外且侵权行为地难以确定的问题。同时，实际上通常原告所在地和侵权结果地是重合的，据此，原告所在地也就是案件最密切联系地。司法实践中考虑到电商贸易收货地的选择过于随意、不确定性较强，如果以原告住所地确定管辖将解决此种问题，同时也贯彻了"两个便利原则"，维护当事人的合法权益。其次，建议完善侵权行为地原则的应用。就侵权行为实施地方面，涉网络的跨境电商贸易行为，商品销售行为虽然发生在我国领域外，但商品销售的预备行为，即推广展示发生在电商平台中，而在网上进行宣传、推广作为侵权商品销售的一个重要环节，可以将该等行为纳入侵权行为确定管辖连接点。具体来讲，网上的宣传、推广行为必然要利用计算机服务器。因此，存储和展示侵权信息的服务器等计算机终端等设备所在地（一定情况下与电商平台运营者所在地重合）可视为侵权行为实施地，以此作为管辖连接点确定我国法院管辖权。而就侵权行为结果发生地方面，针对涉外知识产权案件本身管辖连接点有限，加之互联网的发展导致案件情况更加多样化和复杂化，应从侵权行为对我国当事人或权利是否产生实质影响为出发点，将侵权产品收货地纳入管辖连接点范畴，在具体适用上可以优先适用其他管辖连接点，侵权产品收货地顺位在后适用。

此外，如果涉及我国当事人侵犯外国知识产权的案件（侵权行为地或结果发生地位于我国地域范围外），因此类案件中被告一方包括我国公民、法人或其他组织，本文认为可以突破地域管辖原则，基于被告住所地确定我国法院的管辖权。此种处理方式有利于保证我国法院在国际民商事纠纷中的主导权、保障诉讼正义，同时从案件本身来讲有利于判决的承认和执行。

（二）跨境电商商标权保护的风险应对

1. 跨境电商经营者的商标权法律风险应对

对于跨境电商经营者而言，面临着侵犯他人商标权的风险，同时也存在着被侵权风险，因此应当建立起有效的侵权预警和防范机制。同时在出现风险时，应当及时采取应对措施，管控风险。

（1）提前做好商标布局。

全球主要经济体对于跨境电子商务的知识产权纠纷的管辖均呈现出普遍扩张的态势，在未来的贸易环境下，基本上很难再找到管辖的真空地带，所以对于商标权属的提前布局对于避免风险显得尤为重要。具体而言可以从以下几个方面具体把握：

第一，时机。从风险管控上来看，商标布局越早越好，但从商业逻辑上来看，在商业规划的早期，往往无法准确确定未来的商业范围甚至标识选择，所以过早地布局可能也会使得资源呈现一定程度浪费。综合上述矛盾，从一般经验来看，在产品进入实质研发阶段往往是比较合适地进行商标布局的时机。但是该结论也不能一概而论，对于产品比较单一，主要意图通过跨境贸易进行商业地域拓展的情况，在商业规划的初期最好就能同时进行商标布局，并通过相关的申请进度识别可能的风险地域，进而展开相关的商业规划，真正实现防患于未然。

第二，地域。地域选择是跨境贸易经营者特有的策略规划问题。实际上，借助于互联网的商业延展和扩张，商品制造者有时根本无法控制其所生产的产品的最终消费地域，对于商标的地域布局带来的极大挑战。但从中外跨境贸易的相关归责原则来看，即使在管辖扩张的大趋势下，责任的承担基本上也仅仅止于将商品投入的该法域的实施人，而并非会无限向上追溯到产品生产者。所以，在地域规划时，可以基于商业规划中意图拓展的市场区域进行布局。如果在预算允许的情况下，可以对主要经济体或实行强长臂管辖的法域实施预防性的布局。

第三，标识。由于跨境电子商务涉及不同国家，往往存在语言的差异。所以不管对于走出去的企业也好还是走进来的企业也好，在商标布局策略的制定时，除了立足于本国创始品牌商标的商标布局，以期最大可能地避免融入当地市场时所面临的商业风险。

第四，指定商品。针对跨境贸易的经营者，如果能力允许，在一定范围内扩大商标的保护范围、防止出现权利漏洞。由于跨境电商属于新兴领域，各国在司法实践中对于电商经营行为的分类可能有所差异，所以在商标布局的拟注册产品的选择上，除了本类的商标外，还需要进一步考量涉及电子程序的商品服务。

最后，在商标布局的具体实施方式上，由于商标的确权存在本国注册和通过马德里协议国际领土衍生两种途径，同时还存在如欧盟商标这种地区性商标的特殊制度，所以在特定法域选择何种方式进行商标布局，以及选择哪种类型的商标进行商标布局是一个具有较高专业性的工作。针对这点，为了避免因实施方案的瑕疵痛失先机的遗憾，在具体的实施方案的制定方面，建议咨询专业的法律服务机构，结合具体情况和实际需求进行布局。

（2）有针对性地优化经销协议、管控风险。

在跨境电商贸易门槛被不断降低后，任何一个商品提供者都可能因为其经销商单独的跨境销售行为而承担额外的不确定风险。虽然主流地域的裁判规则往往不支持进一步向货物提供者之外的生产商进行追责，但对于像美国这种具有强力长臂管辖的国家来讲，其风险并不能完全避免。这种情况下，为了最大可能规避风险，可以通过在经销协议中限定产品的销售区域，或设定对于超出上述经销区域的跨境贸易的免责条款，最大可能地规避因经销商单方的跨境电子商贸行为而造成的不确定风险。

（3）定期监控、积极维权。

在商标确权完成后，对于主要的商业所在地域，要进行定期监控并积极维权。商标权不会因为急于行使权利而使其保护力度或显著性都有所削弱。在传统的产品贸易领域，对外国的商标侵权行为的定期监控和积极维权往往意味着非常大的投入，在业务发展的初期可能投入产出比较低，最终造成积重难返的局面。然而，在跨境电商贸易中，无论是监控成本还是维权成本均因为网络监控技术工具的发展和通知删除程序的普遍建立而大大降低。所以，对于跨境电子商务的经营者而言，即使在业务发展的初期，也应当考虑部署定期监控的措施，并通过通知删除程序积极维权

（4）合理评估障碍、调整商业策略。

对于在目标市场法域相关商标已经被抢注的情况，权利人可能会陷入运用法律手段应对的不确定性风险或是彻底放弃市场的两难抉择。然而，从实务来看，此类案件往往并非需要进行绝对选择，而是存在动态调整的空间。例如，对于走进来的企业，如果商标被抢注，可以一方面综合考虑运营异议、无效宣告、撤三、购买等手段化解障碍，另一方面调整商业计划，基于现在对于跨境电商规制的漏洞暂时通过跨境电子商务的方式将商品销售到国内。

对于走出去的企业，在遭遇到被控侵犯知识产权的纠纷时，建议冷静分析案件情况，针对个案采取不同措施。如经过评估确属侵权的，则建议企业则当主动停止侵权、积极寻求权利人谅解，尽量止损。当和解金额过高、条件过于苛刻时，跨境企业可以考虑在律师的帮助下积极应诉，以便在诉讼中争取将赔偿金降低至合理金额。当然，如果属于恶意诉讼，跨境电商经营企业应当一方面积极应对诉讼，另一方面，应当跟平台及时交涉，向平台提供资料证明所售产品不构成侵权，求平台恢复产品链接。由于此类评估及规避措施具有较强的个案特性及地域特性，在应对此类问题时，尽可能依赖专业的法律服务机构。

2. 跨境电商平台企业的商标权法律风险应对

对于跨境电商平台企业而言，一方面应当加强内部经营者的审查和监控，另一方面也应当建立起完善的侵权应对机制，在保护消费者利益和维护市场秩序的同时也要保证有利于实现自身责任的最小化。

（1）确立通知删除机制，严守中立立场。

纵观世界主要经济体的电商平台规则，虽然在细节上可能存在差异，但基本上都是基于无过错推定的避风港原则，或者基于过错规则进行原则性地通知经营者删除程序，未尽到审查的责任。所以对于电商平台而言，规避风险的方式无疑还是建立健全的知识产权通知删除机制，严守中立立场。只要

电商平台能做到积极应对处理权利人所提出合理的通知需求，就能避免绝大多数的连带责任风险。

（2）完善合规审查制度，遵守不同法域法律确立的信息披露义务。

除了通知删除机制，各国法律大都规定了不同程度的信息披露义务，对于经营者的身份及经营信息在特定条件下进行有限度的公开。由于互联网的身份匿名的便捷性，电商平台的另外一个重要风险的来源就在于权利人无法确认直接侵权人身份或直接侵权人的偿付能力较弱时，会选择将电商平台作为共同的被投诉人或被告。所以，提供合理的信息披露既是法律合规的要求，也是规避自身风险的一种方式。

（3）探索替代性纠纷解决机制。

利用平台优势，构建独立于常规行政或司法途径的替代性纠纷解决机制。将矛盾尽可能降级。可以明确的是，当平台达到足够的规模时，平台不仅能够成为侵权产品扩张的途径，也能给正品产品的销售提供较大助力。在此基础上，电商平台可以尝试利用其规模优势作为杠杆，通过在平台入驻协议中加入替代争议解决条款或与权利人达成战略合作协议的方式，推进替代性纠纷解决机制。

七、结论

随着我国社会经济不断发展，改革开放不断深化，新业态将越来越成为我国外贸领域的有生力量。当前我国采取国内大循环为主体、国内国际双循环相互促进的新发展格局政策，通过强化新业态保护，将有利于推动贸易高质量发展，培育参与国际经济合作和竞争新优势，对于服务业构建新发展格局具有重要作用。在这一背景下，本文针对跨境电商商标权法律保护这一新业态的代表性课题进行了系统性研究。本文认为应当认识到，跨境电商的背后既有经济问题，也有法律问题，经济全球化的发展使跨境电商贸易成为必然，各国基于商标权的地域性而对本国利益进行维护也具有现实正当性，这就使得相关问题的处理变得更加复杂和困难。

首先，在司法管辖问题上，跨境电商贸易的跨地域性与互联网信息传播的无形性对传统商标法的地域性带来了挑战，在跨境电商商标权保护的过程中难免涉及管辖权的问题。从比较法上来看，无论是美国还是欧盟都根据自身利益出发对跨境侵权行为积极行使管辖权，而随着我国"一带一路"倡议的不断推进，以及全球市场的融通，对跨境侵权行为的管辖也越来越具有必要性，这不仅是出于保护本国商标权人利益的需要，更是出于保护社会公共利益的需要。对此本文提出参照比较法上通用的"最低限度联系原则"，在具体规则设计适当增加管辖连接点。

其次，商标侵权的认定。在跨境电商商标侵权认定主要涉及商标使用、混淆可能性及平行进口的合法性认定等问题。考虑到在跨境电商贸易中常见的商品宣传、商品销售等行为最初都发生于境外，这使规范意义上的商标使用与混淆可能性的认定出现适用困境。此外，由于我国法并未对平行进口的合法性做出规定，因而也存在较大争议。因此本文提出，在跨境电商商标侵权的认定中应当坚持三个原则：其一，立足本国利益，即在跨境电商案件涉及我国利益时，我国法上的判定标准就可以适用；其二，立足社会公共利益，对于跨境电商进口行为的合法性认定，根本上应以是否损害到社会公共利益为标准；其三，有限市场干预原则，即如果进口行为与商标权人的利益发生冲突，但并未损害社会公共利益，应考量该行为仅仅是市场布局冲突，保持法律干预的谦抑性。

最后，在涉及跨境电商平台责任的问题上，以《六部门通知》为代表的部门规章对跨境电商平台可以积极的作为义务来防止侵权发生，一方面是由于跨境电商平台在该产业中的主导地位，其通过跨境电商贸易可以获得大量利益，另一方面是由于在政策地位上，跨境电商产业相较于国内电商产业而言具有其特殊性，应当受到更加严格的监管。而平台对于实现有效监管具有其便利性和可行性，因此平台的更高注意义务具有现实必要性与合理性。在这一价值导向下，在跨境电商商标权保护中，应当要求跨境电商平台在商标权保护中采取更加有效的预防措施，防范侵权行为的发生，而在侵权发生之后，同样应当要求平台作出积极应对，从而保障商标权人和消费者利益。

应当看到，跨境电商商标权保护是一个系统性问题，因此本文从官方制度构建与市场主体风险防范两方面提出应对策略。在制度构建方面，首先应当加强立法，针对跨境电商领域的管辖、侵权等特殊问题，出台相应司法解释或者行政法规；其次应当充分发挥行政保护的主动性和直接性，既要从源头遏制侵权发生，也要为跨境电商经营企业提供充分的帮助，要求有关部门完善相关制度，加强机构和职能建设；而在司法层面，应当积极探索管辖权的扩张，以维护司法主权，保障我国商标权人利益和消费者利益。在风险防范方面，作为跨境电商产业的直接参与主体，跨境电商经营者与平台都应采取合理有效的商标应对措施。对经营者而言，事前应注意商标布局和风险管控，事中应注意定期监控和积极维权，遇到风险时则应当合理评估障碍并调整商业策略。对于电商平台而言，应加强自身合规建设，加强内部经营者的审查和监控，为保障消费者利益建立起完善的侵权处理机制。

"双循环"新发展格局下商标品牌保护与国际化推进政策研究[*]

一、绪论

商标品牌是国家经济高质量发展的战略性资源，是品牌经济的核心要素，也是衡量国家经济实力的重要指标。目前，中国仍然是制造大国、商标大国，但是品牌的国际竞争力较弱，未能进入高质量竞争力经济体行列，"双循环"新发展格局下，强化商标品牌保护与国际化政策研究具有重要意义。

本文从基础的数据采集、政策梳理等工作入手，结合对政府商标管理部门、行业协会及代表性企业的调研与访谈，通过翔实的数据分析与全面的案例剖析，本文力求准确完整地呈现中国商标品牌保护、国际化推进的实际情况，以及面临的主要问题。分析"双循环"新发展格局下商标品牌保护侧重点的变化，通过量化分析相关政策文件，将政策演化特征与轨迹以可视化方式进行呈现；探讨新形势下商标品牌保护需求与政策供给之间的差距，验证质性研究中的主观判断和思辨结果；提出服务于"双循环"新发展格局的，提升我国商标品牌价值的政策建议。

* 本文是 2021 年中国知识产权研究会自主立项课题成果，作者是杨静、李丹萍、张健、苏正生、韩晶、马超、郭晨颖、唐丹蕾、武伟、王丽丽、焦乐亨。

（一）基本概念阐释

为助推国家深入实施商标品牌战略，课题组对"双循环新发展格局下中国商标品牌保护与国际化推进政策"进行了研究，研究内容包括商标品牌的保护、双循环格局下商标政策的需求、商标政策供给分析、提升商标品牌价值的建议对策等，其中涉及商标、品牌、双循环等概念，在此，课题组对研究内容中涉及的基本概念进行阐释。

1. 商标与品牌

商标属于法律概念，包括商品商标和服务商标，是指能够用以识别和区分商品或者服务来源的标志。品牌是商标、商号（字号）、商誉等商业标识的统称或俗称。与商标概念的法律性不同，品牌更多的是一个市场概念。如果说商标的基础是申请注册，那么品牌的基础则是产品和服务的质量、特色，它是一个企业综合实力的集中反映。因此，品牌是用以识别某产品或服务，并使之与竞争对手的产品或服务有所区别的商业名称及其标志，通常由文字、标记、符号、图案和颜色等要素或这些要素的组合构成。

2. 商标与品牌的关系

尽管商标和品牌的概念不尽相同，但二者关系密切。特别是随着市场经济的发展，商标与品牌在运用中逐渐进行了融合。2015 年《国务院关于新形势下加快知识产权强国建设的若干意见》要求"深入实施商标品牌战略"。自此，在各级政府的商标政策文件或官方会议中，"商标品牌"成为一个通用词语，越来越多地进入大众视野。经过"商标"和"品牌"在历史发展中长期的相互影响、共荣共生，其区别逐渐在使用中被人们淡化，从而形成了"商标品牌"这一兼具二者特点的概念，是二者的交叉融合和整合归一，也是更符合经济新常态、新格局发展要求的概念界定。

3. 商标品牌保护

中国的商标品牌保护具有司法和行政"双轨制"的特征。司法保护是指各级人民法院依法受理、审理、裁决商标品牌相关诉讼，以打击侵权、维护权利人利益；行政保护则依靠知识产权查处侵权行为，有迅速、简便、效率高的基本特征。双轨制的商标品牌保护不仅更好地保障了权利人利益，也利于实现商标权的交易。

4. 商标品牌国际化

商标品牌是提升产品服务市场价值的助推器，是提升国际竞争力的通行证。随着社会经济的不断发展，越来越多的中国企业走出国门，"市场未动，商标先行"，企业在海外通过注册取得商标专有权，并以较高的产品、服务质量及企业文化赢得国际影响力。商标品牌国际化体现为：一是企业走向国际市场的程度。通过国内企业的国际商标注册申请量，特别是马德里国际商标注册量的数据，可以体现商标品牌国际化的程度。二是企业在国际市场上的知名度，也就是国内企业商标品牌在国际上的影响力。通过"世界品牌 500强"榜单等相关数据的变化，可以显示国内企业商标品牌国际化的发展情况。三是企业海外商标维权的力度。随着中国品牌在世界范围内获得广泛关注和认可，企业商标在海外被抢注或被侵权的问题愈加凸显，企业海外商标维权的力度也能体现商标品牌国际化的整体情况。

（二）研究背景与研究目的

党的十八大以来，以习近平同志为核心的党中央高度重视知识产权保护工作，高瞻远瞩、运筹帷幄，对创新型国家建设中的知识产权战略实施作出系列重大决策部署，为包括商标品牌保护在内的知识产权工作指明了前进的道路和方向。近年来，贸易保护主义抬头，经济全球化遭遇逆流。疫情影响下全球产业链、供应链不稳定、不确定因素显著增加，风险加大。面对错综复杂的国际环境，党中央洞察经济发展本质，及时提出以国内大循环为主体、国内国际双循环相互促进的重大战略部署和新发展格局理念。

我国正处于经济高速增长转向高质量发展阶段，商事活动市场经济蓬勃发展，商标申请量连续多年稳居世界首位，但是品牌的国际竞争力较弱，未能进入高竞争力经济体行列。全国统一大市场建设与"双循环"新发展格局下，一方面，畅通国内大循环需要商标品牌市场功能的充分发挥；需要打通生产、分配、流通、消费各环节的断点、堵点，深耕国内市场，升级传统品牌，提升供给体系对国内需求的适配性；需要全面促进消费，发展质量品牌，进一步实现进口品类的国产品牌替代。另一方面，实现更高层级的对外开放需要更高水平的商标品牌战略规划。要求企业改变"贴牌"经营策略，打造知名品牌、真正实现"中国制造"向"中国品牌"的转变。基于此，我国商标品牌保护与发展政策需要进行相应的调整，内容有所侧重，重点更加突出。

本文研究分析"双循环"新发展格局下商标品牌保护与国际化推进的政策建议。从党中央强化知识产权保护工作的系列重要部署文件精神出发，基于"双循环"新发展格局及品牌经济建设的时代背景及其内涵要求，全面总结分析中国商标品牌保护及国际化推进的工作进展与政策需求；对政策供给进行量化分析和质性研究。在此基础上，提出"双循环"新发展格局下强化商标品牌保护、提升品牌经济价值、增强商标品牌国际化竞争力的合理化政策建议。

（三）研究思路与研究方法

为实现项目研究目标，采取以下研究思路和方法：

1. 研究思路

从基础的数据采集、政策梳理等工作入手，结合对政府商标管理部门、行业协会及代表性企业的调研与访谈，通过翔实的数据分析与深入的案例剖析，准确完整地呈现中国商标品牌保护以及国际化推进的实际情况以及面临的主要问题；分析"双循环"新发展格局下商标品牌保护侧重点的变化，通过量化分析相关政策文件，以可视化方式呈现政策演化特征与轨迹；探讨新形势下商标品牌保护以及国际化需求与政策供给之间的差距，验证质性研究中的主观判断和思辨结果；提出服务于"双循环"新发展格局，促进商标品牌保护与国际化推进的政策建议。

2. 研究方法

（1）政策文献计量。

分析商标品牌保护相关政策文献数量、颁布时间、颁布部门、特征主题词等外部属性，呈现政策主题、政策目标及其相互联系，反映商标保护政策过程的特征、时序变迁、空间分布以及政策趋势。

（2）政策内容量化。

对商标品牌保护相关政策文献内容进行语义分析、编码归类、可视化分析，依据统计分析结果描述政策特征、揭示政策意图、推论政策制定前因、推断政策实施效果，发现文本背后的商标政策选择与政策变迁规律。

（3）问卷调查。

分别设计商标品牌保护与国际化推进现状与需求调查问卷。按照具体性、单一性、通俗性、准确性、简明性、客观性原则设立背景性问题、客观性问题、主观性问题，调查基本情况，获得项目展开所需要的经验性材料。

（4）半结构化访谈。

以政府商标管理部门、行业协会、代表性企事业单位、商标服务机构为对象进行半结构化访谈。通过描述关键性问题、数据搜集与案例讨论，了解不同主体对商标品牌保护工作及商标国际化推进工作的观点、认知、思路、需求与建议，为研究结论提供支持。

二、商标品牌保护与国际化的现状与问题

（一）商标品牌保护的演进与问题

1. 中国商标品牌保护的演进

中华人民共和国成立初期，出台了一系列有关商标保护的政策、法律，对商标保护进行了初步探索。1983 年我国颁布第一部《商标法》，首次以法律的形式对商标进行保护，2001 年入世后《商标法》进行第二次修改。2008—2009 年，我国先后颁布《国家知识产权战略纲要》和《关于贯彻落实〈国家知识产权战略纲要〉大力推进商标战略实施的意见》，商标保护首次上升至国家战略层面。

2016 年 5 月，中共中央、国务院印发《国家创新驱动发展战略纲要》，提出实施知识产权、标准、质量和品牌战略，推动质量强国和品牌建设。2016 年 6 月，国务院办公厅发布《关于发挥品牌引领作用推动供需结构升级的意见》，指出品牌是企业乃至国家竞争力的综合体现，代表着供给结构和需求结构的升级方向。

2017 年，国家工商行政管理总局发布《关于深入实施商标品牌战略　推

进中国品牌建设的意见》，标志着我国进入"商标品牌"战略时期。此后，国务院有关部门及相关单位相继出台了《关于加强中央企业质量品牌工作的指导意见》《加快推进品牌强农的意见》等政策性文件，有力促进了商标品牌事业的发展。

2. 中国商标品牌保护存在的问题

改革开放以来我国商标品牌保护工作有序推进，取得了显著成就，商标申请量连续多年位居全球第一。截至 2022 年 6 月底，有效注册商标已超 4000 万件，同比增长 20.9%。应当看到，中国已是商标大国，但距品牌强国仍然存在差距。

首先，有效商标注册总量虽然多，但市场主体平均有效商标拥有量仍有提升空间。截至 2021 年年底，我国每万户市场主体的平均有效商标拥有量为 1893 件，发达国家例如美国每万户企业有 3000 多件商标。全球领先的独立品牌评估及行销策略咨询机构——世界品牌实验室（World Brand Lab）发布的 2021 年度"世界品牌 500 强"排行榜显示，中国入选 44 个，约为美国入选数的五分之一（198 个）。❶

2018—2019 年商标注册量如图 1 所示。

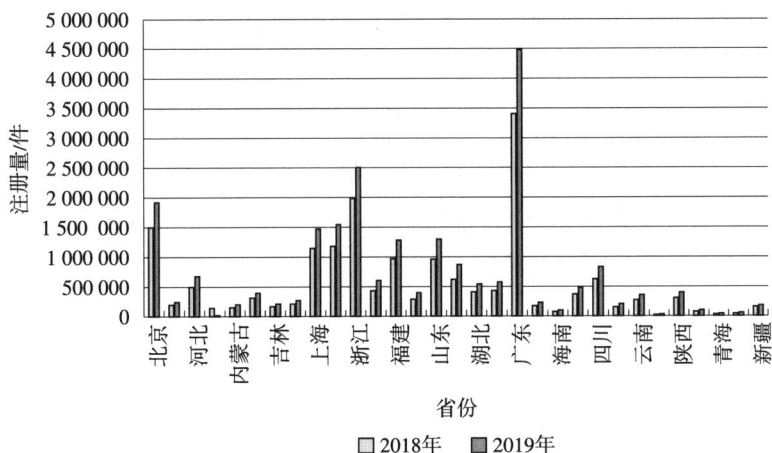

图 1　2018—2019 年商标注册量

❶ 巫和懋. 建设创新强国：怎么看、怎么办 [EB/OL]. （2022-2-26）［2022-10-15］. https://cn.ceibs.edu/media/press-clippings/faculty/21067.

其次，商标品牌保护存在较大地区差异。全国省级行政区阶梯状分布特征明显，东部优于中部、东北部及西部地区。地区性的差异很大一部分是由于目前经济发展不平衡的现实状况造成的。此外也与地方政府及相关部门的政策支持力度相关。

知识产权保护指数主要考量知识产权的司法保护、行政保护和保护效果三个方面：司法保护主要涉及法院知识产权民事、行政、刑事审判指数及检察机关检察监督情况；行政保护方面主要涉及专利、商标、版权及海关知识产权行政工作的相关内容；保护效果方面，主要从研发投入强度、规模以上工业企业申请专利的比例、知识产权保护社会满意等研发投入和保护意愿有关的维度来评价。虽然图 2 知识产权保护指数是综合整个知识产权体系而并非单一商标得出的数据，但还是具有一定的参考性。

再次，商标品牌的附加值作用不明显。我国品牌创造经济价值的能力不强，品牌溢价水平不高。2014 年美国每千亿美元 GDP 的经济效益由 2175 件商标创造，而中国则需要由 12 071 件商标创造❶，美国平均每件商标产生的实际经济效益约是中国的 6 倍。品牌溢价能力是企业获取超额利润的重要武器之一。以化妆品为例，雅诗兰黛、兰蔻、SK-2 等国外品牌在中国一直属于中高端行列，其价格普遍高于国货品牌。国内品牌与之相比，尽管许多"国货之光"逐渐受到年轻人的喜爱，但价格却始终在中低端徘徊。

最后，市场主体品牌意识欠缺。许多市场主体将商标与品牌进行等同，品牌建设意识淡薄，缺乏长期规划。不了解品牌塑造过程需要长时间的积累，急功近利追求短期效益，忽略品牌形象的梳理及向外有效输送，品牌定位同质化，缺乏个性，传播手段单一，缺乏品牌文化。

---

❶ 注册商标更需追求"质量冠军"［N/OL］.（2017-5-24）［2022-10-12］. https：//opinion. huanqiu. com/article/9CaKrnK30lV.

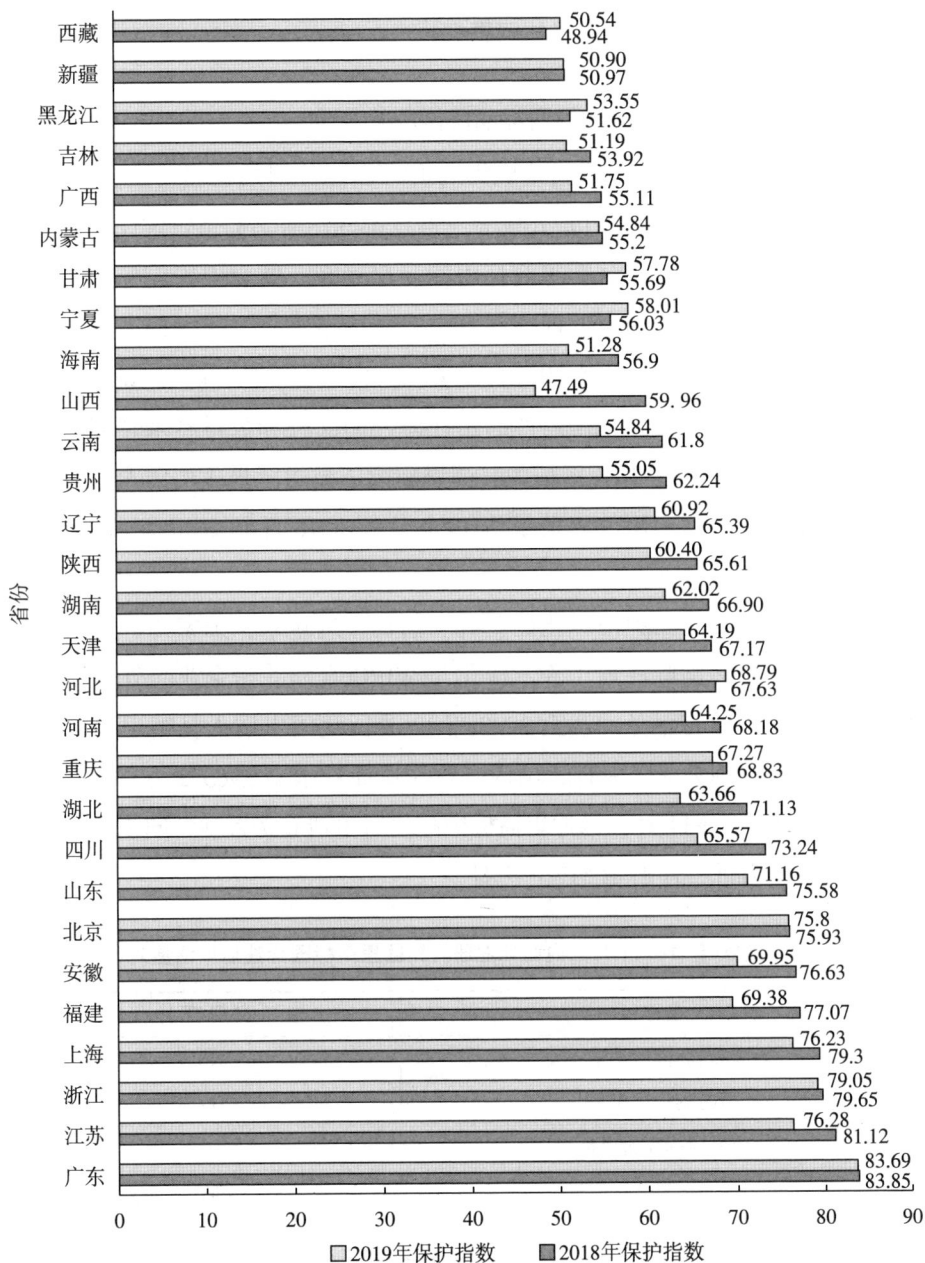

图 2 2018—2019 年度知识产权保护指数

数据来源：《2019 年中国知识产权发展状况评价报告》。

（二）商标品牌国际化现状与问题

1. 基于马德里商标占比的商标品牌国际化评价

1989 年 10 月 4 日，中国正式成为《商标国际注册马德里协定》的第 28 个成员国。1995 年 12 月 1 日正式成为《商标国际注册马德里协定议定书》的第 4 个缔约方。中国加入马德里商标国际注册体系，既为中国商标的国际化创造了条件，也为其他国家的商标品牌进入中国市场打开了大门。国内马德里申请量从 1990 年的 40 件到 2019 年的 6491 件，增长突飞猛进，说明企业商标海外保护意识不断增强，国内产品销往海外的品种和数量越来越多。与此同时，中国从 2005 年开始连续成为马德里联盟中被指定最多的国家，通过马德里体系领土延伸到中国的申请量从 1990 年的 2048 件到 2017 年的 206 148 件，增长十多倍。

商标国际注册是品牌国际化的基础和前提。近年来，国家知识产权局持续推进马德里商标国际注册工作，深化与 WIPO 合作，为企业海外商标布局提供了良好的指导与服务。截至 2020 年 11 月，我国申请人马德里商标国际注册累计有效量约为 4.3 万件，国内有效注册商标量为 2965.2 万件（如表 1 所示）。2020 年 1—11 月，马德里商标国际注册申请 0.7 万件，同期国内商标申请量 840.9 万件，注册量 517.3 万件。

表 1　2020 年 1—11 月国内商标注册与马德里商标国际注册申请量对比

名称	数量/万件
国内商标申请量	840.9
国内商标注册量	517.3
马德里商标注册申请量	0.7
国内商标累计注册量	2965.2
马德里商标累计注册量	4.3

伴随着经济的较快发展，中国申请人提交马德里商标国际注册量再创新高，商标品牌"走出去"的步伐加快，马德里国际商标申请量长期位居马德里体系中前十位，自 2017 年开始保持着第三位的名次。国家经济转型升级的

新阶段，发展品牌经济，实施创新驱动发展战略，已成为社会共识。基于马德里商标占比的情况分析，中国商标品牌国际化呈现以下特点：

（1）商标国际注册便利化改革成效显著。

"十三五"期间，我国不断推进商标注册便利化改革，加大商标信息化建设力度。2017年国家工商行政管理总局商标局发布《关于简化马德里商标国际注册申请材料和手续的通知》积极转变商标国际注册管理体制机制，拓宽国际商标申请渠道，为申请人通过马德里体系办理商标国际注册提供了更加便利的条件。2018年6月，国家知识产权局正式开放马德里商标国际注册网上申请系统，全程电子化的"绿色通道"的开辟，进一步助推中国企业出海远航。一系列"放管服"改革措施，让商标国际注册便利化达到新水平。

2020年年初新冠肺炎疫情暴发，在绝大部分行业按下暂停键的情况下，商标局陆续上线国内申请人办理马德里商标国际注册续展、指定代理人等后续业务功能，2020上半年马德里商标国际注册申请量同比增长36%，体现了国际商标注册电子化和信息化建设为商标注册带来的便利。

（2）马德里商标国际注册申请类别体现我国产业结构进一步优化。

从商品申请类别来看，2019年上半年，我国马德里商标国际注册申请排名前3的商品类别分别为9类科学仪器、7类机械设备、35类广告销售，分别占申请总量的20.3%、10.4%、9.1%。这表明我国主要出口产品为以电子、机械类产品为主，与我国是制造业第一大国的实际相符合，同时服务贸易也在快速增长，体现了产业结构从工业制造向创新服务转型发展。

（3）马德里商标注册量占比小，中国品牌国际化水平仍有待提高。

2020年我国马德里商标注册量约占国内申请总量的0.08%，品牌国际化水平有待提高。据统计，在每年新增的庞大的商标注册申请量中，只有5%到其他国家注册，而发达国家这个数据占到40%以上。这意味着与发达国家相比，我国品牌国际化还处于比较初级阶段，但也反映出我国海外商标战略和品牌国际化战略推动我国双循环经济发展的巨大潜力。

2. 中国商标品牌国际化的时序分析与区域分析

（1）国内申请人提交马德里商标国际注册申请量历年变化趋势。❶

由图3可知，从历年马德里商标注册申请量趋势来看，注册总量持续增加，商标品牌国际化水平日益加快。这说明，随着国内企业走出国门步伐的加快，通过注册当地商标，寻求在目标市场国的保护意识不断增强，"进军海外，注册先行"的做法被越来越多的企业采用，我国已经成为推动全球商标知识产权增长的重要力量。

图3　国内申请人提交马德里商标国际注册申请量（2011—2020）

2011—2015年，与同期国内商标注册相比，中国申请人提交马德里商标国际注册的总量不占优势，且增长幅度平均为10%，同期国内商标注册量的涨幅达到20%以上（2011—2015年的国内商标注册量增长率分别为：32.4%，16.3%，14.5%，21.47%，25.85%）。2016年，中国马德里商标国际注册量突破3000件，在马德里联盟中排名升至第5，此后开始连年增长。以马德里商标国际注册申请量为指标，中国商标国际化进程相对国内商标的发展有所滞后。

---

❶　数据来源：《2011年中国商标战略年度发展报告》《2012年中国商标战略年度发展报告》《2013年中国商标战略年度发展报告》《2014年中国商标战略年度发展报告》《2015年中国商标战略年度发展报告》《2016年中国商标战略年度发展报告》《2017年中国商标战略年度发展报告》《国家知识产权局2018年主要工作统计数据及有关情况发布》《2019年中国商标战略年度发展报告》《国家知识产权局知识产权统计简报》。

（2）马德里商标注册量与国内生产总值、货物贸易进出口总值对比。❶

由图4可知，从历年马德里商标注册量的增长趋势来看，其增长速度基本与国内生产总值及货物贸易进出口总值成正比，2017年以来，注册量的增长速度开始拉高。这与相关政策密不可分：第一，自大力实施"一带一路"倡议以来，中国企业与"一带一路"共建国家的对外贸易往来更加频繁，此外，企业对共建国家的非金融类直接投资额大幅增加，对外投资的加强，也是我国品牌海外影响力增强的积极表现；第二，中国经济由"高增速"逐渐转向"高质量"发展，GDP虽没有大辐度增长，但经济处于高质量发展的运行中，良好的经济环境为商标品牌国际化奠定了基础。

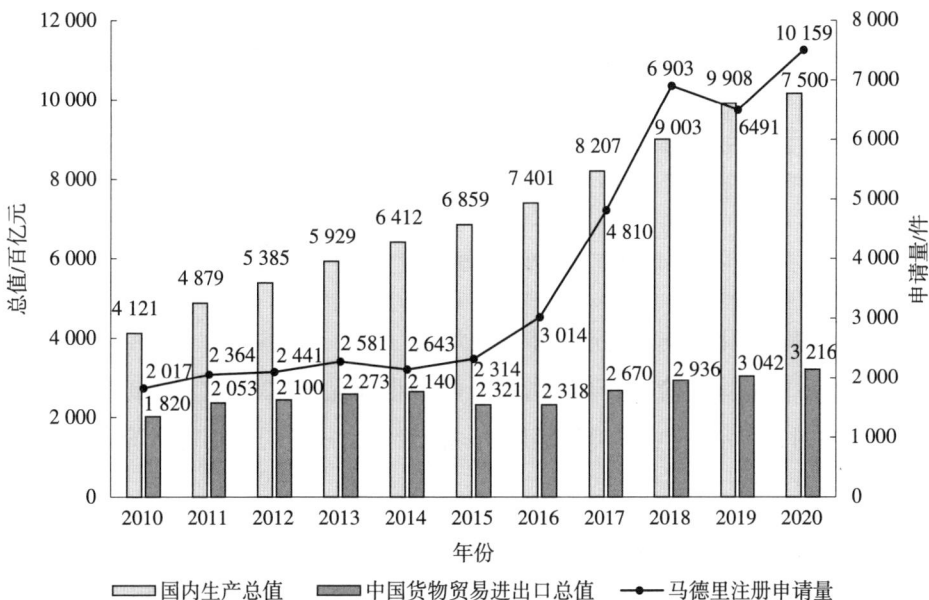

图4　马德里商标注册量与国内生产总值、货物贸易进出口总值对比

（3）中国商标品牌国际影响力分析。

①中国品牌上榜"世界品牌500强"数量整体呈增加趋势。❷

世界品牌实验室发布的2020年度（第十七届）"世界品牌500强"（如图

---

❶　数据来源："国家数据"https：//data.stats.gov.cn/search.htm？s=2010%20GDP。此处2020年全年的数据为根据2020年1—11月注册量进行的预估数据。

❷　数据来源："世界品牌实验室"官方网站。

5 所示）排行榜显示，中国入选品牌 43 个，是 2004 年的 43 倍，是 2009 年的 2.4 倍，是 2013 年的 1.7 倍。该数据表明，随着我国经济的发展及商标品牌战略的深入实施，政府部门和市场主体品牌意识逐步提升，商标品牌上榜数量不断增加。

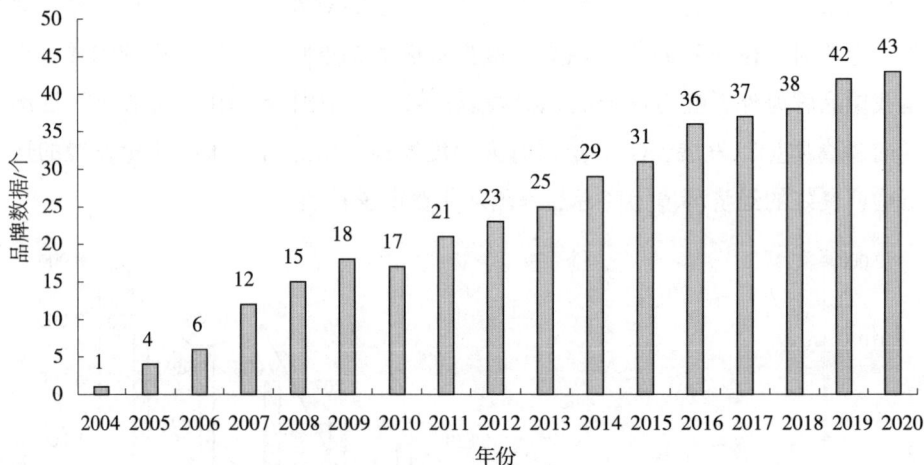

图 5　中国品牌上榜"世界品牌 500 强"数量（2004—2020 年）

②品牌国际化工作需要进一步提质增效。

虽然中国品牌上榜数量不断增加，但"世界品牌 500 强"2020 年度报告显示（如图 6 所示），中国商标品牌的国际影响力还较弱，相比品牌大国的发展仍有一定差距。

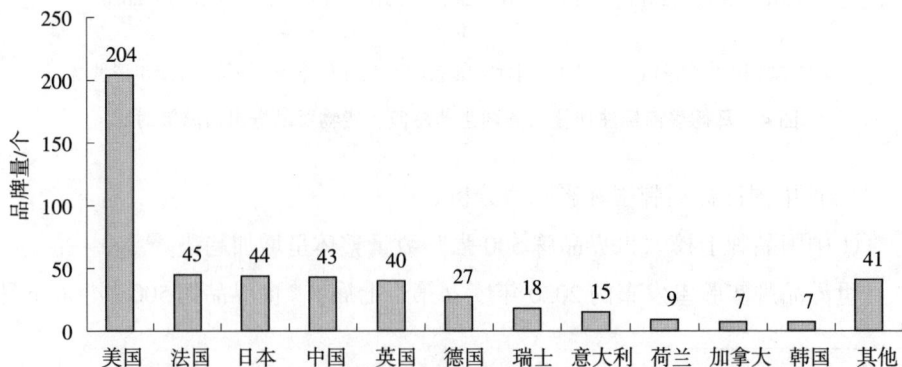

图 6　"世界品牌 500 强"各国上榜品牌数量（2020 年）

　　2020 年"世界品牌 500 强"排行榜入选国家 30 个，美国占据 204 个，已经连续 17 年稳居第一位，且占据上榜数量的 40.0% 以上，可谓超级品牌强国。法国、英国、德国、瑞士、意大利和荷兰，2020 年上榜总数有 154 个，占比 30.8%。在欧洲经济衰退的情况下，欧洲国家商标品牌保持相对坚挺。2020 年中国上榜品牌数量占比为 8.6%，与领先国家还有较大差距。

　　从中国上榜的 43 个品牌来看，没有品牌进入前 10 名，排在榜单前半段的品牌有 18 个，排在榜单后半段的品牌有 25 个，说明我国品牌的国际影响力虽然逐步提升，但世界知名品牌数量少，打造全球性的名牌应当成为我国商标品牌国际化工作努力的方向之一。

　　在上榜的 43 个品牌中（如表 2 所示），95% 属于国有企业，说明在我国大力推行"走出去"战略的过程中，国有企业凭借自身雄厚的产业资本优势，逐步实现企业国际化。国有企业特别是"中"字开头的央企品牌占主导地位。

表 2　2020 年"世界品牌 500 强"排行榜中的中国品牌❶

序号	世界排名	品牌名称	所属行业
1	25	国家电网	能源
2	33	腾讯	互联网
3	39	海尔	物联网生态
4	42	中国工商银行	银行
5	53	华为	计算机与通信
6	62	中央电视台	传媒
7	68	阿里巴巴	互联网
8	91	中国移动	电信
9	96	联想	计算机与通信
10	127	中国人寿	多元金融
11	138	中国石油	能源
12	145	中国石化	能源
13	147	中国平安	多元金融
14	198	中粮	多元化
15	199	中国银行	银行

　　❶ 数据来源：2020 年（第十七届）世界品牌 500 强排行榜隆重揭晓（http://www.worldbrandlab.com）

续表

序号	世界排名	品牌名称	所属行业
16	203	中国建设银行	银行
17	232	中国联通	电信
18	246	中国电信	电信
19	270	茅台	食品与饮料
20	272	五粮液	食品与饮料
21	278	中国南方电网	能源
22	282	国航	航空
23	285	长虹	电子电器
24	290	百度	互联网
25	297	青岛啤酒	食品与饮料
26	301	中国光大集团	多元金融
27	304	中信集团	多元金融
28	306	中国海油	能源
29	315	中化	能源
30	317	中国建筑	工程与建筑
31	322	中国中车	交通运输
32	338	中国农业银行	银行
33	340	宝武	钢铁
34	345	人民日报	传媒
35	358	中国铁建	工程与建筑
36	364	新华社	传媒
37	377	周大福	钟表与珠宝
38	386	招商银行	银行
39	398	恒力	石化、纺织
40	409	徐工	工业设备
41	430	北大荒	农业
42	465	魏桥	纺织
43	490	台积电	计算机与通信

（4）中国马德里商标国际注册申请量省份分布。

①区域间马德里商标国际注册申请数量不均衡。

2020年上半年马德里商标国际注册各省份分布如图7所示，2020年上半年各省份的马德里商标国际注册数量如图8所示。

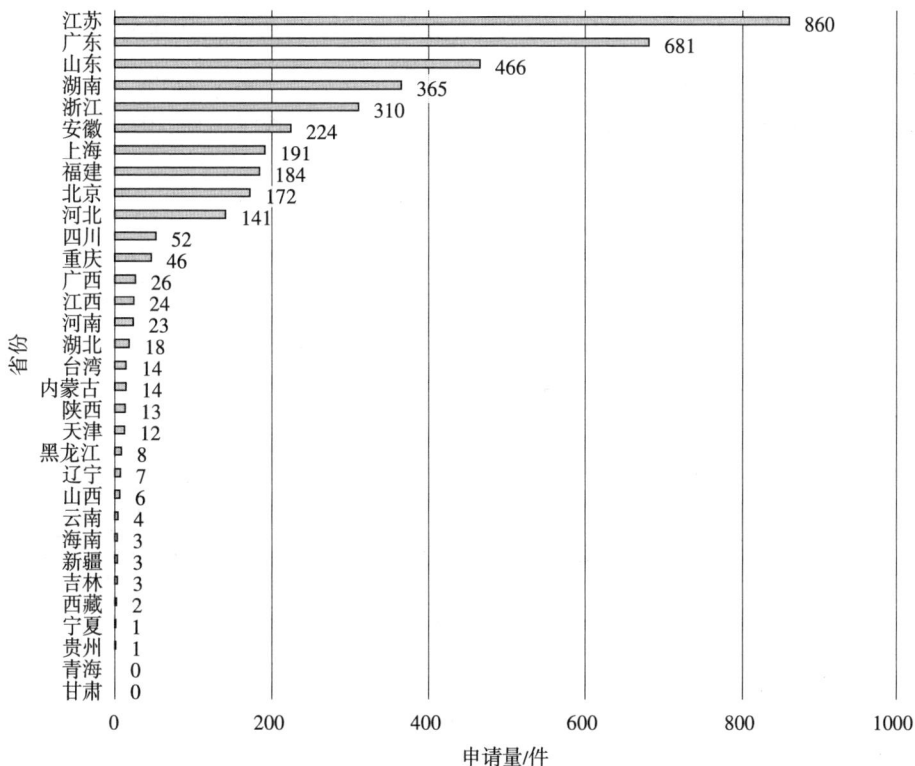

图7 2020年上半年马德里商标国际注册各省份分布

数据来源：马德里商标国际注册申请量各省份统计表（2020年上半年）http：//sbj.cnipa.gov.cn/sbtj/202009/t20200928_322075.html。说明：统计中，香港和澳门的数据缺失。

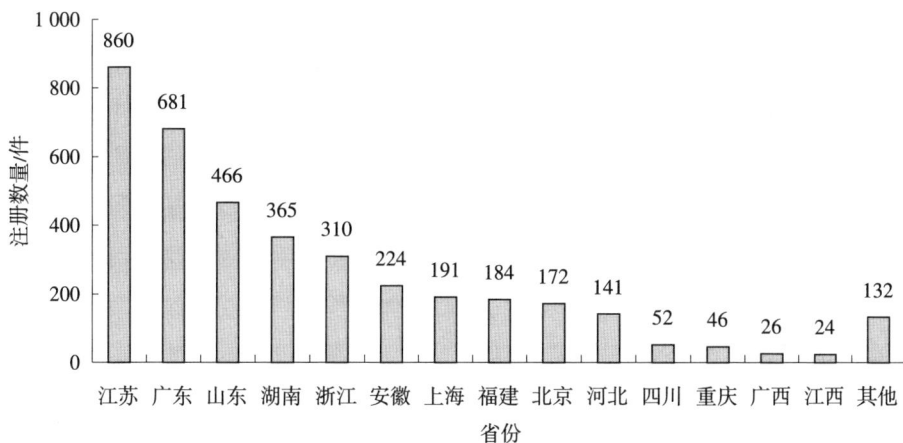

图8 2020年上半年各省份的马德里商标国际注册数量

按照经济带的划分，中国东部地区包括北京、天津等，中部地区包括山西、内蒙古等，西部地区包括四川、贵州等。本文将东、中、部三大经济带的马德里商标国际注册申请量制作成热力表格，分析各经济带 2012—2020 年马德里商标国际注册量（如表 3、表 4、表 5 所示）。

表 3　东部地区各省份马德里商标国际注册申请量（2012—2020）　单位：件

省份	2012 年	2013 年	2014 年	2015 年	2016 年	2017 年	2018 年	2019 年	2020 年
北京	152	141	134	164	173	219	347	323	172
天津	50	30	29	18	22	25	41	48	12
河北	21	21	22	30	28	29	115	221	141
辽宁	41	16	21	13	26	19	32	23	7
上海	136	120	141	121	172	208	271	340	191
江苏	240	199	244	195	343	631	759	891	860
浙江	422	409	322	314	422	483	601	712	310
福建	202	159	147	192	204	274	249	306	184
山东	196	233	820	982	443	3323	2489	836	466
广东	531	503	598	588	762	935	1151	1413	681
广西	10	8	4	4	4	6	16	42	26
海南	4	2	3	2	1	5	1	4	3
台湾	22	22	13	23	31	2	34	27	14

数据来源：马德里商标国际注册申请量各省份统计表。说明：香港、澳门数据缺失。

表 4　中部地区各省份马德里商标国际注册申请量（2012—2020）　单位：件

省份	2012 年	2013 年	2014 年	2015 年	2016 年	2017 年	2018 年	2019 年	2020 年
山西	2	6	7	7	3	16	4	10	6
内蒙古	4	11	7	8	3	13	66	32	14
吉林	10	11	6	6	14	12	8	9	3
黑龙江	8	10	11	12	5	18	9	18	8
安徽	56	47	24	34	61	93	190	230	224
江西	15	13	12	4	12	23	22	54	24
河南	16	15	17	18	27	26	28	34	23
湖北	23	20	14	22	12	20	65	65	18
湖南	13	51	94	53	61	93	168	606	365

表5　西部地区各省份马德里商标国际注册申请量（2012—2020）　单位：件

省份	2012年	2013年	2014年	2015年	2016年	2017年	2018年	2019年	2020年
四川	32	34	30	31	44	51	92	93	52
重庆	34	26	21	13	12	20	59	67	46
贵州	3	3	2	0	6	6	13	27	1
云南	6	5	4	7	6	31	14	9	4
西藏	1	0	0	0	0	5	6	3	2
陕西	24	21	12	13	35	32	26	36	13
甘肃	0	0	0	1	3	9	13	3	0
宁夏	2	1	0	0	0	1	1	0	1
青海	0	0	1	0	1	0	1	0	0
新疆	12	6	8	8	7	2	8	6	3

　　数据显示，我国马德里商标国际注册申请量各省分布不均衡，东部地区的江苏、浙江、广东、山东等注册量较多，排前5名的省份每年马德里商标申请总量占到全国数量的2/3以上，2017年达到84.9%（如图9所示）；中部、西部地区的注册量很少，且部分省份（如西藏、宁夏、青海等）连续多年申请注册量为个位数，商标国际化区域发展严重不平衡。

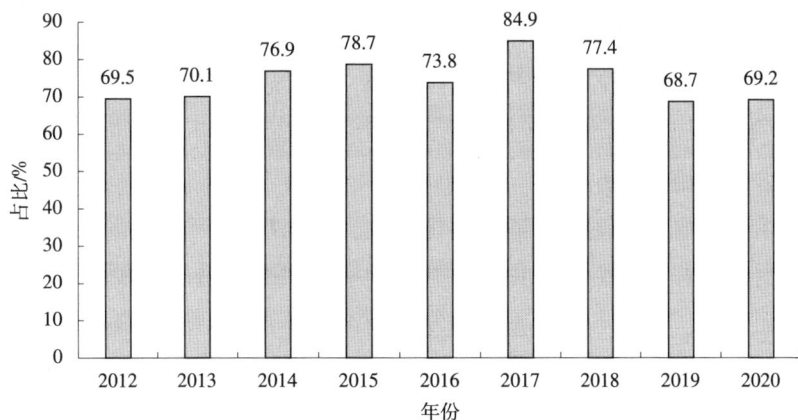

图9　申请马德里商标国际注册量前五名省份之和占总申请量百分比（2012—2020年）

　　②商标申请量与地方经济发展状况基本吻合。

　　根据国家知识产权局发布的历年马德里商标国际注册申请量统计表（自

2012 年开始），广东、浙江、山东、江苏、福建等省份出现在申请量前 5 名的次数最多（如图 10 所示）。

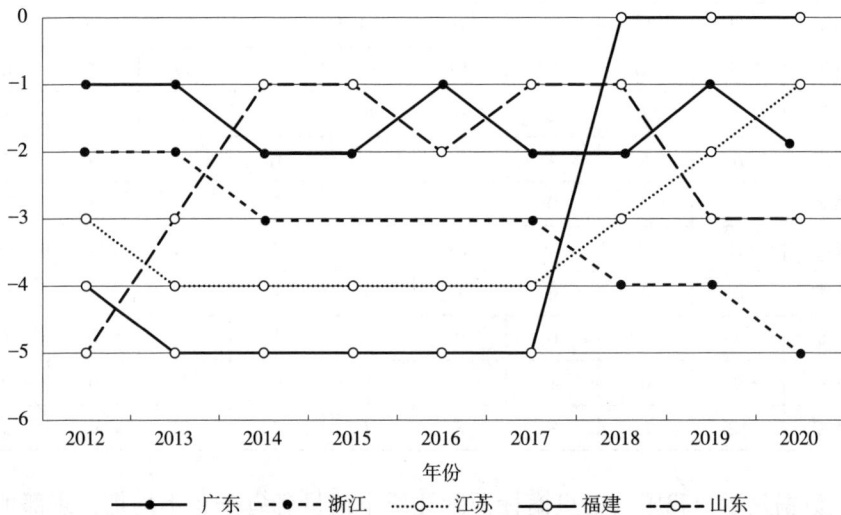

图 10　马德里商标国际注册前五名省份排名变化（2012—2020）

　　2012—2020 年，广东均处于马德里国际注册申请量的前两名；浙江紧随其后，商标国际注册申请量基本占据全国第 2 名、第 3 名，不过自 2018 开始跌出前 3 名；江苏的排名近几年开始上升，至 2020 年（上半年）升至第一名；山东的表现在 2014—2018 年比较亮眼，基本占据全国首位；福建则从前几年的第 4 名、第 5 名逐渐下滑，至 2018 年时跌出前 5 名；湖南逐步发力，于 2019 年跻身前 5 名。北京、上海一直处于国内商标申请量的前 5 名，但国际注册方面一直在第 6、第 7 名徘徊。

　　广东省国内商标注册申请量全国领先，这与广东一直是我国地区生产总值排名第一有着密切关系。其余注册量较多的几个省份均为我国经济活跃的地区，如江苏、浙江、山东，属于发达的东部经济带。而经济相对欠发达的中部、西部地区的商标国际注册量则明显较少，说明经济发达的地区对商标国际注册的需求也较多，而商标品牌的走出去反过来亦能刺激经济发展，形成相互促进、相得益彰的良性循环。

3. 中国商标品牌国际化推进难点问题分析

（1）商标海外被抢注现象严重。

中国品牌知名度不断提升，商标在海外被抢注的现象也日益增多，品牌的国际保护形势严峻。"被抢注清单"令人触目惊心，"青岛啤酒"在美国被抢注，"竹叶青酒"在韩国被抢注，"英雄"金笔在日本被抢注，"桂发祥十八街"麻花在加拿大被抢注，还有"永久"自行车、"天坛"蚊香等大量知名商标被抢注，涉及食品、饮料、化妆品、家电、服装、文化等多个行业。❶商标抢注后，抢注者往往索要巨额商标转让费或按销售量索要进入本地市场的许可使用费，或者进行商标倒卖，获取巨额利益，对被抢注企业造成重大损失，对商标品牌国际化推进形成阻碍。

（2）商标品牌国际影响力不强。

从数量上看，中国全球知名品牌不多。世界品牌实验室发布的"世界品牌500强"中，中国入选的品牌每年以缓慢速度增长，到2020年入选的品牌也只有43个，其中100强之内仅有9个。全国每年500多万件新的商标注册申请，只有5%到其他国家注册，而发达国家这个数据占到40%以上。❷不少企业以代加工、贴牌生产为主，自主品牌数量偏少。从影响力看，中国品牌口碑有提升空间。《中国国家形象全球调查报告（2018）》显示，历史悠久、充满魅力的东方大国形象是海外民众对中国最主要的印象，国内品牌诸如华为、海尔、中国银行等成为海外耳熟能详的品牌，但仍然有64%的海外受访者对中国产品质量表示担忧，尤其是对中国品牌产品售后服务不佳、认知度不高的评价比例有所上升。

（3）文化差异不利于中国品牌国际化发展。

"品牌"通过创造产品和服务的差异性，给人们带来独特的文化感受，是具有经济价值的无形财产。在品牌国际化过程中，文化差异也是其中的阻碍因素。这既包括语言文字的差别，也包括历史文化、风俗习惯等方面的差别。

---

❶ 中国商标海外遭抢注现象 [EB/OL].（2017-10-13）[2022-10-22]. https：//www.sohu.com/a/197980119_99900555.

❷ 着眼高质量发展：我国商标品牌国际化步伐加快（2017-12-25）[2022-10-18]. https：//www.cnfin.com/news-xh08/a/20171225/1741969.shtml？f=arelated.

文化冲突也会影响中国品牌国际化发展。文化具有隐形性，我国企业普遍缺乏品牌国际推广经验，对国外文化了解不够深入。如何在品牌推进中平衡民族文化和国际认知的差别，也是商标品牌国际化所面临的难点问题之一。

三、"双循环"格局下商标品牌保护与国际化的需求分析

(一)"双循环"格局下商标品牌保护需求

为了解市场主体和相关机构商标品牌的保护需求，本课题组采用问卷调查的方式进行数据收集。设计了两份调查问卷，一份供企业使用，另一份供商标代理服务机构与律所使用。企业版收回有效问卷 89 份，服务机构与律所版收回有效问卷 70 份。

1. 企业版问卷反馈

根据企业版调查问卷反馈的信息，绝大多数接受调查的企业具有一定的商标品牌意识，55.06%的受访企业认为目前国内或国外商标品牌发展所面临的主要问题是商标品牌战略意识的缺乏，即缺乏针对商标品牌的长远、系统性规划。"内循环"企业商标品牌保护需求主要集中于"商标申请注册便利化""加快商标审查速度""强化商标品牌司法保护"等选项，"双循环"格局下需要得到的政策支持主要包括"加强对商标品牌的司法""加大人才培养力度""搭建商标信息平台"等。

2. 服务机构与律所版问卷反馈

根据问卷反馈的信息，关于"内循环"下需要关注的商标品牌保护需求，选择最多的是"强化商标品牌司法保护"（68.57%）、"强化商标品牌行政保护"（55.71%）、"加快商标审查速度"（50.00%）。关于"当前商标品牌国内发展面临的问题"，选择最多的是"企业缺乏商标品牌保护和战略意识"（80.00%）、"企业品牌营销策略单一"（50.00%）以及"企业有效注册商标拥有情况不理想"（45.71%）。与企业版问卷反馈相比，服务机构与律所希望得到更多的商标品牌服务人才、信息、监管等方面的政策支持。

（二）"双循环"格局下商标品牌国际化需求

1. 企业版问卷反馈

71.91%的受访对象认为影响中国商标品牌国际化的因素主要是"企业缺乏海外商标品牌战略规划"。"企业海外商标布局欠佳"（42.7%）、"海外商标维权成本高"（42.7%）、"海外商标品牌信息获取困难"（39.33%）、"海外营商环境复杂"（34.83%）等也是影响中国商标品牌国际化的因素。

"外循环"下企业商标品牌国际化需求，占据前三位的选项分别是"了解海外地区商标信息"（62.92%）、"优化海外商标品牌布局"（51.69%）、"获取商标专业机构帮助"（46.07%）。

"双循环"新发展格局下企业商标品牌保护与国际化推进最需要政策支持的问题，选择"环境型政策（指政府通过金融支持、税收优惠、法规管制、策略性措施等塑造有利的营商环境）"的占比最高（51.69%），其次是"供给型政策（指政府通过资金投入、公共服务、平台建设、人才培养等措施提供有效供给）"（35.96%）。

2. 服务机构与律所版问卷反馈

就"影响中国企业商标品牌国际化的因素"而言，"企业缺乏海外商标品牌战略规划"所占比例最高，为71.43%，然后依次是"企业海外商标布局欠佳"（60%）、"海外维权成本高"（47.14%）、"海外营商环境复杂"（35.71%）、"海外商标品牌信息获取困难"（35.71%），此排列顺序与企业版问卷相同问题的排列顺序高度吻合，这说明就影响中国企业商标品牌国际化的因素而言，企业与服务机构的看法基本一致。

就"'外循环'下需要关注的商标品牌国际化需求"而言，"了解海外地区商标品牌信息"所占比例位居首位，其后依次是"优化海外商标品牌布局"（55.71%）、"获取商标专业机构帮助"（47.14%）、"商标品牌海外维权援助"（47.14%）、"获得品牌行业协会帮助"（34.29%），就"外循环"背景下的商标品牌国际化需求而言，企业与服务机构的意见也基本一致。

就"商标品牌国际化政策问题"而言，大多数服务机构对政府近年来为推进商标品牌国际化所制定的政策持积极评价。然而，"促进商标品牌国际化的政策环境"选项的平均得分最低，这表明国家应该侧重于有关商标品牌国际化政策的供给情况和政策供给后的效果评估。

(三) 需求的总体分析

1. 促进内循环：加强申请注册便利化、强化商标品牌保护

关于"内循环"下企业商标品牌保护的需求调查，企业版问卷显示，商标申请注册便利化、加快商标审查速度、强化商标品牌司法保护排在前3位。服务机构版问卷前3位分别是强化商标品牌司法保护、强化商标品牌行政保护以及加快商标审查速度。两份问卷的选择较为一致，因此，双循环新发展格局下，促进内循环的最迫切需求是加强申请注册便利化和强化商标品牌保护。

2. 扩大外循环：强化信息服务、海外布局、专业协助

关于"外循环"下商标品牌国际化的需求调查，企业版问卷显示，排列前三位的需求分别是：了解海外地区商标信息、优化海外商标品牌布局，以及获取商标专业机构帮助。服务机构版问卷排列前三位的需求分别是：了解海外地区商标信息、优化海外商标品牌布局；获取商标专业机构帮助与商标品牌海外维权援助并列第三。针对企业及服务机构（律所）的两份问卷的选项高度一致。因此，双循环新发展格局下，扩大外循环的最迫切需求是强化信息服务、海外布局、专业协助。

3. 进一步优化提升商标品牌政策环境

对近年来中国商标品牌政策环境（指由法律、法规、规章及规范性文件构建的整体政策环境）的总体评价，企业版问卷得分为2.9；服务机构版问卷得分为2.94。该题分值为2表示认为无变化；分值为3表示认为有提升。两份问卷平均得分为2.9左右，表明市场主体以及服务机构对当前中国商标品牌政策环境总体满意，认为相比之前有所提升，但距离"有较大提升"（4分）的分值仍有距离，表明市场主体及服务机构对继续改良优化商标品牌政策环境有明确需求。

4. 加大环境型商标品牌政策工具的使用

环境型政策是指政府通过金融支持、税收优惠、法规管制、策略性措施等塑造有利的营商环境。在"供给型""环境型""需求型"政策工具中，企

业商标品牌保护与国际化推进最需要哪类政策支持，89 份企业版问卷选择
"环境型政策"的有 46 家，占比 51.69%；70 份服务机构版问卷中选择该类
别的有 34 家，占比 48.57%。该选项的一致性表明新发展格局下市场主体及
服务机构均认可当前应该加大环境型商标品牌政策工具的供给。

四、商标品牌保护与国际化的政策供给分析

（一）商标品牌保护政策分析

1. 政策主体分析

政策主体是政策系统的核心组成部分，西方政策科学将政策主体或政策
活动者划分为官方和非官方两类。随着决策主体复杂程度的增加，实施方案
专业性不断深化，政策主体的网络结构趋于复杂，因此以客观、科学的方法
建立分析机制，进行中国商标品牌保护政策的主体分析具有重要意义。政策
主体构成如图 11 所示。

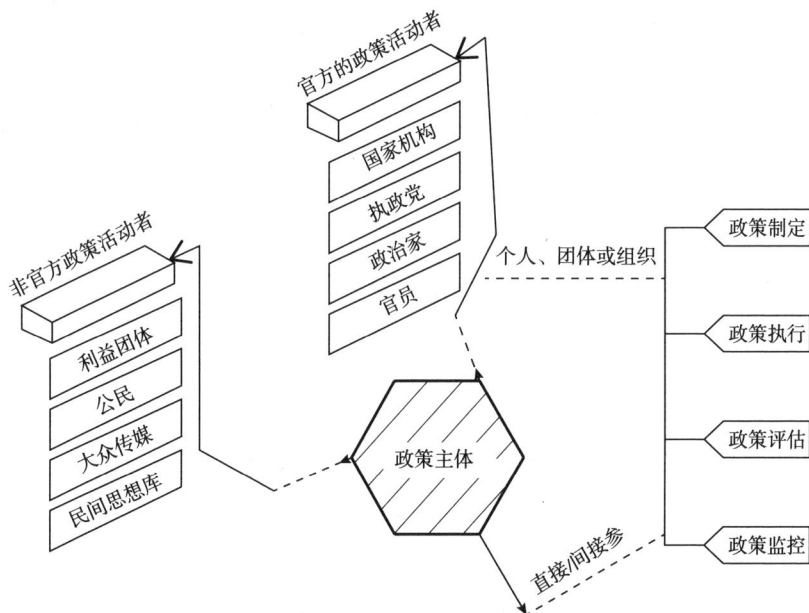

图 11 政策主体构成

本部分采用文献计量法和内容分析法，选取商标品牌保护政策文本，勾画出商标保护政策主体体系结构，分析商标品牌政策主体及存在的问题。

样本来源：本文中政策样本主要搜集于北大法宝，同时以政府官方网站作为补充，以确保政策文本选择的权威性和全面性。

样本选择：为保证政策文本的选取更具全面性、代表性和时效性，本文所选政策样本遵循以下原则：其一，均为与商标品牌保护密切相关的现行有效的政策文本。其二，检索分析的商标政策文本的时间段定为2008年6月5日即《国家知识产权战略纲要》颁布至2022年。其三，本文所分析研究的"政策"是狭义的"政策"，所选政策样本是与商标品牌保护密切关联的，法律、法规、司法解释之外的规范性文件，并涵盖2008年以来国家层面的重要知识产权战略文件。其四，均为国家层面发布的政策文本，不包括地方层面政策文本。

关键词：在政策文本检索过程中，首先以"商标""品牌""假冒伪劣商品"为关键词分别进行检索，得到政策文本493件。为了使研究结论更加准确，通过对文本内容的分析，保留2008—2022年的政策文本，剔除了关联度不大的"工作通知""个案回复""变更事项""格式要件""名单公告"等，最终筛选出政策文本94件。在此基础上，增加以"知识产权"为关键词的国家层面重要文件24份，最终得到中国商标品牌保护政策文本118件。

118件政策文本中，从效力级别看，国务院规范性文件有14件，部门规范性文件有79件，部门工作文件20件，部门规章5件，其占比分别为11.86%、66.95%、16.95%、4.24%（如图12所示）。

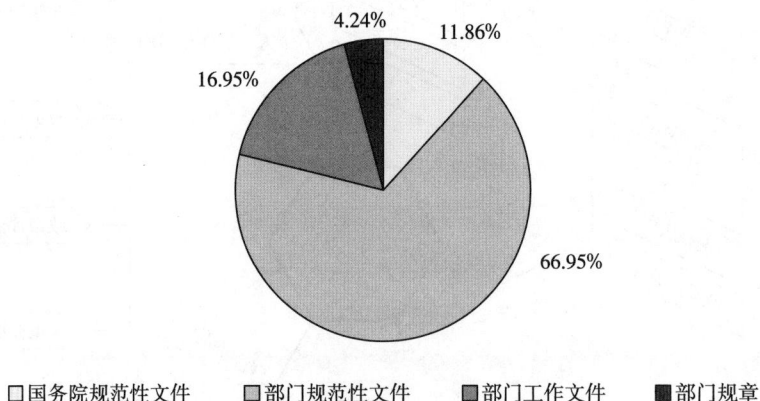

图12　中国商标品牌保护政策文本占比（效力级别）

从文本的效力级别占比看，围绕"商标""品牌""假冒伪劣商品""知识产权保护"等对商标品牌保护的指导性文件较为明显；从政策文本数量和发布或实施时间看，自 2008 年发布《国家知识产权战略纲要》以来，每年会根据国家战略背景，适时制定、修改、完善相关政策文本，为商标品牌保护创造了较好的政策环境。

118 件政策文本中，独立部门发文的共 105 件，其中国家工商行政管理总局（已撤销）发文总数最多，共 45 件；工业和信息化部制定政策文本数量次之，共 12 件，具体如表 6 所示。

表 6　商标品牌政策独立发文主体统计

单位：件

发文主体	数量
国家工商行政管理总局（已撤销）	45
工业和信息化部	12
国务院办公厅	8
国家知识产权局	6
国家质量监督检验检疫总局（已撤销）	5
国务院	5
国务院国有资产监督管理委员会	3
国务院知识产权战略实施工作部际联席会议办公室	3
国家市场监督管理总局	2
国家知识产权战略实施工作部际联席会议办公室	2
全国打击侵犯知识产权和制售假冒伪劣商品工作领导小组	2
商务部	2
国家林业局（已撤销）	1
国家文物局	1
国家新闻出版广电总局（已撤销）	1
国家知识产权局商标局	1
海关总署	1
农业部（已撤销）	1
农业农村部	1
全国供销合作总社	1

续表

发文主体	数量
文化部（已撤销）	1
国家林业和草原局	1

根据统计，118 件政策文本中，2 个或 2 个以上部门联合发布的共 13 件，占总量的 11.02%。在部门联合发文的政策中，最常见的是 2 个部门或 3 个部门联合发文。其中，有 7 件文件是 3 个部门联合发文的，占比 53.80%；有 5 件文件是 2 个部门联合发文的，占比 38.50%；还有 1 件文件是 9 个部门联合发文，占比 7.70%。单个权威部门制定颁布的文件占比达到 88.98%，多部门联合制定的仅占 11.02%。总体而言，商标品牌政策彰显强权威性、弱协调性的特征。商标品牌保护政策部门联合发文主体统计如表 7 所示。

表 7　商标品牌保护政策部门联合发文主体统计

文件名称	发布部门
关于推进国际知名品牌培育工作的指导意见	商务部；国家发展和改革委员会；财政部
关于进一步推进网络购物领域打击侵犯知识产权和制售假冒伪劣商品行动的通知	商务部；工业和信息化部；公安部
关于加强品牌建设的指导意见	国家质量监督检验检疫总局（已撤销）；国家发展和改革委员会；工业和信息化部
关于在打击制售假冒伪劣商品违法犯罪中加强行政执法与刑事司法衔接工作的通知	国家质量监督检验检疫总局（已撤销）；公安部
中华人民共和国国民经济和社会发展第十二个五年规划纲要（2011—2015 年）	国家知识产权局；国家发展和改革委员会（含原国家发展计划委员会、原国家计划委员会）；科学技术部
律师事务所从事商标代理业务管理办法	国家工商行政管理总局（已撤销）；司法部
关于严厉打击生产经营假冒伪劣食品违法行为进一步加强农村食品市场监管工作的通知	国务院食品安全委员会；国家食品药品监督管理总局（已撤销）；国家工商行政管理总局（已撤销）
关于降低住房转让手续费受理商标注册费等部分行政事业性收费标准的通知	国家发展和改革委员会；财政部
外商投资企业知识产权保护行动方案	全国打击侵犯知识产权和制售假冒伪劣商品专项行动领导小组办公室；国家知识产权局；公安部

文件名称	发布部门
关于开展农产品电商标准体系建设工作的指导意见	国家质量监督检验检疫总局（已撤销）；工业和信息化部；农业部（已撤销）
关于强化知识产权保护的意见	中共中央办公厅；国务院办公厅
关于加强侵权假冒商品销毁工作的意见	全国打击侵犯知识产权和制售假冒伪劣商品工作领导小组办公室；中共中央宣传部；最高人民法院；最高人民检察院；公安部；生态环境部；文化和旅游部；海关总署；国家市场监督管理总局
加强保护商标专用权执法合作暂行规定	海关总署；国家工商行政管理总局（已撤销）

商标品牌保护政策发文主体中，独立发文的占据绝大多数，如图 13 所示，每个圆圈节点代表一个联合发文的部门，所有的圆圈节点组成联合发文部门的系统环，联合发文部分之间由虚线连接，表示一次联合，每个节点的进线总和代表该部门的联合次数与能力，当联合发文文件多于 4 个，该联合线记为实线，同时为减少多于 4 个的联合发文部门的局部冗余联合线对于整体联合性的干扰，记为发文首个部门的单次联合线。表 8 是各联合发文主体的联合线数量的统计表。

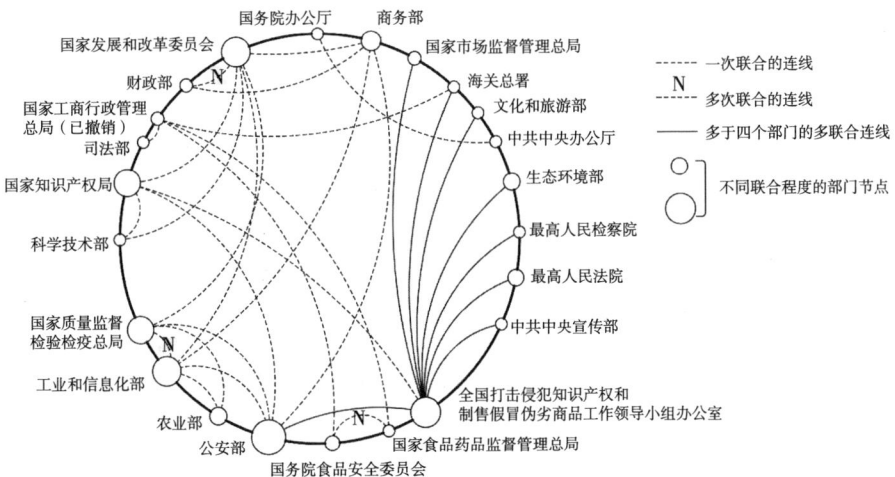

图 13　基于 Hash 环拓扑表示的联合发文部门功能性分布

表8 联合发文主体联合线数量统计

发文部门	联合线数量
国家发展和改革委员会	7
国家工商行政管理总局（已撤销）	4
司法部	1
国家知识产权局	4
科学技术部	2
国家质量监督检验检疫总局	5
工业和信息化部	6
农业部	2
公安部	5
国务院食品安全委员会	3
国家食品药品监督管理总局	2
全国打击侵犯知识产权和制售假冒伪劣商品工作领导小组办公室	9
中共中央宣传部	1
最高人民法院	1
最高人民检察院	1
生态环境部	1
文化和旅游部	1
海关总署	2
国家市场监督管理总局	1
商务部	4
中共中央办公厅	1
国务院办公厅	1
财政部	3

　　总体来看，中国商标品牌保护政策主体涵盖不同层级、不同领域的国家机构，政策的专业程度较高。表8和图13显示，无论是单独发文还是部门联合发文，国家工商行政管理总局、工业和信息化部、国家知识产权局、国家质量监督检验检疫总局的发文数量较大，部门联合度较高，是决策的主要力量。总体而言，中国商标品牌保护政策以单独发布为主，部门联合发文的政策数量占比较小，但部门联合发文的政策数量呈上升趋势，部门联合的规模

不断扩大，各政策主体之间的沟通与合作进一步加强。

2．政策过程分析

政策过程即为政策系统的运行或者公共决策的过程，其本质为一种政治过程。本项目筛选中国商标品牌保护政策的政策文本多达 118 件，时间经线为 2008—2021 年，跨度在 12 年以上，因此分析条件众多，影响因素不确定性较高，分析方法需进行针对性考量。

政策学家约翰·金登（John Kingdon）提出多源流框架，用于解决模糊性条件下的政策制定问题。多源流框架拓展了政策阶段分析的研究空间，提供了政策过程参与者的全景分析图。本部分采用该方法分析中国商标品牌保护政策过程。

多源流框架的具体实现包括一个前向通道和多个反馈环。前向通道部分，包括三个"源流因素"，具体为"问题流""政策流""政治流"。其中问题流表述的是政策所导向的问题之所以会引起决策者关注的关键要素；政策流则在相关专业人员共同体中发生，制订方案存在备选方案；政治流则为外部导向的环境因素，这些因素有自己的运转规则，与问题流和政策流的运转相对独立。这三个源流在时间轴上的积累量，当超过一定的限度时，会成为打开政策变迁原动力的阀门。反馈环部分，是在政策变迁的流程中不断作用，在政策制定和执行环节时，反馈端会反过来作用于问题流和政治流，作为触发问题流和政治流开度的阀门。多源流框架如图 14 所示。

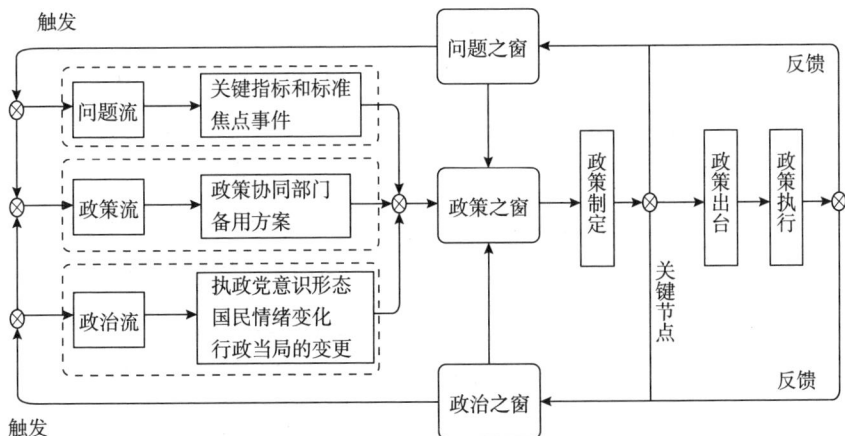

图 14　多源流框架

（1）问题流：政策制定者所关注的待解决问题。

中国商标品牌保护政策的变迁中，主要突出以下问题：

其一，商标注册便利化，商标信息化建设。急剧增长的商标注册申请量和审查力量不足的矛盾日益尖锐，商标审查系统信息化水平不高，商标申请渠道单一，服务渠道不够畅通等问题日益突出。

其二，打击商标恶意注册。个别不法申请人通过搭便车、蹭热度、占资源等不正当行为大量申请商标注册，再通过转让、授权等方式实现"低成本、高回报"的投资。严重扰乱了正常的商标申请注册秩序和环境。

（2）政策流：政策活动家的积极行动。

政策流包括各种各样的政策建议、政策主张与政策方案。在多源流模型里，政策源流产生于政策共同体——"一个包含着官僚、国会委员会成员、学者和思想库中的研究人员的网络，网络成员共同关注某一政策领域中的问题"。

本部分以《商标注册便利化改革三年攻坚计划（2018—2020）》及《商标侵权判断标准》制定过程为例，分析近年来中国商标品牌保护代表性政策的制定过程。

关于《商标注册便利化改革三年攻坚计划（2018—2020）》的制定，2012—2017年，中国商标注册申请数量平均每年增长29%，市场主体和公众对商标注册的便利性提出了更高的要求。一些深层次的问题和矛盾逐渐暴露出来：一是对于无法定审限要求的商标后续业务审查时限压缩不够。二是商标信息化水平与改革需求不相适应。在此背景下，国家工商行政管理总局成立工作组，结合商标品牌工作的发展形势、任务和要求，于2018年3月20日发布《商标注册便利化改革三年攻坚计（2018—2020）》。

关于《商标侵权判断标准》的制定，2018年国家机构改革后，中央明确，国家知识产权局要指导商标专利执法工作。《商标侵权判断标准》的制定，既是落实机构改革要求，加强对商标执法业务指导的现实需要，也是落实《关于强化知识产权保护的意见》及其推进计划的具体举措。

专家学者关于商标品牌保护的报告、论文及意见与建议，也是开启商标品牌保护政策窗口的重要政策源流。尤其是具有专业人士与重要会议代表双重身份的学者建议。

（3）政治流：国家重要战略的顶层设计与公众舆论。

其一，中央决策部署。随着中国经济发展进入新常态，党中央、国务院高度重视品牌工作，在《国家创新驱动发展战略纲要》《中国制造2025》《国务院关于新形势下加快知识产权强国建设的若干意见》《国务院办公厅关于发挥品牌引领作用推动供需结构升级的意见》《中共中央、国务院关于完善产权保护制度依法保护产权的意见》等文件中，对品牌建设作出了一系列新的重大部署。

其二，公众舆论。公众舆论形成的强大外部压力促使政策制定者更加关注公众视角，在政策制定过程中不断寻找新的问题解决方案。例如，某相关政府部门网站的意见簿上，就有不少关于商标注册便利化的需求，公众对商标政策保持高关注度，也是政策改革的原动力之一。

其三，政府各相关部门的协同配合。商标品牌保护政策是一个复杂的系统工程，需要充分发挥国务院及各部委、行政机关、司法机关各方联动作用。例如，国家市场监督管理总局，全国打击侵犯知识产权和制售假冒伪劣商品工作领导小组，商务部等各相关部门的协调与合作，打破了部门之间的障碍和限制，最大限度地发挥了各自的职能，有力地推动了政策的制定，保证了政策方案的实施。

（4）政策之窗：问题流、政治流、政策流耦合后的开启。

在以上分析的基础之上，中国商标品牌保护政策变迁过程中的问题源流、政治源流、政策源流相耦合，直至"政策之窗"的开启。在多源流理论框架下，商标品牌待解决问题的变化使政策制定者关注的焦点发生变化，为政策变迁提供合理性基础；政治源流中国家层面知识产权战略的制定为政策变迁营造良好的政治环境；政策源流中政策制定者、专家学者的积极活动为政策变迁提供专业性保障和合法性来源。三源流互相作用，形成反馈机制，共同促进中国商标品牌保护政策变迁"政策之窗"的开启。

3. 政策工具使用

（1）中国商标品牌保护政策文本内容编码分析。

政策工具有着不同的类别方式和作用机理，本文采用 Rothwell 和 Zgeveld 的分类方式分析涉商标品牌保护的相关政策工具，即从供给型、环境型和需求型三个类型对政策工具内容逐一进行分析，如图 15 所示。

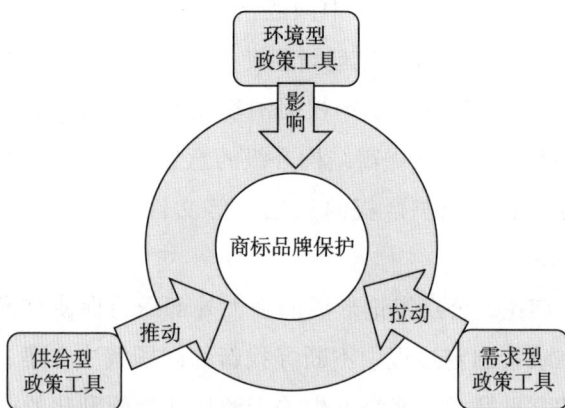

图 15　商标品牌保护政策工具

在 118 件政策文本中，以政策文本各条款内容为分析单元，依据条款顺序，结合政策编号，对内容分析单元进行编码，如表 9 所示。

表 9　中国商标品牌保护政策文本内容编码

编号	文本名称	文本内容	编码
11	国家知识产权战略纲要	四、专项任务（二）商标。（24）加强商标管理。提高商标审查效率，缩短审查周期，保证审查质量。尊重市场规律，切实解决驰名商标、著名商标、知名商品、名牌产品、优秀品牌的认定等问题。	1-4-2-24
60	关于进一步加强打击出口假冒伪劣商品工作的指导意见	四、工作要求（五）加强新闻宣传。各局要广泛利用报纸、网络、电视等多种宣传媒体，加大对打击出口假冒伪劣商品工作的宣传力度，营造全社会共同关注打击出口假冒伪劣商品、关注检验监管工作的良好氛围。	60-4-5
118	商标印制管理办法（2020 修订）	第三条商标印制委托人委托商标印制单位印制商标的，应当出示营业执照副本或者合法的营业证明或者身份证明。	118-3

注：有多个政策文件编码，本表只选取了与商标品牌保护相关的。

分析类目包括"供给型""环境型""需求型""基础设施""信息支持""人才培训""资金支持""公共服务""财税优惠""融资支持""法律规制""策略性措施""政府采购""贸易管制""服务外包"，在分析类目中逐一细化，使用关键词检索如表 10 所示与全文通读相结合，同一类目下同一关键词所显示的相同文本内容仅计 1 次，详见表 11。

表 10　中国商标品牌保护政策文本内容关键词

政策工具类型	工具名称	关键词
供给型	基础设施	平台、基地、中心、示范区
	信息支持	信息、共享、公开、披露
	人才培训	人才、队伍、培训、教育、培养
	资金支持	资金、财政、经费、资助、补贴、拨款
	公共服务	登记、注册、审查、规范、处罚、执法
环境型	财税优惠	税收、财税、优惠、减免、扣减
	融资支持	金融、融资、贷款
	法律规制	法律、法规、修订、立法
	策略性措施	组织机构、保障、宣传、任务分工
需求型	政府采购	采购、招标
	贸易管制	贸易、管制、进出口、海外、国际
	服务外包	委托、授权、服务、外包、第三方、中介

表 11　中国商标品牌保护政策文本内容编码统计

政策工具类型	工具名称	内容编码		合计/个	占比/%	
供给型	基础设施	1-5、5-3、7-3、18-4-4、20-3-4、22-5、23-1-3、24、25、26-2-2、27-1、28-2、29-5-19、30-8-2-3、32、33-2-1、34-3-3、39-3、42-5-21、48-4-3、49-3-3、51-2-6、52、63-2-1、65-2-5、69-4-16、71-5-18、74-1-23、75-4-1-3、80-5-1-1、82-2-3、86-6-21、87-4-10、88-3-2-57、93-2-1、94-2-3、95-4-1、96-2-3、97-1-3、99-3-1、101-4-1-65、103-4-21、107-6-16、110-2-5、111、114-1-1-2、115-6-32	47	276	10.05	59.00

续表

政策工具类型	工具名称	内容编码	合计/个	占 比/%
供给型	信息支持	1-5、5-4、7-3、13、17-3、18-4、19-1、22-3、23-1-1、26-2-2、28-2-1、29-7-23、31-7、34-4-3、39-3-4、42-4-18、45-3-15、48-4-4、51-4-2、54、55、60-2-1、62、63-2-2、65-3-11、69-4-19、71-5-19、74-4-63、75-4-3-1、80-4-2-6、82-2-3、83-3-8、86-5-19、87-3-6、88-3-3-78、93-2-2、94-2-5、95-4-4、96-2-1、97-3-3、99-3-5、100、101-1-2-8、103-5-26、107-3-5、111、112-15、114-1-2-16、115-7-34	49	10.47
	人才培训	1-5-7、5-3、7-3-10、19-6、22-5-8、23-4-11、26-2-6、27-3-1、28-2-2、29-4-13、30-5-2、31-12、33-2-3、34-4-4、41-4-1、45-4-18、48-3-4、49-3-3、50-3-5、51-6-3、63-3-3、65-5-21、69-7-31、74-5-83、75-3-2、80-4-6-5、82-2-1、83-5-14、87-7-25、88-5-2、93-7-20、94-3-11、95-4-6、96-3-3、97-3-5、99-3-1、101-6-2、103-4-24、107-6-17、110-2-6、111、114-5-2-94、115-7-33	43	9.20
	资金支持	1-3-2-11、7-4-4、22-3-6、23-3-7、23-4-11、26-2-6、28-2-4、33-4-4、42-5-21、45-4-18、48-4-1、49-4、50-3-5、51-6-3、60-4-3、63-4-3、65-3-13、69-7-30、74-5-72、75-5-3、80-5-1-1、83-7-19、87-7-26、88-3-1-42、93-7-19、94-3-11、95-5-3、96-3-3、97-3-4、99-4-2、107-6-18、111	31	6.84

合计/个 276；占比/% 59.00

续表

政策工具类型	工具名称	内容编码	合计/个		占比/%	
供给型	公共服务	1-4-2、2、3、4、5-2、6、7-3-3、8、9、10-2、11、12、14、17-5、18-4-5、19-2、19-3、20-3-4、21、22-4、23-1-1、26-2、27-2、29-5-20、30-8-2-4、31-3-3、32-6、33-3-2、34-3、35、36-4、37、38、39-3-3、40、41-3、42-2-6、43、45-3-14、46、47、48-3-4、49-3-6、50-1、51-2-5、52-2、53、56、57、58、60-3-4、61、63-2-2、64、65-3-10、66、67、68、69-4-13、70、71-2-8、72、73、74-2-26、75-5-1、76、77、78、79、80-3-1、81、83-5-13、84、85、86-1-1、87-2-1、88-3-1-47、89、91-1、92、93、94-3-10、95-4-2、96-2-2、97-3-3、98-2、99-3-3、100-1、101-1-3-15、102、103-4-23、104、105、106-10、107-4-8、108、109、111、112-4、113、114-1-1-11、115-2-14、116-2、117、118	105	276	22.44	59.00
环境型	财税优惠	20-3-3、22-3、69-7-30、86-5-18、101-1-2-7	5		1.07	
	融资支持	1-3-2-11、20-3-3、22-3-5、29-8-29、34-2-1、63-2-1、69-7-30、74-2-41、75-5-3、80-5-1-2、82-2-4、87-4-9、88-3-2-63、99-4-2、101-4-1-62、111、114-3-3-67	17	118	3.63	25.20
	法律规制	1-3-1-8、7-3-1、10-1、18-4-5、22-3-1、23-4-10、26-4、28-2-6、29-5-15、31-3-5、34-4-1、42-4-15、44、51-4-1、59、63-4-4、65-1、69-3-11、71-3、74-1-9、75-3-1、80-4-1-1、83-4-10、86-6-20、87-7-24、88-3-1、93-5、98、101-3-1、103-4-20、106-2、107-2-1、111、114-2-1、115-3-19	35		7.47	

政策工具类型	工具名称	内容编码	合计/个		占　比/%	
环境型	策略性措施	1-4-2，5-4，7-4，15，16-5，17-4，18-4-5，19-4，20-3，22-6-1，23-4-9，24，25，26-5，27-3，28-3-4，29-2-5，30-5-1，31-14，32-5-1，33-4-1，34-2-1，39-4-1，41-4-2，42-5-20，45-4-16，48-4-5，49-4，50-4-1，51-5，52-6，60-4，63-4-1，65-5-20，69-7-29，71-6，74-6，75-5-4，80-5-4-1，82-3，83-7，86-7-27，87-7-22，88-5，90，91-3，93-6，94-3-8，95-5-1，96-3，97-4，99-4，100-2，101-6，103-5-31，107-7，111，113-2，114-5，115-5-29，116-3	61	118	13.03	25.20
需求型	政府采购	1-4-7-38，16-2，42-2-11，51-2-11，63-2-2，65-2-9，69-4-17，71-1-4，74-1-16，80-4-6-3，86-3-11，101-3-2-41，103-2-13，111，115-3-20	15		3.20	
	贸易管制	1-5-4-48，5-4，22-3-6，23-4-12，26-7，42-5-22，48-4-3，49-3-8，51-5-4，60-1，63-2-4，65-6，69-6，71-7，74-4，80-4-2-4，83-6，86-8，87-6，88-4，94-2-7，98-4，101-5，103-6-32，107-5，111，114-4，115-6	28	74	5.98	15.80
	服务外包	1-5-6，5-4，7-3-7，22-5-6，26-7，28-2-4，29-5-20，33-3-4，36，39-3-4，48-4-4，51-2-5，63-2-3，69-2-5，71-1-4，74-2-32，75-4-1-4，80-4-5-3，83-3-9，86-7-25，87-6-21，88-3-2-69，94-2-4，95-4-6，97-3-4，98-1-2，101-4-2-74，103-5-28，111，114-3-4-77，115-3-26	31		6.62	
总计			467		100	

　　文本内容编码逐一分析后共得到 467 个分析单元。按照定量统计分析，供给型、环境型和需求型政策工具占比分别为 59.00%、25.20%、15.80%，供给型政策工具占比超过一半，需求型政策工具占比最小。进一步分析可看出，在供给型政策工具中，公共服务（22.44%）占比最大，在所有政策工具中占比也

最大，而资金支持（6.84%）占比最小；在环境型政策工具中，策略性措施
（13.03%）占比最大，财税优惠（1.07%）占比最小，在所有政策工具中占比
也最小；在需求型政策工具中，服务外包（6.62%）占比最大，政府采购
（3.20%）占比最小。基本政策工具使用占比如图16所示。

综合来看，中国商标品牌保护政策在基础设施、信息支持、人才培训、
资金支持、公共服务、财税优惠、融资支持、法律规制、策略性措施、政府
采购、贸易管制、服务外包等方面均发挥了导向作用，引导商标品牌战略性
发展，形成综合设计、统筹谋划、相互协同的内部循环发展机制。

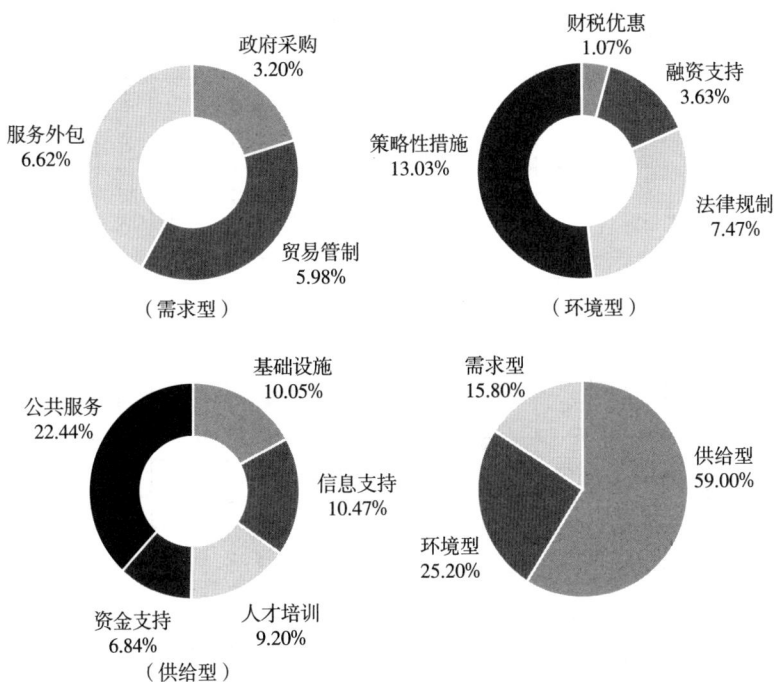

图16　基本政策工具使用占比

（2）中国商标品牌保护政策变迁分析。

前文政策文本内容编码分析中对政策工具进行了逐一分析，本部分在其
基础上统计不同年份中"基础设施""信息支持""人才培训""资金支持"
"公共服务""财税优惠""融资支持""法律规制""策略性措施""政府采
购""贸易管制""服务外包"的频次及占比，进一步分析商标品牌保护政策
变迁。具体如表12所示。

表12 基本政策工具不同年份使用频次和占比

工具名称		年份												
		2008年	2009年	2010年	2011年	2012年	2013年	2014年	2015年	2016年	2017年	2018年	2019年	2020年
文本数/件		2	8	6	10	14	5	18	6	11	15	6	6	11
基础设施	频次/次	1	2	0	7	8	1	5	2	4	7	4	2	4
	占比/%	50.00	25.00	0.00	70.00	57.14	20.00	27.78	33.33	36.36	46.67	66.67	33.33	36.36
信息支持	频次/次	1	2	1	6	5	2	7	2	4	8	5	2	4
	占比/%	50.00	25.00	16.67	60.00	35.71	40.00	38.89	33.33	36.36	53.33	83.33	33.33	36.36
人才培训	频次/次	1	2	0	4	7	2	5	2	3	7	4	2	4
	占比/%	50.00	25.00	0.00	40.00	50.00	40.00	27.78	33.33	27.27	46.67	66.67	33.33	36.36
资金支持	频次/次	1	1	0	3	2	2	6	2	3	6	3	1	1
	占比/%	50.00	12.50	0.00	30.00	14.29	40.00	33.33	33.33	27.27	40.00	50.00	16.67	9.09
公共服务	频次/次	2	8	3	9	13	4	14	6	11	13	6	6	10
	占比/%	100.00	100.00	50.00	90.00	92.86	80.00	77.78	100.00	100.00	86.67	100.00	100.00	90.90
财税优惠	频次/次	0	0	0	2	0	0	0	1	0	1	0	1	0
	占比/%	0.00	0.00	0.00	20.00	0.00	0.00	0.00	16.67	0.00	6.67	0.00	16.67	0.00

续表

工具名称		年份												
		2008年	2009年	2010年	2011年	2012年	2013年	2014年	2015年	2016年	2017年	2018年	2019年	2020年
	文本数/件	2	8	6	10	14	5	18	6	11	15	6	6	11
融资支持	频次/次	1	0	0	2	2	0	1	1	3	3	2	0	2
	占比/%	50.00	0.00	0.00	20.00	14.29	0.00	5.60	16.67	27.27	20.00	33.33	0.00	18.18
法律规制	频次/次	1	2	0	4	4	2	3	2	4	5	2	3	3
	占比/%	50.00	25.00	0.00	40.00	28.57	40.00	16.67	33.33	36.36	33.33	33.33	50.00	27.27
策略性措施	频次/次	1	2	2	9	9	3	7	2	4	10	5	2	5
	占比/%	50.00	25.00	33.33	90.00	64.29	60.00	38.89	33.33	36.36	66.67	83.33	33.33	45.45
政府采购	频次/次	1	0	1	0	0	1	2	2	3	1	1	1	2
	占比/%	50.00	0.00	16.67	0.00	0.00	20.00	11.11	33.33	27.27	6.67	16.67	16.67	18.18
贸易管制	频次/次	1	1	0	3	0	1	5	2	3	5	2	2	3
	占比/%	50.00	12.50	0.00	30.00	0.00	20.00	27.78	33.33	27.27	33.33	33.33	33.33	27.27
服务外包	频次/次	1	2	0	2	5	0	3	1	4	6	3	1	3
	占比/%	50.00	25.00	0.00	20.00	35.71	0.00	16.67	16.67	36.36	40.00	50.00	16.67	27.27

注：①文本数为不同年份中的政策文本件数；②频次以不同年份中所使用的政策工具次数计数；③占比＝使用频次/不同年份政策文本数。

结合前文数据，有三个政策时间点比较关键，分别是 2008 年（《国家知识产权战略纲要》）、2014 年（《深入实施国家知识产权战略行动计划（2014—2020 年）》）、2018 年（《2018 年深入实施国家知识产权战略加快建设知识产权强国推进计划》），以此为节点分析不同时期的政策工具。

一是 2008—2014 年。2008 年 6 月 5 日国务院发布《国家知识产权战略纲要》，除财税优惠类政策工具外，其余 11 类政策工具均有涉及。此后至 2014 年，历经国家知识产权事业"十二五"规划，各政策工具均有运用，说明我国商标品牌保护政策在摸索中求进，在稳进中探索。

二是 2014—2018 年。2014 年 8 月，第十二届全国人大常委会通过了《关于在北京、上海、广州设立知识产权法院的决定》。2014 年 12 月 10 日，国务院办公厅发布《关于转发知识产权局等单位深入实施国家知识产权战略行动计划（2014—2020 年）的通知》，除财税优惠类政策工具外，其余 11 类政策工具也均有涉及。此后至 2018 年，历经《"十三五"国家知识产权保护和运用规划》，12 类政策工具均在稳中增长，其中，基础设施、信息支持、人才培训等供给型政策工具、融资支持、策略性措施等环境型政策工具、服务外包等需求型政策工具增幅明显，均超过 25%，说明供给型、环境型、需求型政策工具均在稳步发展，且在政策工具制定中向占比较少或发挥作用较少的政策工具倾斜较为明显。

三是 2018—2020 年。2018 年 3 月，重新组建国家知识产权局，由国家市场监督管理总局管理。2018 年 11 月 9 日，《2018 年深入实施国家知识产权战略加快建设知识产权强国推进计划》发布，进一步强化知识产权措施，并细化分工任务。机构重组后至 2020 年，12 类政策工具均有所调整，比重均有所变化，均在调整中发展，稳中前行。

商标品牌政策文本数量及文本内容的定量分析表明，中国商标品牌政策工具的运用仍存在不足，主要包括：公共服务、信息支持、基础设施、人才培训等供给型政策工具和策略性措施环境型政策工具应用过溢；融资支持、财税优惠等环境型政策工具和政府采购需求型政策工具应用不足；政策工具在中国商标品牌保护中应用不均衡。从统计分析看，供给型政策工具占比超过环境型和需求型政策工具之和，政策工具应用未均衡发展。

（二）商标品牌国际化政策分析

1. 国家层面的商标品牌国际化政策演进

本部分检索国家层面关于商标品牌国际化政策相关的政策文本，进行分阶段讨论。

（1）1989—2007 年。

中国 1989 年加入《马德里协定》为本土商标品牌走出去提供了便捷通道，但在国家层面的关注度并未达到理想程度。2000 年财政部和对外贸易与经济合作部（含原对外经济贸易部）联合发布《中小企业国际市场开拓资金管理（试行）办法》，我国对于商标品牌的海外输出开始给予更多政策关注。

2005 年商务部、国家发展和改革委员会、财政部等联合发布《关于扶持出口名牌发展的指导意见》，提出 8 项指导意见要求积极贯彻实施出口品牌战略。

2006 年国务院办公厅发布《保护知识产权行动纲要（2006—2007 年）》，强化知识产权保护工作，该文件中涉及海外国际市场的部分明显加大了比重。但就这一时期政策的总体情况来看，商标品牌"走出去"、打造中国国际品牌的战略虽然被提及，但是相关政策文件略显零散，不成体系。

（2）2008—2010 年。

2008 年 6 月 5 日国务院印发《国家知识产权战略纲要》，标志着知识产权国家层面战略的系统化。2009 年国家工商行政管理总局发布《关于贯彻落实〈国家知识产权战略纲要〉大力推进商标战略实施的意见》，按照该意见，中国商标战略的实施推进分为三个阶段：2009—2010 年、2011—2015 年、2016—2020 年。

2009 年，商务部等八部委联合发布《关于推进国际知名品牌培育工作的指导意见》，鼓励企业积极加强商标意识建设，要求继续大力扶持统筹规划健全国际知名品牌培育机制，此外增加了针对新闻媒体的指导意见，要求加大对国际知名品牌培育工作的宣传力度，不断提高我国商品的国际知名度。2010 年，国务院发布《关于鼓励和引导民间投资健康发展的若干意见》，明确规定"鼓励民营企业走出去，支持民营企业利用自有品牌、自主知识产权和自主营销，开拓国际市场"。这一阶段的工作重点在于鼓励和初步引导，可以看作是一个从无到有的阶段，把握住中国社会商标品牌国际化观念普遍薄弱的现状，开始逐步推进。

（3）2011—2015 年。

2011 年《国民经济和社会发展第十二个五年规划纲要》发布，其中提到"推动自主品牌建设，提升品牌价值和效应，加快发展拥有国际知名品牌和核心竞争力的大型企业"。工业和信息化部同年发布《关于加快我国工业企业品牌建设的指导意见》，并于 2013 年、2014 年、2015 年连续三年发布关于工业企业品牌培育工作的通知，这些文件中都对企业为主、政府为辅的定位进行了明确肯定，都提到政府在品牌建设的过程中主要起到引导作用，同时注意加强行业公共服务和支撑、加大知识产权保护力度、规范和完善行业品牌建设政策环境。除此之外，政策文件中对于商标品牌国际化推进任务目标的设定也更细化，定位逐渐精准。

2011 年，国家工商行政管理总局发布《国家商标战略实施示范城市（区）评估办法》和《国家商标战略实施示范企业评估办法》2 份文件，将国际注册商标量及增长率、国际商标保护培育情况等作为考核内容，不仅将任务进行了量化评判，也是对各级政府和企业的督促，促使其共同发力完成商标战略阶段性目标。

国务院国有资产监督管理委员会和财政部、商务部也纷纷发力。2013 年国务院国有资产监督管理委员会发布《关于加强中央企业品牌建设的指导意见》，以培养具有国际竞争力的世界一流企业为目标，对央企品牌建设提出了指导意见；2014 年国务院办公厅发布《深入实施国家知识产权战略行动计划（2014—2020 年）》，文件主要目标部分将"形成一批拥有国外专利布局和全球知名品牌的知识产权优势企业"放在首位，同时还在"主要行动"部分将"拓展知识产权国际合作，推动国际竞争力提升"进行专门说明，要求加强政府、企业和社会资本之间的协作，足以说明其重视程度。2015 年国务院发布《关于新形势下加快知识产权强国建设的若干意见》，指出"支持研究机构和社会组织制定品牌评价国际标准，建立品牌价值评价体系。支持企业建立品牌管理体系，鼓励企业收购海外知名品牌"。此外，该文件第三项到第七项的重点都是知识产权海外部署，针对商标品牌的内容也囊括在其中，总体基调与国家知识产权战略部署保持一致。

2015 年 5 月，国务院发布的《中国制造 2025》是我国实施制造强国战略的第一个十年行动纲领，旨在推动我国企业从低端产品制造商转型为高端产品制造商。该文件明确提出了提升品牌建设质量的要求，不断提升企业品牌价值和中国制造整体形象。

（4）2016—2020 年。

2016 年国务院发布《关于发挥品牌引领作用推动供需结构升级的意见》，提出"培育若干具有国际影响力的品牌评价理论研究机构和品牌评价机构"。工业和信息化部则相继发布《关于开展 2016 年工业企业品牌培育工作的通知》《关于做好 2018 年工业质量品牌建设工作的通知》《关于做好 2020 年工业质量品牌建设工作的通知》等 3 份文件。

2017 年国家行政工商管理总局发布的《关于深入实施商标品牌战略推进中国品牌建设的意见》对商标战略进行深入部署，主要为"大力开拓品牌发展国际空间"；2017 年国务院国有资产监督管理委员会发布《关于加强中央企业质量品牌工作的指导意见》，总体要求细化成"打造一批质量水平世界一流的公司，培育一批世界知名的自主品牌"。同年，农业农村部发布《关于加快推进品牌强农的意见》，提出要挖掘品牌文化内涵，增强中国农业品牌在全世界的知名度。

2018 年，国家工商行政管理总局发布两份文件：《关于简化马德里商标国际注册申请材料和手续的通知》《深化商标注册便利化改革切实提高商标注册效率的意见》，提高了商标"走出去"的效率，同时也是对于商标申请人的激励。

综上，1989 年加入《马德里协定》后，中国逐步经历了品牌国际化意识的觉醒与发展。商标品牌国际化相关政策措施逐渐清晰并呈现体系化，对于商标品牌国际化推进任务目标的设定也更细化，定位逐渐精准。当前中国经济已由高速增长阶段转向高质量发展阶段，正处在转变发展方式、优化经济结构、转换增长动力的攻关期，政府需要推动外向型的自主品牌国际营销战略，鼓励企业拓展国际市场，努力参与和带动国际经济的循环，提高商标品牌国际化运营能力，提升中国商标品牌对世界的引领性和影响力。

2. 地方层面的商标品牌国际化政策比较

（1）深圳市商标品牌国际化政策。

作为重要经济特区，深圳在 2006 年就跻身"品牌之都"行列。本部分检索分析深圳市人民政府网站中的商标品牌国际化政策文件，代表性政策文件如表 13 所示。

表 13　深圳市商标品牌国际化政策

时间	政策文件	文件内容概括
2005 年 6 月 22 日	深圳市中小企业国际市场开拓资金管理办法实施细则	中小企业出口产品的国外注册商标，资金支持比例 50%
2005 年 12 月 26 日	深圳市知识产权战略纲要（2006—2010）	支持企业"走出去"，鼓励企业境外商标注册；协调政府、行业协会、企业共同推动品牌建设
2007 年 10 月 9 日	深圳市商标战略纲要（2007—2010）	加大商标国际注册力度，完善服务部门国外商标注册相关数据信息提供；指导培训企业风险意识并给予国际市场开拓资金支持
2009 年 4 月 7 日	深圳市贯彻落实国家知识产权战略纲要的实施意见（2009—2010）	大力推动品牌战略；建立"走出去"战略预警保障机制，增强企业境外知识产权维权能力
2010 年 4 月 27 日	深圳中小企业成长期知识产权指引	中小企业的商标需要在国际范围内获得法律保护的，应根据《商标国际注册马德里协定》和《商标国际注册马德里协定有关议定书》的规定
2010 年 9 月 20 日	深圳市中小企业国际市场开拓资金管理办法实施细则	境外广告和商标注册以及境外收购技术和品牌，依据地区差别可以获得所需金额 50% ~ 70% 的支持资金
2011 年 3 月 22 日	深圳市创建国家商标战略实施示范城市工作方案	商标境外注册、商标宣传培训纳入知识产权专项资金资助范围；加快自主品牌和区域品牌发展；加强企业海外维权指导；鼓励企业积极参与国际竞争
2011 年 10 月 19 日	深圳市知识产权专项资金管理办法	境外商标注册资助条件和标准每件 1000~10000元不等，有资质的代理机构每件 500 元

续表

时间	政策文件	文件内容概括
2011 年 12 月 23 日	深圳市知识产权与标准化战略纲要（2011—2015 年）	加大驰名著名商标宣传力度，引导企业加强自主品牌建设，创建高知名度的区域品牌。加大品牌推广力度，支持企业实施"走出去"战略，鼓励境外商标注册和国际顶级域名注册，打造国际品牌
2013 年 4 月 12 日	深圳市知识产权专项资金管理办法—专利申请资助等八个操作规程	境外商标注册资助申请的时间、条件和资助金额限制
2014 年 8 月 12 日	深圳市知识产权专项资金管理办法	境外商标注册资助条件和标准。
2016 年 11 月 3 日	深圳市知识产权"十三五"规划	加强区域商标品牌建设；加强商标品牌建设；推动企业建立以驰名、著名商标为基础的商标品牌发展战略
2019 年 10 月 25 日	深圳市市场监督管理局知识产权领域专项资金操作规程	商标国际注册资助每件 1000～3000 元，每件最多资助 20 个国家或地区，同一申请人年度总额不超 50 万元；集体商标和证明商标每件 20 万元，地理标志每件 50 万元
2019 年 12 月 19 日	深圳市知识产权专项资金管理办法	境外商标注册资助每件 1000～10000 元，每件最多 20 个国家或地区，同一申请人年度资助总额不超 50 万元；具有一定规模的代理机构等代理境外申请并取得商标注册证书的，每件资助 500 元

深圳市推行更适应地方的商标品牌发展专项资金扶持政策，且适时调整，不断推陈出新商标品牌国际化政策举措。❶ 截至 2015 年年底，深圳市累计拥有驰名商标 162 件，广东省著名商标 472 件，马德里商标注册核准量 112 件，区域品牌的影响力进一步提升。商标品牌建设突出，拥有华为、中兴通讯、腾讯、比亚迪等一批国际知名品牌。2017 年 6 月大疆创新科技有限公司、华

---

❶ 2021 年 5 月国家知识产权局《关于深化知识产权领域"放管服"改革优化创新环境和营商环境的通知》（国知发服字〔2021〕10 号）要求全面取消对专利、商标申请阶段的资助和奖励，根据该通知，包括深圳市在内的全国各地都应当全面取消申请阶段的商标资助与奖励，可以预见本报告中所列示的相关政策均将进行相应的调整。

为技术有限公司荣获马德里商标国际注册特别奖。❶ 2018 年深圳马德里商标注册核准量达 644 件，同比增长 125.96%。❷

（2）青岛市商标品牌国际化政策。

青岛是我国沿海重要中心城市，从 20 世纪 80 年代初就率先开始实施品牌战略，在品牌发展上走出了"品牌产品—品牌企业—品牌产业—品牌经济—品牌城市"的独特道路。青岛各类品牌数量稳居全国同类城市前列，拥有国际知名品牌海尔、青岛啤酒、中车等。进入新发展阶段以来，青岛也将目光转向商标品牌国际化方向。

通过对青岛市政府网站搜索"商标注册""国际品牌""马德里"等关键词，收集相关政策文件如表 14 所示。

表 14　青岛商标品牌国际化政策

时间	政策文件	文件内容概括
2002 年 8 月 13 日	关于培育发展大型企业集团的指导意见	加大投入和驰名商标等运作力度；推动名牌产品系列化、产业化，带动产品结构调整
2004 年 9 月 1 日	关于实施走出去战略的意见	大力推进各类有条件的企业"走出去"，积极开展跨国经营，提高企业国际竞争力
2007 年 4 月 10 日	关于进一步推进我市商标战略工作的实施意见	指导出口型企业及时到境外注册商标；支持和鼓励青岛特色企业致力于自主创新、创自主品牌；加强商标的国际注册与保护；共同推动驰名商标企业创建国际化强势商标品牌
2011 年 4 月 15 日	青岛市国民经济和社会发展第十二个五年规划纲要	培育一批具有自主知识产权和国际竞争力的出口产品品牌；强化出口产品品牌与商标海外保护；实施"走出去"战略；建立健全对外投资服务体系，培育知名品牌
2012 年 3 月 1 日	关于加快推进青岛市装备制造业发展的实施意见	到 2015 年培育 1~2 个国际品牌

❶ 数据来源：我市企业荣获商标创新奖以及马德里商标国际注册特别奖 [EB/OL]. (2020-12-22) [2022-10-15]. www.sz.gov.cn/cn/xxgk/zfxxgj/bmdt/content/post_1530587.html.

❷ 数据来源：深圳市有效注册商标同比大增30%至 133.4 万件 [EB/OL]. (2020-1-4) [2022-10-15]. www.gdta.com.cn/plus/view.php? aid=10508.

续表

时间	政策文件	文件内容概括
2012 年 4 月 24 日	关于加快我市品牌经济新一轮跨越式发展的意见	利用中央媒体集中宣传推介青岛知名品牌产品；支持青岛品牌"走出去"，鼓励企业收购国外品牌、营销网络和研发中心
2013 年 1 月 7 日	关于推进商标战略实施促进经济发展的意见	指导企业做好马德里商标国际注册工作；加大政策扶持力度
2013 年 5 月 28 日	青岛市推进国家知识产权示范城市建设工作方案	鼓励企业开展马德里商标国际注册；帮助提高企业海外维权能力
2011 年 11 月 13 日	青岛市国际贸易中心城市建设纲要（2013—2020 年）	鼓励商贸企业并购国际品牌和海外销售渠道，建立境外商品采购服务体系
2015 年 12 月 17 日	青岛市深入实施知识产权战略行动计划（2015—2020 年）	实施高知名度商标培育计划；引导企业运用马德里体系进行商标国际注册和保护，支持企业加大品牌经营力度，提高品牌产品市场占有率
2016 年 7 月 3 日	推动工程建设企业参与"一带一路"建设的实施意见	鼓励企业按照巩固非洲、拓展拉美、强化东南亚、开拓欧美的定位
2016 年 7 月 21 日	青岛市推进国家知识产权示范城市建设工作方案（2016—2018 年）	实施高知名度商标培育计划；引导企业运用商标国际注册马德里体系进行商标国际注册和保护；支持企业加大品牌经营力度，提高品牌产品市场占有率
2016 年 11 月 30 日	推进消费品工业增品种提品质创品牌的实施意见	鼓励有条件的企业通过现代手段建立品牌宣传平台；支持企业开展"马德里国际商标注册"等境外商标注册和国际标准认证，支持品牌企业参加国际知名展会；加大出口信用保险对"走出去"制造业企业的支持力度
2017 年 1 月 3 日	青岛市"十三五"开放型经济发展规划	支持企业到境外收购和租用国际品牌、兼并国际品牌企业；实施"海洋+外贸"发展计划；开展"通商青岛、品牌之都"全球促销推进工作
2017 年 1 月 16 日	关于促进先进制造业加快发展若干政策的通知	培育企业开展国际品牌建设并给予奖励；支持企业开展马德里商标国际注册，鼓励企业打造青岛标准

续表

时间	政策文件	文件内容概括
2017 年 3 月 14 日	关于深入实施商标品牌战略促进经济发展的意见	指导企业做好马德里商标国际注册工作；建立海外商标纠纷预警和危机管理机制；鼓励企业在国际贸易中使用自主商标品牌，实施国际化战略；优选外向型商标品牌企业，开拓自主商标品牌商品境外营销渠道
2017 年 7 月 27 日	青岛市加快推进工业创新发展转型升级提质增效行动方案	大力开展品牌培育，鼓励企业实施品牌发展规划，5 年内争取培育 1 家以上企业进入"世界品牌 500 强"
2018 年 6 月 5 日	关于加快形成全面开放新格局的意见	支持企业参与"一带一路"沿线互联互通基础设施建设；完善"走出去"服务保障体系，建立境外通关事务救助机制
2018 年 6 月 14 日	关于加快新旧动能转换促进加工贸易创新发展的实施意见	培育发展加工贸易国际自主品牌。引导有条件的加工贸易企业创建、收购品牌；鼓励企业对标和接轨国际一流标准，开展马德里体系等境外商标注册
2018 年 12 月 30 日	关于开展质量提升行动的实施方案	打造国际自主品牌，积极引导品牌企业"走出去"，建立完善商标预警预防机制。完善国际化品牌发展基础体系
2019 年 5 月 29 日	关于促进服务业创新发展的实施意见	鼓励企业开展马德里商标国际注册
2019 年 10 月 10 日	关于进一步激发进口潜力的实施意见	复制推广服务贸易创新发展试点经验，在企业国际市场开拓方面给予支持
2020 年 12 月 31 日	青岛市国民经济和社会发展第十四个五年规划和二〇三五年远景目标	深化国际产业链供应链合作，支持本地企业聚焦价值链中高端环节开展跨国经营

一方面，青岛商标品牌国际化政策充分体现自身产业特色，着重发展优势产业诸如钢铁、橡胶、针纺、海洋、啤酒饮料等制造业和消费类商品品牌，鼓励本地企业通过商标品牌国际化战略助力提升在国际产业价值链中的影响力。另一方面，马德里体系已经成为青岛企业走出国门参与国际竞争、维护海外商标权益的重要途径。青岛对全市一万多家有出口实绩的外贸企业针对性开展马德里商标国际注册业务培训，为其提供一站式国际注册辅导。企业了解国际商标背后的品牌价值，更能沉下心来做好商标品牌国际化布局。

2017 年青岛市马德里商标国际注册申请量达 1569 件，同比增长 176.7%，名列全国第一，有效注册总量达 1772 件，名列全国第二，仅次于深圳。❶ 世界知识产权组织誉称誉马德里商标国际注册中的"青岛现象"。❷ 2020 年 12 月，青岛市全市马德里商标国际注册总量达到 4858 件，国内有效注册商标总量达到 30.7 万件。❸

（3）泉州市商标品牌国际化政策。

泉州市多次被评为"中国十大品牌城市"，是首批"国家商标战略实施示范城市"。泉州企业具有敏锐的市场嗅觉和良好的品牌意识，"安踏""安溪铁观音""匹克"等知名品牌均出自泉州。泉州市高度重视商标品牌战略，"商标国际注册""品牌创建"等词多次出现在市政府工作报告等文件中。

通过检索泉州市政府网站，商标品牌相关政策文件如表 15 所示。

表 15　泉州商标品牌国际化政策

时间	政策文件	文件内容概括
2008 年 3 月 13 日	泉州市"十一五"期间加快产业集聚培育产业集群专项计划	要大力吸收台湾、温州鞋材企业转移，推动企业加强联合，再创一批国家级品牌，创建 1~2 个国际品牌
2011 年 10 月 17 日	泉州市"十二五"知识产权工作专项规划	指导企业商标工作，鼓励企业注册国外商标，支持有条件的企业通过自主培育、国际并购等多种途径实现品牌国际化
2011 年 12 月 6 日	关于加快泉州数字对讲机产业发展的若干意见	培育产业龙头企业，加速打造国际品牌；并给予取得成果的企业奖励
2012 年 1 月 25 日	关于推进民营企业"二次创业"的若干意见	给予新通过马德里商标国际注册的企业奖励；定期开展收购国际品牌案例评选，并给予奖励
2012 年 3 月 4 日	泉州市进一步提升企业知识产权创造和运用水平专项行动工作方案	引导企业推进商标马德里国际注册。鼓励企业注册国外商标，支持有条件的企业通过多种途径实现品牌国际化

---

❶ 数据来源：青岛马德里商标注册申请量全国第一 [EB/OL]．（2018-4-28）[2022-10-18]．http://www.dailyqd.com/epaper/html/2018-04/28/content_213542.htm.

❷ 李蕊．青岛品牌战略引活水 [N]．人民日报，2017-03-08（22）.

❸ 数据来源：青岛出台保护知识产权"19 条"[EB/OL]．（2021-3-12）[2022-10-18]．http://www.qingdao.gov.cn/ywdt/zwyw/202103/t20210312_3008029.shtml.

时间	政策文件	文件内容概括
2012 年 10 月 31 日	关于支持和促进海洋经济发展八条措施的通知	鼓励海洋产业企业到境外注册商标、收购国际品牌，并给予奖励
2013 年 7 月 27 日	关于进一步打造重点产业产业链的若干意见	鼓励企业到境外注册商标、收购国外品牌，并给予资金支持；企业收购海外品牌优秀案例给予奖励
2013 年 8 月 14 日	关于促进泉州市鞋服企业提高产销率下阶段重点工作的通知	扶持上市企业打造国际品牌。并对表现较好的企业进行奖励
2013 年 11 月 14 日	泉州市进一步规范体育用品行业秩序工作方案	加大国际品牌打造扶持力度
2014 年 3 月 21 日	泉州市 2014 年深化"第三产业发展年"活动实施方案	定期举办创业大赛，评选和发现一批优秀商业计划并给予对接支持。支持企业开展国际商标注册和国际品牌并购
2014 年 9 月 1 日	泉州市工商局关于深化商标品牌工作若干意见	支持企业运用当地法律和国际规则积极应对商标侵权；深入贯彻我市有关"支持创建国际品牌"的奖励政策
2014 年 9 月 15 日	关于扶持和促进现代渔业健康持续发展的实施意见	对新通过马德里商标国际注册的企业，一次性给予 10 万元的奖励
2016 年 1 月 21 日	泉州市新一轮企业技术改造专项行动计划	支持企业通过开展跨国兼并、商标收购等多种方式实施商标国际化战略。对单个商标新通过马德里商标国际注册的企业，按每件商标注册规费的 100% 给予奖励
2016 年 8 月 26 日	泉州制造 2025 发展纲要	在石狮、晋江等服装重点集聚区开展区域品牌培育，重点培育高质量支撑的国际品牌
2016 年 11 月 29 日	泉州市提升质量推进供给侧结构性改革工作实施方案	鼓励有实力的企业并购国外高端品牌，开展自主品牌商标国际注册，扩大品牌影响力
2017 年 3 月 23 日	泉州市积极推进"互联网+"行动实施方案的通知	鼓励和支持泉州民营企业"走出去"；支持企业通过多种方式开拓国际市场
2017 年 4 月 21 日	泉州市创建"中国制造 2025"城市试点示范实施方案	扶持一批拥有自主知识产权和核心技术、市场竞争力强的品牌；鼓励有实力的企业并购国外高端品牌，开展自主品牌商标国际注册，扩大品牌影响力

续表

时间	政策文件	文件内容概括
2017 年 5 月 22 日	泉州市人民政府关于加强商标品牌建设工作的意见	各部门积极配合推进"一带一路"倡议下商标国际保护工作；鼓励企业运用自主商标，并对新增马德里国际注册商标给予每件 5000~15000 元不等的奖励
2017 年 5 月 22 日	关于贯彻落实消费品标准和质量提升规划（2016—2020年）的实施意见	继续加强商标品牌建设工作；鼓励有实力的企业并购国外高端品牌和将自主品牌进行商标国际注册
2018 年 6 月 15 日	泉州市人民政府关于加强商标品牌建设工作的意见	大力宣传商标国际注册知识，支持企业通过多种方式实施商标国际化战略；对新增马德里国际注册商标给予每件 5000~15000 元不等的奖励
2018 年 12 月 24 日	泉州市新一轮促进工业和信息化龙头企业改造升级行动计划（2018—2020 年）	支持龙头企业通过多种方式实施商标国际化战略
2019 年 9 月 29 日	泉州市知识产权运营服务体系建设实施方案（2019—2021 年）	开展企业商标品牌培育提升行动

依据《2019 年泉州市知识产权发展与保护状况白皮书》，泉州市 2019 年新增马德里国际商标 123 件，累计达 985 件，拥有中国驰名商标总数达 159 件，均居于全国地级市前列。截至 2020 年，泉州市马德里商标国际注册量达 1048 件，居于全国地级市前列。❶

（4）深圳、青岛和泉州商标品牌国际化政策比较。

深圳、青岛和泉州三地商标品牌国际化政策有一定的共通之处：地方层面政策推动中政府的定位重在扶持引导。从文件中看，各地除了给予资金支持之外，在商标品牌维权、鼓励企业制定实施商标品牌国际化战略等方面都有涉及，同时也逐渐重视对于国际驰名商标的挖掘、品牌持有人能动性的激励。

但具体而言，同样作为工业城市的泉州，在政策方面与青岛有一定的相

---

❶ 数据来源：泉州发布知识产权发展与保护状况白皮书［EB/OL］.（2021-4-26）［2022-10-18］. http://www.quanzhou.gov.cn/zfb/xxgk/zfxxgkzl/qzdt/qzyw/202104/t20210426_2549444.htm.

似之处但也有一定区别。相似之处在于两者都注重城市定位，发展海洋特色产业以及传统制造业的优势，区别之处在于商标品牌国际化战略措施的实施细节。相比青岛，泉州市对于企业收购、并购海外品牌的措施提及较多，通过对泉州相关政策文件内容的统计和分析，提及收购、并购的文件数量占比约73%，而且泉州市还给予优秀收购案例一定奖励，这也说明泉州市政府的一种战略措施倾向。深圳作为沿海城市，并不主要依赖传统的制造业，IT、金融行业在深圳的发展中占据重要位置。深圳持续实施知识产权创造能力提升工程，鼓励企业培育自主品牌实施"走出去"战略。自创国际品牌对于企业的实力要求较高，对于企业的创新研发能力要求也较高，华为、腾讯、中国平安等国际品牌都在深圳诞生，整体上的企业类型侧重就不同于泉州、青岛。深圳的商标品牌国际化政策贴合四大支柱产业、七大战略性新兴产业和六大未来产业中企业的发展和需要，支持"种子企业"与世界品牌500强企业竞争。

五、"双循环"下商标品牌强化保护与价值提升的对策建议

（一）统筹把握：营造良好的商标品牌保护和发展环境

1. 促进商标品牌保护的多维协同

其一，加强商标品牌政策支持，以及商标品牌政策与其他知识产权政策之间的目的协同、主体协同和功能协同，形成政策合力，发挥政策整体功能，促进政策资源的合理配置。其二，注重商标品牌政策与产业、科技、贸易政策等的衔接，推动商标品牌建设各支撑要素的协同发展。其三，加强商标注册、行政执法与司法保护的有机衔接，增强系统保护能力。其四，积极推进产业、行业协会的合作，结合行业发展特点引导行业商标品牌管理精细化，积极引导新产业、新业态、新商业模式加强商标品牌培育和保护。

2. 缩小商标品牌发展的区域差异

我国商标品牌发展水平存在显著的区域性差异，东部沿海省份的商标品牌发展水平整体更高，中部地区省份次之，西部省份的发展水平最低，同时

各地区的政策供给与品牌发展水平呈正相关。在"双循环"新发展格局下，要继续强化东部地区的品牌形象力，充分发挥我国市场的内需潜力，提升国际市场的知名度；同时也要加强对中西部品牌的政策支持和引导，确立品牌发展的战略目标，制定品牌发展的规划，充分借鉴东部地区的发展经验，促进中西部地区商标品牌的快速、全方位发展。

（二）科学构建：强化建立健全全方位协同发展机制

1. 全方位协同发展，建立健全横向关联机制

商标品牌的价值提升，需要全方位协同发展。一是紧扣国内创新发展需求，围绕商标品牌战略发展，建立健全配套机制，发挥知识产权的引领作用，引导专利、商标、版权、地理标志等知识产权的全方位协同发展；二是围绕国家知识产权的核心竞争力的发展要求，建立健全国内国外竞争环境下的配套机制，紧紧围绕商标品牌发展战略和知识产权发展战略，全面提升商标品牌价值。

2. 全链条联动配合，建立健全纵向协作机制

商标品牌的价值提升，需要全链条协同发力，全力打通知识产权创造、运用、保护、管理、服务各环节，着力破解当前商标品牌发展中的突出矛盾，努力实现更高质量、更加公平、更可持续的发展。优化市场环境，释放各类创新主体创新活力，建立高效的知识产权综合管理体制，构建便民利民的知识产权公共服务体系，探索支撑创新发展的知识产权运行机制，推动形成权界清晰、分工合理、权责一致、运转高效的体制机制。比如，通过建立地区、产业与行业、企业示范，加强产业集群发展，将创造能力、运用能力、保护机制、管理能力、服务水平等全链条协作机制，"以点到面"，逐渐扩大到全行业链、全产业链，强化政府主导、部门联动、社会参与，提升商标品牌全链条价值。

（三）优化创新：注重商标品牌政策工具组合运用

1. 优化政策工具组合运用，强化商标品牌战略发展

政府应优化政策工具的组合运用，一是重视商标品牌领域相关的公共服

务类、信息支持类、基础设施类、人才培训类、策略性措施类政策工具的目标管理，加大实施力度，加强监督考核，避免因为政策执行不力或政策目标未达到导致政策工具应用过溢。完善相应的配套政策体系，提高商标品牌政策的系统性，防止政策工具的交叉重复，提高政策工具应用效率。二是提高融资支持类、财税优惠类、政府采购类政策工具的应用频次，重视环境型和需求型政策工具对商标品牌的引导和调节作用，严格落实融资、财税优惠政策工具，加大政策采购力度。在加强商标品牌保护的同时，规范知识产权市场运行机制，提高政策工具的实施效果。三是加强商标品牌创造、运用、保护、管理和服务领域的政策工具应用，以高质高值为政策目标，设计应用各类政策工具，激励相关主体提高商标品牌质量、实现商标品牌价值。

2. 优化政策工具创新使用，适应商标品牌发展趋势

制定政策文本时，应优化商标品牌政策工具的创新使用，一是强化金融支持，法规管制、策略性措施等环境型政策工具的应用，强化组织领导，加大与金融机构的合作，切实加强行政保护和司法保护。二是与时俱进，强化政策工具全方位覆盖商标品牌体系，充分发挥其效力，实现知识产权战略规划目标，注重政策工具使用创新，扩大环境型政策工具的使用范围，顺应国际国内市场的变化，进一步推进"双循环"新发展格局下中国商标品牌保护与国际化的发展。

（四）聚焦"双循环"：助推国际国内商标品牌发展新格局

1. 内循环为主，充分发挥多元内需潜力

在商标品牌战略的整体实施下，要发挥市场作为权利和运营主体的作用，努力提升在国内市场的商标品牌价值和市场吸引力，在供给侧和消费侧两端构建商标品牌战略的"内循环"，强化商标品牌文化内涵建设，注重质与量协调发展，坚持布局优先、质量取胜，围绕关键核心少数培育高质量高价值的商标组合，形成产学研相匹配的知识产权战略布局；关注现有商标品牌价值，注重消费者差异化、多元化的需求，充分发挥商标品牌的差异化、多元化价值，创造和建立商标品牌的附加值，挖掘内需潜力。同时，以内循环为主的商标品牌发展也为中国商标品牌走出去打下坚实基础。

2. 外循环赋能，强力推动高质量发展

一是要更加积极主动的参与有关商标国际规则的制定和修改，为便利商标注册和保护，品牌走出去形成顺畅通道，提升中国商标品牌国际保护话语权；二是加强商标品牌事务的双边和多边合作，注重双边、区域贸易、投资协定中商标品牌保护规则的确立，维护国产品牌的海外利益；三是强调国内商标品牌出海品牌影响力建设，提升中国商标品牌国际形象。同时，外循环的赋能也能扩大中国商标品牌的价值，强力推动国际国内商标品牌的高质量发展。